유아문학 비평

-치유의 문학-

유아문학 비평

-치유의 문학-

신혜선 저

학지사

왕자가 원망스러웠다. 이웃 나라 공주와 결혼했다. 인어 공주는 물거품이 되었다. 그림동화책의 마지막 장면을 보고 또 보았다. 푸른 바다에 인어 공주는 어디에도 없었다. 물거품이 무엇인지 궁금했다. 하지만 설명을 들어도 알 수가 없었다. 머리가 너무 복잡했다. 그러한 물음도 잠시, 인어 공주가 죽지만 않았으면 좋겠다는 생각을 했다. 죽음이 무엇인지 모를 나이었지만, 어렴풋하게나마 아주 슬픈 일이라는 것은 알고 있었다. 그렇게 『인어 공주』는 어린 시절 알 수 없는 간절함과 애잔함을 안겨 주고 잊히지 않는 동화가 되었다. 유아문학을 공부하면서 알게 되었다. 이야기에는 단순히 왕자의 사랑만이 있었던 게 아니었다. 인간의 고통이 있었고, 투쟁이 있었으며, 삶이 있었다. 작품이 주는 상징성이 너무나도 컸다.

동화는 아이들을 위한 문학이다. 그리고 그림동화는 조금 더 어린 유아가 쉽게 접근할 수 있도록 구성한 것이다. 동화와 그림의 결합은 유아문학이라는 새로운 영역을 만든다. 여기서 간과하는 것이 있다. 그림동화가 유아를 대상으로 한다고 해서 그 본질마저 어린 것은 아니다. 작품이 주고자 하는 메시지는 일반 문학과 다르지 않다. 왜냐하면 문학은 연령에 따라 형태가 다르게 나타나지만 인간의 삶을 다루는 영역이기 때문이다.

그림동화는 세상의 모든 사물과 현상을 자유롭게 표현할 수 있다. 대단히 은유적이고 상징적이다. 그 안에는 삶의 보편적이고 공통된 정서와 가치가 담겨 있다. 이것은 각각의 세계에 따라 표현하고 재현하는 방법을 달리하지만 하나의 목적을 향해 나아간다. 그건 바로 인간에 대한 사랑이다. 사랑은 문학이 지향하는 궁극적인 목적이자 삶을 살아가는 원천적인 이유이기도 하다. 그래서 그림동화는 연령에 상관없이 전 세대를 아우를 수 있다. 삼대가 모여 앉아 함께 읽어도 이상할 것이 없다. 저마다 서로 다른 가치를 찾아가며 힘과 위안을 얻고 즐거움을 공유한다. 그림동화가 치유의 문학인 이유이다.

유아문학을 공부하면서 어려움이 많았다. 내용은 단순했지만 그 안에 담긴 의미는 깊고 난해했다. 유아문학 비평에 대한 구체적인 이론서가 없었다. 어떻게 분석하고 평가해야 하는지, 단편적인 내용은 있었지만 심도 있는 해석을 이끌어 내기에는 충분하지 않았다. 그 이유는 양쪽 분야가 연결되어 있는 간학문이었기 때문이다.

유아문학은 조금 특별한 위치에 있다. 이를 이해하기 위해서는 두 영역을 알아야 한다. 하나는 유아의 특성이고, 다른 하나는 문학이다. 결국 유아문학을 분석하기 위해서는 두 영역을 포함할 수 있는 보다 객관적인 이론과 내용이 필요하다. 다양한 학문적 접근이 요구된다. 이에 따라 문학비평이론 중 유아교육에서 다루어지거나 관련성이 있는 이론을 선별하였다. 소개된 이론들은 비평의 토대가 될 뿐만 아니라 유아를 이해하는 데 많은 도움을 줄 수 있다.

이 책은 1부와 2부로 나누어 구성했다. 제1부는 유아문학 비평에 대한 서설로, 비평과 유아문학에 대한 주요 개념을 담았다. 제1장 비평의 이해에서는 비평의 개념, 비평의 기능, 비평의 대상을 알아보았다. 제2장 유아문학의 이해에서는 동화의 본질, 동화의 특징 그리고 동화에 함의된 유아발달특성을 알아보았다. 제2부는 비평의 이론과 실제를 다루었다. 제3장에 교류분석, 제4장에 기호학, 제5장에 욕망이론, 제6장에 발생적 구조주의를 소개하고, 각각의 이론을 적용한 그림동화 분석 사례를 담았다. 각 장에 소개된 이론들은 공통적으로 언어와 행동이라는 보다 객관적인 준거를 토대로 인간을 이해하고자 한다. 즉, 작품을 분석할 때 등장인물의 언어와 행동을 기준으로 삼기 때문에 비평의 신뢰를 높일 수 있다.

유아문학 비평을 처음 접하는 연구자들을 위해 이론은 최대한 알기 쉽게 풀었다. 수록한 그림동화는 수십 년 또는 수세기를 거쳐 독자들에게 호평받고 있는 작품들이다. 비평 내용을 읽는 것만으로도 좋은 경험이 되리라 생각한다.

이 책이 유아문학을 공부하는 연구자와 관심 있는 독자에게 조금이나마 도움이 되기를 바란다.

2019년 11월
신혜선

차례

제1부
─────
유
아
문
학
비
평
서
설

유아문학 비평 ㅣ **제1장**

비평의 이해

1. 비평의 개념

문학비평은 작품을 일정한 기준에 따라 검토하고 가치를 판단하는 것을 말한다. 즉, 작품을 보다 잘 이해하기 위해 이론적 근거를 가지고 분석한 내용을 토대로 해석하고, 감상하며, 평가하는 모든 활동을 가리킨다. 해석은 작품의 총체적인 의미를 파악하는 것이고, 감상은 예술적인 아름다움을 즐기는 것이며, 평가는 가치를 판단하는 것이다.

먼저, 작품을 평가하기 위해서는 해석이 이루어져야 한다. 텍스트를 객관적으로 풀이하여 감상의 폭을 넓힐 수 있기 때문이다. 허드슨(W. Hudson)은 비평의 주된 역할이 해석이라고 보고 작품에 대한 깊이 있는 이해가 선행되어야 함을 강조한다. 일반적으로 해석은 서로 다른 두 가지 개념 안에서 진행된다. 하나는 작가의 의도를 밝히는 것이고, 다른 하나는 작품에 잠재되어 있는 의미를 파악하는 것이다.

해석이 작가의 의도를 밝히는 것으로 볼 때, 이는 작품의 풀이와 관계된다. 모호한 단어, 문장, 구문 등을 알기 쉽게 설명해서 주제를 좀 더 명확히 한다. 작가의 의도와 담겨진 의미는 이 과정에서 드러난다. 다시 말하면 텍스트에서 이해하기 어려운 부분을 해결함으로써 작품을 해석해 나가는 것이다. 이를 위해서는 역사적 지식과 과학적 지식이 필요하다. 텍스트의 해석은 언어가 가지고 있는 사전적 의미만으로는 충분하지 않기 때문이다. 그러므로 작품이 출간될 당시 사회, 문화적 배경이 중요하게 다루어진다. 비평의 기초가 여기에서 마련된다.

해석이 작품에 잠재되어 있는 의미를 파악하는 것으로 볼 때, 이는 기호의 해독에 초점이 맞추어진다. 문학 작품은 상징기호인 언어로 이루어진다. 언어는 수많은 의미를 담고 있는 기호체계이다. 그러므로 해석은 작가의 의도를 배제하고 기호를 해독하면서 작품에 숨겨진 의미를 찾아내는 일이 된다. 작품은 저자의 의도하에 제작되지만 이를 구성하는 언어기호의 결합은 그가 인식하지 못하는 또 다른 영역을 창출하면서 의미를 내포한다. 프라이(N. Frye)는 문학 작품에 작가와 독자들이 인식하지 못하는 함축적인 신화원형 (mythical archetype)이 숨겨져 있다고 본다.

감상은 작품의 예술적인 아름다움을 즐기는 것이다. 즐거움에는 인간이 느낄 수 있는 희로애락이 담겨 있다. 감정의 어우러짐은 즐거움이라는 한 단어로 응축되어 독자에게 다가선다. 작품이 주는 즐거움은 힘과 위로가 되어 인간의 삶에 동기를 부여할 만큼 큰 영향력을 발휘한다. 그뿐만 아니라 해석하면서 느끼는 이해와 공감은 감정의 정화작용과 함께 의식의 성장을 도모하게 한다. 페이터 (W. Pater)와 칼라일(T. Carlyle)은 작품을 있는 그대로 음미하고 즐기는 것이 비평의 목적이라고 보았으며, 프랑스(A. France)는 즐거움이 작품의 우열을 가리는 척도라고 주장한다. 그만큼 감상은 비평에서 우위를 차지하며, 종합적 기능을 담당한다.

평가는 어떤 기준을 가지고 가치를 판단하는 것이다. 이는 해석과 감상을 거쳐 비평의 마지막 단계에서 다루어진다. 사람들은 이야기에서 재미와 감동을 느낄 때 가치 있는 작품이라고 생각한다. 또한 특별한 즐거움을 주지 못했다 하더라도 평가 기준에 부합되면 가치 있는 작품이라고 말한다. 개인의 주관적 판단 또는 객관적 기준에 의해 평가를 한다. 전자를 '인상비평'이라고 하고 후자를 '재단비평'이라고 한다. 이때 자신의 주관적 생각과 감정에 치우치거나 객관적 틀에 기계적으로 맞추게 되면 평가의 신뢰성을 잃게된다. 그러므로 한쪽으로 편중되지 않게 균형을 이루어야 한다. 이와 같이 문학비평은 해석, 감상, 평가가 유기적으로 결합하여 작품의 가치를 판단하는 일체의 논의로 구성된다.

하프(G. Hough)는 비평을 독서의 연장으로 규정하고, 그 위에 의식적인 논의가 가미된 행위로 보았다. 독자는 글을 읽어 나가면서 문장에 담긴 의미를 해석하고 감상하며 작품에 대해 가치를 판단한다. 즉, 독서의 지속 여부를 결정하게 된다. 의도하지 않아도 작품에 대해 깊이 있게 생각하는 순간 이 모든 것은 자연스럽게 흘러간다. 비평은 전문가가 아니더라도 책을 읽는 사람이라면 누구나 경험하는 활동이다. 이는 작품과 작가와 독자인 자신을 이해하는 과정이 된다.

2. 비평의 기능

문학비평의 기능은 상대에 따라 두 방향으로 나뉜다. 하나는 작가이고 다른 하나는 독자이다. 작가는 작품을 창작하고, 독자는 그 작품을 읽어 나간다. 작품을 대하는 작가와 독자의 위치 및 태도는 차이가 난다. 이에 따라 비평의 기능이 달라진다.

먼저, 작가를 상대로 비평하는 경우이다. 이때 문학 작품을 창작하는 방법과 과정의 시비를 언급하기보다는 도움이 되는 내용과 방향을 안내한다. 작가에게 부족한 부분을 채워 주고 필요한 것을 제시하여 창작력을 신장시키는 역할을 한다. 아울러 작가들이 자신의 작품에서 인지하지 못했던 의미를 찾아냄으로써 이야기의 미학적 공간을 또 다른 새로운 차원으로 확대, 재생산한다. 이러한 이유로 문학비평을 예술 영역에 포함시켜야 한다는 학자들의 주장이 제기되고 있다.

엘리엇(T. Eliot)은 비평가와 작가가 본질적으로 같은 일을 하고 있다고 간주한다. 비평과 작품생산 과정이 별반 다르지 않기 때문이다. 비평가는 작품을 해석하기 위해서 이론적 근거를 바탕으로 내용을 개별적인 요소나 성질로 나누고, 거기에 담긴 의미들의 연결고리를 찾아간다. 마찬가지로 작가는 하나의 작품을 완성하기 위해서 소재를 선별하고, 사건을 만들며, 등장인물들의 관계 등을 설정한다. 그리고 이것을 계속해서 다듬고, 고치며, 이어 나간다. 다시 말하면 작품 생산은 창조적이면서도 비평적인 영역을 동시에 포함한다. 작품의 시작인 소재 선택부터 작가의 비평 정신이 개입하게 되는 것이다. 결국 작가가 좋은 작품을 집필하기 위해서는 비평 활동이 수반되지 않으면 안 된다.

다음으로, 독자를 상대로 비평하는 경우이다. 이때 비평은 문학 작품에서 주목할 만한 것을 발견하고 그 가치를 평가할 수 있게 한다. 독자에게 비평적 안목을 제시하여 작품에 대한 적절한 판단을 하도록 도움을 준다. 작품을 이해하고 감상하는 데 필요한 일반적인 내용을 배우는 형태를 취한다. 여기서 독자는 어른이나 준거를 가지고 일정 수준 가치를 판단할 수 있는 사람을 말한다.

　유아문학에서 독자는 유아이다. 그러므로 비평은 독자인 유아를 상대로 한다. 어른과 다른 사고를 하는 유아는 실재를 본질에 입각해서 이해하기보다는 지각과 직관에 의존한다. 객관적인 비평이 아닌 주관적인 인상비평이 이루어진다. 유아는 작품을 대할 때 준거를 가지고 가치를 판단하지 않는다. 관심과 흥미가 있는 내용에 집중하고 몰입하면서 재미와 감동을 느낀다. 또한 해석하고 평가하기보다는 경험과 지식을 통해 나름의 의미를 찾아 가며 즐거움을 향유한다. 유아를 독자로 할 때 비평에서 감상이 크게 작용한다. 다시 말하면 즐거움은 유아가 작품을 선택하는 최고의 기준이 된다.

　어린 독자에게 비평적 안목과 작품에 대한 판단을 안내하기는 어렵다. 대신 얼마나 납득할 만한 수준으로 작품이 구성되었는가를 평가해야 한다. 이때 비평은 유아의 발달적 측면을 고려해서 논의되어야 한다.

3. 비평의 대상

　비평의 대상은 유아문학이다. 유아문학의 주체는 유아이다. 유아는 어른과 다른 사고체계를 지니고 있다. 이는 문학을 대하는 접근 방법이 다르다는 것을 의미한다. 따라서 유아문학을 이해하기 위해서는 유아와 문학 그리고 이 둘의 관계성을 알아야 한다.

유아는 아직 성장 단계에 있기 때문에 각 발달 영역은 미분화되어 있다. 인지적으로는 비논리적이고 비합리적이다. 직관적 사고나 외양에 의존하며 현실과 가상 세계를 구별하지 못한다. 정서적으로는 애착을 형성하는 시기이다. 애착이 있는 대상과 떨어지면 불안해하는 심리를 경험한다. 사회적으로는 타인에 대해 조망하지 못한다. 자기중심적이다. 도덕적으로는 나에게 이익이 되면 좋은 것이고 아니면 나쁜 것이다. 상대적 쾌락주의를 표방한다. 이러한 유아기 특성은 문학이 그려놓은 세상에 반사와 굴절을 일으키면서 또 다른 새로운 세상을 만들어 가는 데 견인차 역할을 한다.

문학은 생각이나 감정을 언어로 표현한 작품을 말한다. 이때 독자의 연령에 따라 문학 작품의 구성요소는 달라진다. 일반적으로 유아는 만 1~6세, 아동은 만 7~12세에 해당되는 아이를 가리킨다. 유아와 아동의 연령은 초등학교 입학을 전후로 나뉜다. 이는 작품을 읽을 수 있는지 유무를 판가름하는 기준이 되고, 대상을 보는 사고의 체계가 다르다는 것을 의미한다. 동화의 형태가 차별화되는 이유이다.

여기서 주목해야 할 것은, 유아문학은 아동문학의 장르적 범주에서 움직인다. 광의의 개념에서 볼 때 유아는 아동으로 분류된다. 처음 동화의 제작도 특정 연령대가 아닌 전체 아이들을 대상으로 이루어졌다. 즉, 동화는 유아와 아동이 함께 공유하는 문학이다.

한 가지 문제는, 글 중심으로 구성되었기 때문에 읽지 못하는 아이들이 접근하는 데 다소 어려움이 발생했다. 읽는 문학이 아닌 듣는 문학의 형태를 취하게 된다. 이를 해결하기 위해 점차 아이들 눈높이에 맞게 바뀐다. 다시 말하면 유아와 아동의 문학적 범주는 같으나 형태를 달리해 좀 더 어린아이에게 내용이 쉽게 전달되도록 재구성하는 과정을 거친다. 대표적으로 수세기에 걸쳐 호평받는 창작동화와 전래동화가 그러하다. 이들 동화는 글의 축약과 함께 그림을 첨가해 다양한 연령층이 볼 수 있도록 만들어진다.

유아문학의 중요성이 부각되면서 현재 유아를 대상으로 하는 창작동화가 출간되고 있다. 하지만 아동을 위해 쓰인 작품이라고 해도 내용이 좋다면 유아가 쉽게 읽을 수 있게 재구성하기도 한다. 또한 어른이 읽는 고전이나 작품들을 그림동화책으로 출간하는 경우도 있다. 작품의 범주는 일반 문학을 아우르면서 영역을 넓혀가고 있다. 이러한 현상은 유아문학에 대한 이해와 함께 다양한 비평의 관점을 제공하는 계기를 만든다.

유아문학의 가장 큰 특징은 그림을 동반한다는 것이다. 글을 읽지 못하는 유아의 이해를 도모하기 위함이다. 그림을 읽으면서 글을 알아가고, 글을 아는 유아는 그림을 통해 의미의 폭을 확장시킨다. 때론 글 없이 그림만으로 구성해 이야기를 만들어 내게 하기도 한다. 특히 보는 것에 의존하며 사고하는 유아에게 생각하고 상상하는 모든 것을 사실로 만들어 버린다. 즉, 가상을 현실로 확정 짓게 만드는 요인으로 작용한다. 시각적 표현은 유아의 사고와 맞물리면서 공감과 이해의 폭을 상승시킨다. 유아문학에서 그림의 중요성은 글과 함께 대등한 자리에 위치한다.

따라서 유아문학 비평은 글과 그림의 토대 위에서 이루어진다. 글을 구성하는 주제, 구성, 문체 그리고 인물, 사건, 배경 등의 조화가 유아의 이해와 공감을 이끌어 내야 한다. 그림 또한 예술적 요소, 예술적 양식, 예술적 매개체가 글을 적절히 표현해야 한다. 글과 그림은 상호 의존 또는 전제를 통해 작품에서 주고자 하는 메시지를 전달한다. 유아도 마찬가지로 글과 그림을 동시에 읽으며 의미를 생성해 나간다. 결국 유아문학 비평은 글과 그림의 결합, 즉 총체적인 측면에서 다루어져야 한다.

이상에서 살펴본 바와 같이 문학비평은 작품을 대상으로 하지만 유아문학 비평에서는 유아를 동반한다. 독자의 특성이 반영되기 때문이다. 그러므로 유아문학 비평은 작품과 유아의 특성 둘 다를 논의에 포함시키면서 담론을 생산하는 장이 된다.

유아문학 비평 | **제2장**

유아문학의 이해

1. 동화의 본질

동화는 아이들에게 즐거움과 교훈을 주기 위해 꾸며진 이야기이다. 아이를 독자로 하기 때문에 일반 문학과 달리 창작기법과 양식에서 특수성을 갖는다. 환상성이 풍부하고, 초자연적인 내용이 다루어진다. 또한 직접적이고 사실적인 표현보다는 은유와 상징, 비유와 생략 등 문학적 장치가 폭넓게 사용된다. 이러한 특징은 독자가 어리다는 것을 좀 더 감안한 것일 뿐 이야기 구조와 내용이 담고 있는 의미는 일반 문학과 다르지 않다. 왜냐하면 문학은 시대와 사회와 개인의 특수한 사정에 따라 다르게 구성되지만 일정하게 삶을 반영하는 사회의식의 한 형태로 나타나기 때문이다.

동화는 일반적으로 세 가지 유형으로 분류된다. 첫째, 민담, 우화, 신화, 전설 등 전승 문학을 아동에 맞게 개작한 전래동화, 둘째, 민중 속에 흩어졌던 원시적 형태의 이야기를 아동에 맞게 개작한 서구적인 메르헨(märchen)이나 페어리 테일(fairy tale), 셋째, 아동을 위해 새로 만든 창작동화를 총칭한다.

동화는 독자에 따라 다양한 형태로 만들어진다. 특히 유아를 대상으로 할 때 동화에 그림을 결합해 그림동화로 구성한다. 유아교육의 중요성이 부각되면서 그림동화의 영역은 확대된다. 작품의 내용과 형식, 표현이 연령에 따라 좀 더 세분화되고 다양해진다. 이는 아동문학에서 '유아문학'이라는 새로운 영역을 분화시키는 계기를 만든다. 그림동화책은 '그림책'이라 불리며, 유아문학을 대표할 만큼 상징성을 갖는다. 글을 읽지 못하는 유아를 문학에 쉽게 다가설 수 있게 해 주었기 때문이다.

그림동화는 유아가 일상생활에서 겪는 제반 문제뿐만 아니라 사회현상과 문화까지 모든 것을 담아낸다. 간접적으로 다양한 경험을 제공하는 지식과 정보의 장이 된다. 유아는 이를 통해 세상에 적응하는 방법을 배우고 나름의 의미를 찾아가면서 즐거움을 얻는다. 다시 말하면 그림동화는 일차적으로 즐거움 그 자체를 목적으로 하지만, 이차적으로는 간접경험을 통해 사고의 폭을 확장시켜 나가는 의미 생산의 통로가 된다.

그림동화의 문학적 특징은 유아가 작품을 이해하는 데 영향을 미친다. 유아는 대상을 비논리적인 방식으로 해석하며 일반화를 시도한다. 직관적이고 외양에 의존하는 경향을 보인다. 이러한 사고의 특성은 이야기를 통해 전달하고자 하는 메시지를 재구조화해서 받아들이게 하는 요인으로 작용한다. 즉, 통시적 관점에서 전체 이야기의 흐름을 파악하지 못하고 공시적 관점에서 가시적으로 드러나는 구성요소별 표현 양식에 더 큰 관심을 보인다. 내용을 단편적으로 이해하고 해석하는 이유가 여기에 기인한다. 그러므로 메시지 전달뿐만 아니라 관심과 흥미를 불러일으키기 위해서는 문학의 구성요소가 유아의 발달수준에 맞게 그려져야 한다.

여기서 간과하는 것이 있다. 그림만으로 구성된 동화라 할지라도 문학의 구성요소가 모두 들어간다는 사실이다. 단지 글로 표현하고 있지 않을 뿐 그림에도 인물, 사건, 배경 등이 있다. 이야기의 구성을 모두 갖추고 메시지를 전달한다. 글을 읽는 것처럼 그림을 읽는다는 표현을 쓰는 것도 이 때문이다. 다시 말하면 유아의 연령과 접근 방법에 따라 구성과 형태를 달리하지만 동화의 본질은 변하지 않는다. 그러므로 그림동화를 이해하기 위해서는 글과 그림을 통합적으로 분석해 전체 흐름을 파악하는 것이 필요하다.

그림동화 중 상당 부분은 동화의 고전인 페로(C. Perrault: 1628~1703), 그림형제(J. Grimm: 1785~1863, W. Grimm: 1786~1859), 안데르센(H. Andersen: 1805~1875)의 작품들을 재구성한 것이다. 이들 작품은 소위 '명작동화'라고 불리며 수세기를 거쳐 지금까지 전해 내려오고 있다. 페로, 그림형제는 19세기 이전 민중 속에 흩어져 있던 민요와 민담을 어린이의 눈높이에 맞게 개작해 동화집을 편찬했다. 안데르센이 그 뒤를 이어 창작동화라는 새로운 영역을 개척한다.

페로는 『교훈이 담긴 옛날이야기』(1697), 그림형제는 『어린이와 가정을 위한 옛날이야기』(1812), 안데르센은 『어린이들에게 들려주는 놀라운 이야기들』(1835)을 출간하면서 17세기 후반부터 19세기까지 아동문학의 계보를 잇는다. 페로, 그림형제, 안데르센은 동화에 당시 사회 문화적 현실을 반영함과 동시에 마법과 환상의 허구적인 요소를 가미해 교육과 재미라는 두 가지 목적을 취했다.

이들 동화는 제작될 당시 글이 중심이었다. 시간이 지나면서 글의 축약과 더불어 그림을 첨가해 그림동화로 재구성된다. 지금까지 유아들에게 폭넓은 지지를 받으며 애니메이션, 영화, 뮤지컬 등 다양한 콘텐츠로 개발되고 있다. 작품이 사랑받는다는 것은 유아가 좋아할 만한 내용이 담겨 있고, 이를 납득할 만한 수준에서 표현

했다는 것을 의미한다. 즉, 문학의 구성요소가 유아의 발달 특성과 일치한 것이다. 이러한 이유로 페로, 그림형제, 안데르센 작품의 문학적 특징은 동화의 원형으로 불리며 동화 제작 모티브로 사용되고 있다.

그림동화의 문학적 특징은 유아의 발달 특성과 상호 관계를 이룬다. 작품이 유아의 관심과 흥미를 끌기 위해서는 내용뿐만 아니라 인지적, 정서적, 사회적 특성 등이 반영되어야 하기 때문이다. 계속 어린 독자에게 좋은 반응을 얻으려면 그들의 시선을 따라야만 한다. 그러므로 유아에 대한 이해는 유아문학 비평의 시작이라고 할 수 있다.

2. 동화의 특징

동화는 독자의 연령에 따라 다양한 형태로 만들어진다. 글 또는 그림 텍스트 중심이거나 글과 그림 텍스트가 결합한다. 문학의 구성요소와 예술의 구성요소는 관계를 맺으며 의미를 전달한다. 이를 어떻게 조합하고 표현하느냐에 따라 책의 난이도가 결정될 뿐만 아니라 재미와 감동이 다르게 나타난다. 여기서 동화의 문학적 특징은 동화의 일반적 특징으로 불리며 상징성을 갖는다. 왜냐하면 그림만으로 이루어진 동화라고 해도 문학의 구성요소를 가지고 이야기를 만들거나 풀어내기 때문이다. 동화의 특징에 대한 학자들의 견해를 살펴보면 다음과 같다.

김정철은 동화의 특징을 다음과 같이 설명한다.

첫째, 이야기는 일반적으로 '옛날, 옛날'로 시작되는 도입 법칙, '행복하게 살았습니다.'의 종결 법칙을 사용하고 있다.

둘째, 사건은 독립성을 유지하며 인과적으로 연결되어 있다.

셋째, 이야기에 나타나는 시간은 일반적으로 불명확하지만 상황에 따라서 명확하게 또는 상대적으로 묘사된다.

넷째, 공간은 인간과 초자연적인 존재가 사는 곳으로 나누어지며, 두 공간의 이동은 자유롭다.

다섯째, 등장하는 동물과 사물들에게 인간의 특성을 부여한다.

여섯째, 주인공은 결함이 있는 자로 인물에 대한 자세한 설명을 자제한다.

프란츠(M. Franz)는 동화의 기본 구조를 제시부, 중간부, 종결부로 나누고 각각의 특징을 다음과 같이 설명한다.

첫째, 동화의 제시부에서는 '옛날, 아주 먼 옛날 어느 곳에서'와 같은 문구를 사용한다. 주인공의 고난으로부터 사건이 시작되고, 사건이 일어난 시간과 공간은 알 수 없다.

둘째, 중간부에서는 사건이 전개되며 위기 상황, 절정이 나타난다.

셋째, 종결부에서는 일반적으로 주인공이 행복한 결말을 맺는다.

유창근은 동화의 특징을 다음과 같이 설명한다.

첫째, 이야기는 서정적이기보다는 서사적으로 꾸며져 있다.

둘째, 이야기의 도입은 옛날 옛적으로 시작된다.

셋째, 이야기는 시간, 장소, 인물에 구속받지 않는다.

넷째, 등장인물과 공간에 대한 성격 묘사가 없어 매우 추상적이다.

다섯째, 동식물을 비롯하여 무생물까지도 의인화시켜 묘사한다.

이상 학자들의 논의를 종합해 보면 동화의 특징은 크게 이야기 구조, 시간, 공간, 등장인물 네 가지 측면으로 나누어 볼 수 있다. 이를 좀 더 세분화해 보면 다음과 같다.

이야기 구조

첫째, 도입을 알리는 '옛날 옛날', 종결을 알리는 '행복하게 살았습니다.'의 표현 문구를 사용한다.

둘째, 사건들은 인과적으로 연결되어 있다.

셋째, 전체 이야기에서 작은 사건들이 반복되더라도 축약하거나 삭제하지 않고 반복 기술한다.

시간

첫째, 일반적으로 시간은 불명확하게 묘사된다.

둘째, 상황에 따라서는 시간이 명확하게 묘사된다.

셋째, 상대적으로 시간이 묘사되기도 한다.

공간

첫째, 공간은 인간과 초자연적인 인물이 사는 곳으로 나누어지며, 이동은 자유롭다.

둘째, 공간의 지명을 명확하게 드러내지 않는다.

셋째, 인간의 공간에서는 문제가 발생되고, 초자연적 공간에서는 문제가 해결된다.

등장인물

첫째, 등장인물에 특정 이름을 부여하지 않는다.

둘째, 등장인물이 동물이거나 무생물일 때 인간의 특성을 부여한다.

셋째, 주인공은 외적 혹은 내적으로 결함이 있다.

앞에서 제시한 네 가지 동화의 특징이 유아의 발달 특성과 어떠한 상관관계가 있는지 페로, 그림형제, 안데르센 동화를 중심으로 좀 더 자세히 살펴보고자 한다.

3. 동화에 함의된 유아 발달 특성

1) 이야기 구조

이야기의 도입과 종결

동화는 일반적으로 도입부에서 '옛날 옛적에'라는 말로 시작한다. 종결부에서는 '행복하게 살았습니다.'로 끝을 맺는다. 도입과 종결의 표현 문구는 하나의 공식을 이루며 독자를 현실과 비현실 세계로 안내한다.

> **도입**: 아주 먼 옛날, 사람이 원하는 것이면 무엇이든 다 이루어지던 시절에, 한 왕이 살고 있었습니다.
>
> **종결**: 왕자님이 마법에서 풀려나 이제는 편안하고 행복하다는 것을 알게 된 충성스러운 하인리히의 가슴이 기쁨으로 부풀어 오르는 바람에 철로 된 띠가 터지는 소리였답니다.
>
> Grimm, 『개구리 왕자』, pp. 23-27

> **도입**: 옛날에 아내가 죽자 재혼한 어떤 귀족이 있었어요.
>
> **종결**: 왕자는 아름다운 신데렐라를 다시 만나자 진심으로 기뻐했어요. 며칠 뒤 왕자와 신데렐라는 결혼했습니다.
>
> Perrault, 『신데렐라』, pp. 235-247

『개구리 왕자』의 이야기는 '아주 먼 옛날'로부터 시작된다. 도입부에서 마법에 걸려 개구리가 된 왕자가 공주를 만난다. 종결부에서는 마법이 풀려 인간으로 돌아온 왕자가 공주와 행복하게 산다. 『신데렐라』의 이야기는 '옛날에'로부터 시작된다. 도입부에서는 대모 요정이 나타나 무도회에 가고 싶어 하는 신데렐라를 마법으로 도와준다. 종결부에서는 신데렐라가 현실로 돌아와 왕자와 결혼해 행복하게 산다. 이와 같이 도입부에서는 사건이 발생한 시기를 알 수 없는 표현 문구를 사용하여 현실에서 허구로 진입하는 통로를 만든다. 종결부에서는 등장인물들이 모두 행복한 삶을 살았다고 마무리하면서 허구에서 다시 현실로 돌아오게 만든다. 도입 법칙과 종결 법칙은 현실과 가상 세계의 이동을 원활하게 해 준다.

유아는 애착을 갖고 있는 대상과 떨어지면 불안해한다. 이를 '분리불안(separation anxiety)'이라고 한다. 성장하면서 겪는 일반적인 현상으로, 본능적이고 생존에 필수적인 반응이다. 이야기의 도입부에서는 주인공이 살던 곳, 즉 보호자로부터 이탈시켜 분리불안을 야기해 긴장감을 높인다. 종결부에서는 주인공을 다시 현실 세계로 돌려보내 행복한 결말을 맺게 해 불안감을 해소시킨다.

동화의 가상과 현실, 이탈과 복귀는 유아에게 안도감과 행복감뿐만 아니라 희망을 느끼게 한다. 이야기의 도입과 종결 법칙은 유아의 정서와 맞물리면서 사건의 진행 과정에 집중력을 높인다.

사건과 사건의 인과율

동화에서 사건과 사건은 시간의 흐름에 따라 인과관계로 연결되어 있다. 한 사건의 원인이 결과로 이어지면, 이 결과는 또 다른 사건을 유발하는 원인이 된다. 즉, 하나의 사건은 동시에 원인과 결과로 작용한다.

> S#1. 공주가 재치 있게 말하는 사람과 결혼을 하겠다고 발표한다.
>
> S#2. 성주의 첫째 아들과 둘째 아들은 공주와 결혼하기 위해 열심히 공부한다.
>
> S#3. 성주의 셋째 아들 바보 한스도 공주와 결혼하기 위해 두 형을 따라 길을 나선다.

S#4. 바보 한스는 성으로 가다가 까마귀, 나막신, 진흙을 줍는다.

S#5. 바보 한스는 공주의 질문에 길에서 주운 까마귀, 나막신, 진흙을 사용해 재치 있게 말한다.

S#6. 바보 한스는 공주와 결혼한다.

Andersen, 『바보 한스』, pp. 242-245

공주가 재치 있는 사람과 결혼하겠다고 선포한다. 성주의 첫째 아들과 둘째 아들은 성으로 향한다. 공주와 결혼하기 위해 형들을 따라나선 바보 한스는 길에서 까마귀, 나막신, 진흙을 줍는다. 바보 한스는 주운 물건을 사용해 공주의 질문에 재치 있게 대답하고, 결혼을 하게 된다.

S#1. 나무꾼과 계모 그리고 헨젤과 그레텔은 가난하다.

S#2. 나무꾼과 계모는 헨젤과 그레텔을 숲속에 내다 버린다.

S#3. 그레텔은 꾀를 내어 헨젤과 함께 집으로 돌아간다.

S#4. 나무꾼과 계모는 더 깊은 숲속에다 버린다.

S#5. 그레텔은 처음과 같은 꾀를 내지만 성공하지 못한다.

S#6. 헨젤과 그레텔은 길을 잘못 들어 깊은 숲속으로 들어간다.

S#7. 헨젤과 그레텔은 마녀를 만나 죽을 고비를 넘긴다.

S#8. 헨젤과 그레텔은 금은보화를 들고 집으로 돌아와 행복하게 산다.

Grimm, 『헨젤과 그레텔』, pp. 12-22

가난한 나무꾼과 계모는 헨젤과 그레텔을 내다 버린다. 그레텔은 꾀를 내어 헨젤과 함께 집으로 돌아온다. 하지만 나무꾼과 계모는 다시 더 깊은 숲으로 내다 버린다. 아이들은 처음과 같은 꾀를 내어 집으로 돌아가려 하지만 이번에는 성공하지 못한다. 길을 잃은 헨젤과 그레텔은 숲속 마녀를 만나 죽을 고비를 넘기고, 그곳에서 얻은 금은보화를 들고 집으로 돌아와 행복하게 산다.『바보 한스』와『헨젤과 그레텔』에서 사건들은 각각 독립성을 유지하면서, 사건의 원인이 결과가 되고 결과가 또다시 원인이 되도록 순차적으로 연결되어 있다.

이야기의 에피소드 연결 방식을 위계 구조, 계열 구조, 비연결 구조 등으로 나누어 볼 수 있다. 위계 구조는 상호 위계적으로 인과관계를 이루는 형식이다. 문제를 해결하기 위해 상위 목표를 설정하고 이를 달성하기 위해 하위 목표를 수행해 간다. 계열 구조는 에피소드들이 상호 독립성을 유지하면서 연쇄적으로 이야기가 진행되어 가는 형식이다. 이때 명제 간에 서로 영향을 끼치지 않는다. 비연결 구조는 에피소드들이 상호 인과관계가 없는 형식이다.

이 중 특히 위계 구조는 유아의 집중력을 높이고 내용을 인지하는 데 도움을 준다. 인과적으로 연결된 이야기를 더 잘 기억하고, 인과관계의 거리가 가까울수록 표상 능력이 높아지기 때문이다.

유아들은 유목화 개념을 이해하지 못한다. 대상을 파악할 때 특수한 것에서 특수한 것으로 변환시키며 사고한다. 즉, 대상의 부분과 전체를 관련짓지 못하고 세부사항과 부분에만 주목하는 병렬추론(juxtaposition reasoning) 방식으로 생각한다. 이러한 사고의 특성은 사건의 인과율 적용과 맞물리면서 이야기 진행 과정을 파악하는 데 도움을 준다. 다시 말하면 이야기를 구성하는 각각의 작은 사건들이 큰 사건에 유목화되어 있지 않고 하나의 목적을 달성하기 위해 서로 순차적으로 나열되어 있어, 유아가 이야기를 역추론하거나 전체적으로 조망하지 못해도 쉽게 이해하게 되는 것이다.

사건의 독립성

동화에서는 개별 사건이 독립성을 가지도록 하기 위해 사건이 반복되더라도 내용을 축약하거나 삭제하지 않는다. 행위를 반복해서 기술한다.

큰아들은 아버지가 시키는 대로 사과를 가지고 집을 떠났습니다. 얼마쯤 가다가 젊은이는 회색 옷을 걸친 난쟁이를 만났습니다. 난쟁이는 젊은이에게 바구니에 들어 있는 게 무엇이냐고 물었어요. 이름이 월리인 큰아들이 대답했습니다.

"개구리 다리."

이 말을 듣고 난쟁이가 말했어요.

"그렇다면 그 말대로 될 것이요!"

사무엘도 성에 가는 길에 회색 난쟁이를 만났습니다. 난쟁이는 바구니 안에 무엇이 들어 있느냐고 물었습니다. 사무엘이 대답했습니다.

"돼지털이요."

회색 옷을 입은 난쟁이가 말했습니다.

"그렇다면 그 말대로 될 것이요!"

자모는 길을 떠났습니다. 얼마를 가자 회색 옷을 걸친 초라한 난쟁이를 만났습니다. 이번에도 난쟁이는 바구니에 무엇이 들었는지 물었습니다. 자모는 공주의 건강을 되찾게 해 줄 사과라고 말했어요. 그러자 난쟁이가 말했습니다.

"그렇다면 그 말대로 될 것이요!"

Grimm, 『괴물 그리폰』, p. 231

공주가 사과를 먹으면 병을 고칠 수 있다는 소문이 난다. 농부가 세 아들에게 사과를 공주에게 가져다주라고 한다. 세 아들은 공주가 있는 성으로 가는 길에 난쟁이를 만난다. 첫째 아들과 둘째 아들은 바구니에 무엇이 있는지 물어보는 난쟁이에게 거짓말을 한다. 그러나 셋째 아들은 진실을 말한다. 세 아들이 차례대로 난쟁이를 만나는 장면을 보면, 축약해서 표현하지 않고 모두 동일한 방법으로 묘사한다. 사건들을 반복해서 기술하여 그 자체의 독립성을 유지한다.

유아는 이야기의 전체 맥락에서 사건을 조망하지 못하고 사건 하나하나에 집중한다. 세부사항과 부분에만 주목하기 때문에 작은 사건은 맥락과 관계없이 또 다른 하나의 이야기로 받아들여진다.

부분과 전체를 동시에 생각하지 못하는 특성에 비추어 볼 때 사건의 독립성 유지는 내용에 대한 이해를 높여 준다. 유아는 사건을 축약하지 않고 온전히 표현하고 있는 이야기를 들으면서 내용을 쉽게 받아들이고 반복되는 글에 대해 감각적 즐거움을 느낀다.

2) 시간

불명확한 시간

동화에서는 일반적으로 시간을 불명확하게 제시한다. 도입 부분에서 사용되는 '옛날 옛적에' 표현 문구는 이야기를 과거의 어느 한 시점에 가져다 놓는다. 정확히 언제 사건이 일어났는지 알 수 없다.

> 옛날 옛날에 왕과 왕비가 살고 있었어요. 왕과 왕비는 아기가 없어 너무나 슬펐어요.
>
> Perrault, 『잠자는 숲속의 공주』, p. 167

> 옛날에 굉장한 부자 상인이 살고 있었어요. 상인은 큰길 작은 길을 모두 은화로 덮을 만큼 돈이 많았어요.
>
> Andersen, 『하늘을 나는 가방』, p. 52

왕과 왕비가 살았던 시기, 굉장한 부자 상인이 살았던 시기를 '옛날 옛날에'라는 문구를 사용하여 시간을 명확하게 표현하지 않고 있다. 사건이 일어난 시기의 부정확성은 독자를 시간의 무제한성 속으로 빠져들게 만든다.

유아는 과거, 현재, 미래, 전후를 뜻하는 연속성의 개념을 혼동한다. 과거가 지속된 기간이며, 현재를 기준으로 뒤에 일어난 시간이라는 것을 이해하지 못한다. 그러므로 옛날이라는 개념은 일주일 전의 어느 날 또는 한 달 전의 어느 날을 지칭하는 것일 수도 있다.

시간의 흐름을 파악하지 못하는 유아의 특성은 시간에 구애받지 않고 사건을 묘사하는 동화의 특징과 일치한다. 이러한 이유로 동화의 무한정, 부정확한 시간을 특별한 장애 없이 받아들인다. 불명확한 시간은 유아를 현실 세계에서 가상 세계로 이동하게 만드는 기능을 한다.

명확한 시간

동화에서는 때로 현실 세계의 명확한 시간을 제시하기도 한다. 여기서 시간은 절대적 의미를 가지지 못한다. 동화의 규칙 안에서 이해해야 한다.

> 할머니가 말했습니다.
>
> "인간도 죽는단다. 인간의 생명은 우리보다 훨씬 짧아. 우리는 삼백 년 정도 살 수 있지."
>
> Andersen, 『인어 공주』, p. 35

> 요정은 신데렐라에게 밤 열두 시가 지나기 전에 돌아오라고 당부했어요. 열두 시가 지나면 마차는 호박으로, 말은 생쥐로, 하인은 도마뱀으로 되돌아가고, 신데렐라도 초라한 옷을 입은 원래의 모습으로 돌아가게 된다고 일러주었어요.
>
> Perrault, 『신데렐라』, p. 239

> 백 년이 흘렀어요. 이웃 나라 왕자가 사냥을 나왔다가 공주가 잠들어 있

는 성 근처를 지나게 되었어요.

Perrault, 『잠자는 숲속의 공주』, p. 167

『인어 공주』에서 할머니가 언급한 인어의 수명은 삼백 년이다. 인간의 수명보다 상대적으로 길다는 것을 말한다. 『신데렐라』에서 12시는 마법이 풀리는 시간이다. 신데렐라가 문제를 해결할 수 있는 가장 깊은 밤을 의미한다. 『잠자는 숲속의 공주』에서 공주는 백 년 동안 잠을 잔다. 아주 오랜 시간이 흘렀다는 것을 암시한다. 공주가 잠에서 깨어났을 때 백 년 전 시간이 멈췄던 그 시점에서부터 모든 일이 다시 시작된다.

동화에서 시간을 표현하는 숫자는 추상적인 양을 표현하거나 문제해결의 전환점을 제시하는 기능을 한다. 현실 세계의 절대적 시간이 아닌 상대적, 심리적 시간으로 아무런 힘을 발휘하지 못한다. 그러므로 동화에서 늙어가는 등장인물은 존재하지 않는다. 아이는 항상 아이로, 노인은 항상 노인으로 살아간다.

유아는 지속과 연속의 개념을 모른다. 그 때문에 주관적인 관점 하에 직접 눈으로 볼 수 있는 물리적인 현상이나 공간을 준거로 대상을 판단한다. 시간을 장소 혹은 활동으로 생각해 일에 걸리는 시간은 무시된다. 어떤 일을 빨리하면 시간은 빨리 지나가고 천천히 하면 시간은 천천히 지나간다. 그뿐만 아니라 시간을 빠르게, 느리게 또는 멈추게도 할 수 있다고 믿는다.

특히 나이에 대한 개념이 비연속적이고 정지 상태에 있기 때문에 아이는 처음부터 아이고 노인은 처음부터 노인이었을 거라고 생각한다. 시간이 흘러감에 따라 늙는다는 것을 이해하지 못한다. 이와 같이 동화는 유아가 가지고 있는 시간과 같은 흐름을 보이며 공감대를 형성한다.

『잠자는 숲속의 공주』에서 시간의 정지와 재개는 얼마든지 가능한 일이다. 또한 백 년이라는 시간이 지나도 늙지 않는 등장인물들의 모습은 당연한 것이다. 유아에게 시간은 자기중심적이고 유동적이다.

상대적 시간

동화에서 시간은 불확정성에 근거한다. 하지만 시간이 흘러감에 따라 벌어지는 사건의 진행 과정에 문제가 발생하지 않는다. 왜냐하면 사건이 진행되고 있다는 것을 묘사할 때 시간의 불확정성을 대신할 표현 문구를 사용하기 때문이다. 동화는 자체적으로 고유의 시간을 가지고 있다.

> 다음날은 날씨가 무척 화창했어요. 엄마 오리가 식구들을 데리고 강으로 갔습니다(p. 73).
>
> 다음날 아침, 들오리들은 미운 아기 오리를 보자 호들갑을 떨며 소리쳤습니다(p. 75).
>
> 이틀 후에 기러기 두 마리가 날아왔습니다(p. 75).
>
> 다음날 아침, 호숫가를 지나던 농부가 미운 아기 오리를 발견했습니다(p. 79).
>
> Andersen, 『미운 아기 오리』

점심때가 되자 두 남매는 딱딱해진 빵을 먹었습니다(p. 14).

이튿날 이른 새벽, 계모는 아이들을 두드려 깨웠습니다(p. 15).

달이 뜨자, 오누이는 집을 향해 출발했습니다(p. 16).

다음날 날이 밝았지만 오누이는 숲에서 빠져 나갈 길을 찾지 못했어요(p. 16).

Grimm, 『헨젤과 그레텔』

다음날 아침, 점심때가 되자, 이튿날, 이른 새벽, 달이 뜨자 등과 같이 정확한 시간을 사용하지 않고 있다. 사건이 발생한 시점과 행위를 연결시킨다. 등장인물의 행위가 언제 나타났는지 시간을 나타내는 표현 문구를 사용하여 사건의 흐름을 방해하지 않고 진행 과정에 대한 이해를 높인다. 즉, 동화에서 시간은 사건의 흐름 속에서 해석되는 상대적 시간이다.

유아는 식사 시간이나 잠자리에 드는 시간을 장소 또는 활동으로 생각한다. 그 이유는 식탁에 앉을 때가 식사 시간이고, 침대에 누울 때가 잠자는 시간이기 때문이다. 시간을 사건, 즉 행위(공간)와 연결하면서 시간의 흐름을 파악한다. 유아에게 작년에 벌어진 사건(과거)을 현재와 연결하거나 현재와 미래를 연결해서 이해시키는 것은 어려운 일이다. 그러나 직전에 일어난 사건과 시간을, 직후에 일어날 사건과 시간을 나타내는 표현 문구와 연결하면 시간의 흐름을 쉽게 인지시킬 수 있다.

유아가 갖고 있는 시간의 개념에 비추어 볼 때, 등장인물의 행위와 행위가 언제 나타났는지 시간을 나타내는 표현 문구들은 사건의 흐름을 이해하는 데 도움을 준다.

3) 공간

공간의 일차원성

동화의 공간은 인간이 사는 곳과 초자연적인 존재가 사는 곳으로 나뉜다. 일반적으로 초자연적인 존재는 숲속, 나무, 호수 등 자연에 산다. 여기에 등장하는 동물이나 인물은 현실에서 볼 수 없는 능력을 가지고 있다. 즉, 이들이 사는 공간은 가상공간으로 이야기에 필요한 기능을 부여받게 된다. 공간이 이원화되어 있지만 현실에 사는 인간, 가상 공간에 사는 초자연적인 존재는 서로 자유롭게 이동할 수 있다.

> S#1. 한 군인이 힘차게 길을 가다가 마녀를 만난다.
>
> S#2. 마녀는 군인에게 나무 속으로 들어가 부싯돌을 가지고 오라고 시킨다.
>
> S#3. 군인은 마녀를 죽이고 부싯돌을 가지고 도시로 돌아온다.
>
> S#4. 생활이 궁핍해진 군인은 부싯돌을 꺼내 돌을 치자 순간 눈이 찻잔처럼 동그란 개가 튀어나와 원하는 것이 무엇이냐고 물어본다.
>
> S#5. 부싯돌의 도움으로 군인은 공주와 결혼한다.
>
> Andersen, 『부싯돌』, pp. 8-14

군인이 사는 도시와 마녀가 사는 숲, 두 개의 공간이 나온다. 가난한 군인은 길을 가다가 숲에서 마녀를 만나 부싯돌을 하나 얻는다. 부싯돌을 부딪칠 때마다 초자연적인 힘을 발휘하는, 눈이 찻잔처럼 동그란 개 한 마리가 나와 원하는 소원을 모두 들어준다. 군인은 부싯돌의 도움으로 가난에서 벗어나고 공주와 결혼까지 한다. 현실에서의 무능함과 가난이 부싯돌로 모두 해결된다. 이와 같이 가상 공간에 존재하는 마녀가 현실에 등장해 주인공을 도와준다. 두 공간이 일차원적으로 묘사되어 있어 경계가 불분명하다.

유아는 불가능한 일과 가능한 일을 쉽게 구별하지 못한다. 어떤 것이든 상상에 의해 결과를 창출한다. 이는 이전 경험이 부족하고, 실제 세계에 무엇이 어떻게 존재하고 있는지 알지 못하기 때문이다. 제한된 경험만으로 대상을 파악하기 어려워 경험하지 못한 세계를 만나면 비논리적인 상황을 만들어 가면서 설명하려 한다. 즉, 유아에게 가상 세계는 현실 세계와 대립되거나 융화해야 하는 공간이 아니라 그 자체로 현실이 된다.

공간의 일차원성은 현실과 가상 세계, 이승과 저승의 경계를 허무는 기능을 한다. 상상 속에서만 이루어졌던 자유로운 공간 이동을 명시하고, 가상 세계를 수용한다. 다시 말하면 사건이 일어나는 공간은 유아가 생각하고 상상하는 모든 것이 살아 움직이는 세상이다.

공간의 불명확성

동화의 배경이 되는 공간은 이름이 없다. 구체적으로 어떤 지역에 존재하는지 또는 어떤 국가에 속해 있는지 알 수 없다. 공간을 묘사할 때 모습이나 특징을 드러내는 수식어를 사용하지 않는다.

왕이 살고 있는 성에서 그리 멀리 떨어지지 않은 곳에 나무들이 울창한

숲이 있었어요.

Grimm, 『개구리 왕자』, p. 23

옛날 옛날, 어떤 마을에 세상에서 가장 귀여운 소녀가 살고 있었어요.

Perrault, 『빨간 모자』, p. 191

숲과 마을이 어디에 있는 곳이며, 이름이 무엇인지 명확하게 제시되어 있지 않다. 의미가 생성되는 이름이나 수식어를 제거하면 공간에 새로운 기능을 부여할 수 있기 때문이다.

유아는 대상을 볼 때 하나의 속성이나 한 가지 상황에만 집중하고 다른 측면을 무시하는 경향이 있다. 그러므로 공간의 자세한 설명과 이름 배제는 이야기에 몰입감을 높일 수 있다.

인간의 공간 대 자연의 공간

동화에는 인간 세계와 자연 세계 두 공간이 있다. 인간 세계는 현실의 공간으로, 여기에서는 문제가 발생한다. 반면 자연 세계는 초자연적인 존재들이 사는 비현실의 공간으로, 이곳에서는 문제가 해결된다. 자연 세계에 동물이나 사물이 등장할 경우 그들은 뛰어난 능력을 보여 준다. 때론 신비한 인물이 나와 전지전능한 힘을 행사하기도 한다.

옛날에 가난한 나무꾼이 살고 있었어요. 그는 가난하고 힘든 생활에 너무 지쳐 차라리 죽는 것이 낫겠다고 생각했어요. ……(중략)…… 그러던 어느 날. 그날도 나무꾼은 평소와 다름없이 숲에서 나무를 베며 불평을 늘어 놓기 시작했어요. 그런데 갑자기 주피터의 신이 손에 번개를 들고 나무꾼 앞에 나타났습니다. ……(중략)…….

"네가 잘못하고 있다는 것을 알려 주러 왔노라. 잘 듣거라. 온 세상을 지배하는 주인인 내가 너의 소망 세 가지를 들어주기로 약속하마."

Perrault, 『어리석은 소원』, pp. 151-158

어느 날 가난한 과부가 오두막집에서 살고 있었습니다. ……(중략)…… 과부는 한 아이는 흰 눈이라 불렀고 다른 아이는 빨간 장미라고 불렀습니다. 어느 날 저녁, 어머니와 두 딸이 한가로이 앉아 있는데 누군가 문을 두드렸습니다. ……(중략)…… 시커먼 곰이 문 앞에 서 있었어요.

"무서워하지 마세요. 저는 당신들을 절대로 해치지 않아요. 꽁꽁 언 몸을 좀 녹이고 싶을 뿐이에요."

Grimm, 『흰 눈과 빨간 장미』, pp. 223-230

『어리석은 소원』에서는 나무꾼의 가난한 현실 세계와 그 문제를 해결해 줄 자연 세계가 이원화되어 있다. 자연 세계인 숲에서 나무꾼을 도와줄 초자연적인 존재가 등장한다. 나무꾼은 주피터의 신과 스스럼없이 대화를 나누며 문제를 풀어 나간다. 아무런 제한 없이 공간의 이동과 생각의 교류가 자유롭게 이어진다.

『흰 눈과 빨간 장미』에서는 가난한 과부와 두 딸이 사는 인간 세계와 곰과 난쟁이가 사는 자연 세계로 공간이 나뉜다. 흰 눈과 빨간 장미는 가난한 과부의 딸로 신앙심이 깊고 친절하고 인내심이 많다. 두 아이 앞에 커다란 곰 한 마리가 나타난다. 곰은 숲에 사는 못된 난쟁이로부터 두 소녀를 구한다. 그리고 많은 금은보화를 얻게 만들어 가난에서 벗어나게 도와준다. 동화에서는 초자연적인 존재인 주피터의 신, 곰과 난쟁이들이 숲에 거주하며, 현실에서 볼 수 없는 능력과 힘을 발휘한다.

유아는 자신이 보고, 듣고, 느끼고, 생각하고, 상상하는 모든 것이 외부에 실재한다고 믿는다. 심리 현상과 물리 현상을 분리하지 못하고, 대상을 체계적이고 논리적으로 일반화하지 못한다. 특히 물활론적 사고로, 인간 세계보다 자연 세계에 더 강한 친밀감을 느낀다. 인간이 살지 않는 자연의 공간에 초자연적인 존재가 살고 있으며, 이들이 인간보다 더 강하다고 생각한다. 그 때문에 인간에게 발생한 문제를 초자연적인 존재가 해결하는 것에 대해 신뢰감과 믿음을 보인다.

4) 등장인물

등장인물의 표현 방법

동화에서는 등장인물의 특성과 본질을 알 수 있는 이름을 배제한다. 모습을 구체적으로 떠올릴 수 있는 표현을 하지 않고, 상세한 세부 묘사나 수식어 사용을 자제한다. 이름은 등장인물의 성격을 드러내는 요소로, 인명의 어감에 따라 독자에게 연상 작용을 일으킨다. 이름을 명명한다는 것은 곧 의미를 부여하는 것으로 자기만의 특성을 내포하게 되는 것이다. 그러므로 동화에서 현실 세계의 인물, 동물, 사물을 등장시킬 때 고유한 이름을 부여하지 않고 무특정한 상태로 만들어 그들에게 맞는 새로운 역할을 부여한다.

옛날에 한 처녀가 있었어요.

Grimm, 『작은 매듭』, p. 6

소년은 너무 가난해서 방에 들어갈 엄두도 내지 못했어요.

Andersen, 『아이들의 잡담』, p. 123

방앗간 주인이 세 아들에게 방앗간과 당나귀, 고양이만 남기고 세상을 떴어요.

Perrault, 『장화 신은 고양이』, p. 215

처녀, 아이들, 고양이 등 일반명사만을 사용하여 주인공을 소개한다. 어떤 존재인지 구체적으로 명시하지 않는다. 『작은 매듭』에서 약혼자는 게으른 약혼녀를 버리고 그녀가 데리고 있는 부지런한 하녀를 신부로 맞이한다. 『아이들의 잡담』에서 아이들은 자신이 얼마나 부자이며, 힘 있는 귀족의 자제인지를 자랑한다. 가난한 소년은 부유하게 태어난 아이들을 부러워한다. 그러나 훗날 어른이 된 가난한 소년은 그 도시에서 가장 큰 부자가 된다. 『장화 신은 고양이』에서 고양이는 생계를 걱정하는 막내아들을 도와 왕의 사위로 만들어 준다.

『작은 매듭』, 『아이들의 잡담』에서는 하녀와 소년의 개인적인 특성을 나타내는 성격을 묘사하지 않는다. 단지 하녀라는 신분과 소년이 가난하다는 상태만을 언급한다. 타고난 신분이 부를 결정 짓지만, 하녀와 소년을 통해 신분보다 더 중요한 건 부지런함과 성실함이라는 것을 강조한다. 『장화 신은 고양이』에서 고양이는 현실 세계에서 관찰할 수 있는 행동 양식과 특성을 보이지 않는다. 인간의 조력자로서 상상도 할 수 없는 신비한 능력을 발휘한다.

배틀하임(B. Bettelheim)은 등장인물을 묘사할 때 일반명사를 사용하는 것에 대해 유아가 주인공에게 자신을 손쉽게 투사하거나 동일시하게 만드는 배려라고 설명한다. 유아는 대상을 어떤 특성이나 기능으로만 파악하며, 한 번에 한 가지 측면만 보는 경향이 있다. 등장인물에 대한 간략 묘사는 종 특이성을 배제하고 한 가지 기능만 부각시키기 때문에 감정 이입과 더불어 이야기에 대한 집중력을 높일 수 있다.

등장인물의 물활론

동화에 등장하는 동물이나 사물은 인간이 하는 말과 행동을 한다. 또한 인간은 말할 수 있는 동물을 만나도 놀라거나 두려워하지 않는다. 현실 세계에서 일어날 수 없는 인간과 동물의 의사소통이 이루어진다.

> 고양이는 방에 들어서자마자 왕에게 절을 하며 말했어요.
> "전하 카라바 후작이 산토끼를 전하께 바치라고 해서 들고 왔습니다."
> 왕이 말했어요.

"주인에게 내가 고마워하고 기뻐했다고 전하거라."

Perrault, 『장화 신은 고양이』, p. 215

빨간 모자는 숲속에 들어서자마자 늑대를 만났습니다. 늑대가 말했습니다.
"안녕, 빨간 모자야."
빨간 모자도 늑대에게 반갑게 인사했어요.
"안녕하세요, 늑대 아저씨."

Grimm, 『빨간 모자』, p. 53

왕과 장화 신은 고양이는 대화를 한다. 빨간 모자는 늑대를 만났을 때 반갑게 인사하며 말을 건넨다. 동물을 만난 인간의 반응은 자연스럽고 거리낌이 없다. 인간은 현실에서 있을 수 없는 현상이나 인물을 만나더라도 어떠한 감정도 표현하지 않는 '무감각성법칙'을 따른다.

유아는 생물과 무생물을 명확하게 구분하지 못한다. 모두 자신과 마찬가지로 감정을 소유하고 있다고 생각한다. 이러한 물활론적 사고로 인해 동물이 말할 수 있고, 사물에 생명이 있다는 것을 자연스럽게 받아들인다. 인간보다 동물과 자연과의 교류가 유아에게는 더 흥미 있고 재미있을 뿐만 아니라 호소력을 얻는다.

등장인물에서 주인공의 위치

동화에 등장하는 주인공은 높은 신분 또는 낮은 신분에 속한다. 높은 신분은 왕, 왕자, 공주, 귀족, 낮은 신분은 거지, 하녀 등이다. 이러한 대립 구조는 등장인물이 가족으로 구성될 때도 해당한다. 주인공은 형제, 자매 중 나이가 가장 어리다. 또한 여자 형제들 중 유일한 남자 형제 또는 남자 형제들 중 유일한 여자 형제이다. 집단에서 강자보다는 약자를 선정하며, 신분이 높더라도 결함이 있는 자로 묘사된다. 특히 가장 높고 낮은 위치에 있는 주인공은 집단에서 쉽게 분리될 수 있다. 이러한 위치는 특별한 성격을 부여하는데, 그건 바로 어디에도 구속되지 않는 자유로움이다. 주인공이 행동에 제약을 받지 않고 움직일 수 있다는 것은 주변 등장인물과 연대성을 이루며 문제를 해결하는 데 용이하다는 것을 의미한다.

옛날에 새 옷을 무척 좋아하던 임금님이 살았어요. 임금님은 새 옷을 사느라 돈을 모두 낭비하곤 했지요. 임금님은 병사들도 전혀 돌보지 않았어요. ⋯⋯(중략)⋯⋯ 단지 새 옷을 자랑할 때만 밖으로 나갔습니다.

Andersen, 『벌거벗은 임금님』, p. 15

옛날에 왕비가 왕자를 낳았는데 너무 이상하고 못생겨서 모두 사람이 맞는지 의심할 정도였어요. 하지만 왕자가 태어날 때 옆에 있던 요정은 왕자가 아주 똑똑하기 때문에 사랑을 받을 것이라 장담했어요.

Perrault, 『고수머리 리케』, p. 248

옛날에 한 남자가 세 아들을 두고 있었어요. 얼간이라고 불리는 막내아들은 사람들에게 항상 비웃음거리가 되었습니다.

Grimm, 『황금 거위』, p. 159

3. 동화에 함의된 유아 발달 특성

막내는 아주 작았어요. 태어났을 때 엄지손가락만 해서 사람들은 막내를 '엄지 동자'라고 불렀어요. 엄지 동자는 불쌍하게도 집안의 놀림거리였어요.

Perrault, 『엄지 동자』, p. 267

『벌거벗은 임금님』에서 임금님은 왕족으로 최고의 신분을 가지고 있다. 하지만 국민의 조롱을 받는 어리석은 사람으로 묘사하고 있다. 『고수머리 리케』에서 리케는 못생긴 왕자님이지만 똑똑한 재능을 지니고 태어나 주위 사람들에게 사랑받는다.

『황금 거위』에서는 세 아들 중 막내아들이 얼간이로 불릴 정도로 바보 같지만 심성이 착하다. 『엄지 동자』에서는 막내로 태어난 아이가 너무 작아 엄지 동자로 불리며 집안 식구들에게 놀림을 당한다. 하지만 형제 중에서 가장 똑똑하고 현명해 문제를 해결하는 역할을 담당한다.

열등감은 어떤 대상과 비교하면서 느끼는 부족감이다. 에릭슨(E. Erikson)은 근면성에서 생기는 무능감과 낮은 자존감으로, 주관적으로 느끼는 심리 현상으로 설명한다. 아들러(A. Adler)는 생애 초기 다른 이들의 도움 없이 생존할 수 없기 때문에 근본적으로 열등감이 인간의 기본 감정을 이룬다고 본다. 이러한 감정은 자신이 과제를 제대로 수행하지 못했을 경우 생성되지만 외적으로 성인 또는 우등한 대상과 상대적으로 비교 평가될 때 더욱 커진다.

동화에서 주인공은 신분이 높든 낮든, 부자든 가난하든, 힘이 강하든 약하든, 열등한 자로 묘사된다. 그리고 당면한 문제를 해결하면서 이를 극복하는 모습을 보여 준다. 이는 심리적으로 열등감이 있는 유아에게 공감대를 형성시켜 정서적으로 자존감을 상승시키는 효과를 낳는다.

제2부

비평의 이론과 실제

교류분석

번(E. Bern)에 의해 개발된 교류분석(Transactional Analysis: TA)은 인간관계에서 일어나는 의사소통을 분석하는 것이다. 타인과 갈등이 일어나는 원인을 찾아 이를 해소하여 삶을 좀 더 나은 방향으로 변화시키고자 한다. 이 방법론은 관찰 가능한 인간의 언어와 행동을 근거로 한다. 현실 수준에서 분석할 수 있기 때문에 심리치료뿐만 아니라 인간관계를 다루는 모든 영역에 적용된다.

의사소통을 교류라고 표현한다. 교류는 거래, 흥정이라는 사전적 의미를 담고 있다. 무언가를 거래할 때 단순히 표면상의 말과 행동뿐만 아니라 잠재된 의미, 숨겨진 의도 등 인간의 다양한 감정까지 읽어야 한다. 그래야 흥정이 계속 이어질 수 있다. 의미뿐만 아니라 인간의 심리적인 부분까지 포함하기 때문에 의사소통보다는 좀 더 폭넓은 개념으로 사용된다.

번은 교류를 자극과 반응으로 설명한다. 인간은 말과 행동을 주고받으며 생활한다. 말 한마디, 행동 하나가 마음을 기쁘게 또는 슬프게 만드는 자극제가 되어 삶에 동기를 부여한다. 인간은 자극 없이 살 수 없다. 그래서 끊임없이 이를 유도하고 반응하면서 감정선을 유지하려고 한다. 교류의 목적이 자극의 욕구를 충족하는 이유이기도 하다. 말과 행동은 힘과 위로가 되기도 하지만 때론 상처를 주기도 한다. 이 과정에서 성격이 형성되고 인생 계획인 각본(script)이 만들어진다. 여기서 주목해야 할 것은, 각본이 인생의 가장 중요한 순간에 어떠한 행동을 할지 무의식적으로 명령을 내린다는 사실이다. 무언가 선택하고 결정해야 하는 순간마다 자신을 실패로 몰아넣을지 아니면 성공으로 이끌지는 각본에 달려 있다. 사람들의 일상적인 행동은 이성에 의해 움직이지만 중요한 결정은 이미 정해져 있는 것이다.

교류는 단순히 의미와 감정을 공유하는 데서 끝나지 않는다. 인간의 성격 형성, 그로 인한 각본에 이르기까지 많은 영향을 미친다. 결국 타인과 어떻게 교류하느냐에 따라 삶의 방향이 달라진다. 그러나 잘못된 교류로 부정적인 각본이 형성되었다고 해서 그 상태가 고정되는 것은 아니다. 올바른 교류 방법을 통해 긍정적으로 바뀔 수 있다. 인간은 자극이 들어오면 과거와 현재를 비교해 좀 더 나은 방향으로 스스로를 변화시킬 수 있는 자율적인 존재이기 때문이다.

이와 같이 교류분석은 인간의 삶 그리고 변화의 본질에 대해 기본적인 신뢰를 갖는 철학적 가정에 기반을 둔다. 인간의 자아 상태가 어떻게 구조화되어 있는지 보여 주고 있어 성격을 이해하는 데 도움을 준다. 특히 각본이라는 개념은 인간의 현재 생활 패턴의 유래를 규명한다. 왜 자신이 어린 시절에 사용했던 전략을 계속해서 재연해 나가며, 실패와 좌절의 고통스러운 결과를 가져옴에도 반복적으로 사용하는지에 대해 설명한다. 그리고 이에 따른 구체적 분석 방법과 해결책을 제시하여 인간의 감정이나 행동 특성을 이해하고자 한다.

그림동화는 유아와 그들을 둘러싼 사회를 재현하고 표현하는 가운데 수많은 인간의 군상과 다양한 교류 패턴을 보여 준다. 그 안에서 형성되는 주인공의 각본은 이야기의 결말이 어떠한 방향으로 진행되어 갈지 예측할 수 있게 한다. 다시 말하면 교류분석을 바탕으로 그림동화를 분석하는 것은, 인간이 교류하는 목적부터 각본 형성까지 전 과정을 고찰해 보는 일로 내용에 대해 깊이 있는 해석을 가능하게 한다. 이는 교류의 가장 근원적인 문제와 함께 유아의 긍정적 자아 형성에 대한 시사점을 제공할 수 있다. 이 장에서는 작품분석을 위해 교류분석의 주요 개념을 살펴보고자 한다.

1. 무엇을 위해 교류하는가

카페가 정말 많아졌다. 커피를 즐기게 된 건 최근 일이다. 단순히 커피가 좋아서 마시는 것만은 아니다. '커피 마시러 가자.'라고 한다. 이때 커피는 차가 아닌 그 이상 무언가를 의미한다. 커피 한 잔을 사이에 두고 수많은 이야기가 오고 간다. 진로 문제, 아이 문제, 시댁 문제, 연애 문제 등 자신이 당면한 고민을 풀어낸다. 대화는 문제를 해결하기보다 감정을 쏟아 내는 데 집중한다. 실컷 이야기하고 나면 속이 시원하다. 조금 전까지만 해도 심각했던 일이 조금은 가벼워진 느낌이다. 대화는 서로에게 자극을 주고 반응하면서 희로애락의 감정을 가감시킨다. 이때 좀 더 많은 자극을 받기 위해 시간을 구조화하고 자신의 생각이 옳고 그른지에 대한 논쟁이 벌어진다. 교류를 통해 인간의 기본 욕구인 자극의 욕구, 구조화의 욕구, 기본적 태도의 욕구가 충족된다.

1) 인간의 기본 욕구

자극의 욕구

첫눈이 내리면 마음이 설렌다. 벚꽃이 피면 마음에 바람이 분다. 아이의 웃음소리, 바람 소리, 전화벨 소리 등이 마음을 흔든다. 사람들은 주변 환경에서 끊임없이 자극을 받으며 살아간다.

카페에서 혼자 책을 읽거나 공부하는 사람이 많아졌다. 이는 카페 운영에 논란을 야기할 만큼 문제가 되고 있다. 사람들은 이상하게도 집이나 도서관이 아닌 수많은 사람이 오고 가는 곳에서 공부를 한다. 그 이유는 여러 가지가 있겠지만, 조용한 곳보다는 조금은 시끄러운 곳이 집중이 더 잘 되기 때문이다. 소곤거리는 소리, 계산하는 소리, 문 여닫는 소리가 방해되는 것이 아니라 집중력을 높여 준다.

어떠한 소리도 나지 않는 곳에 혼자 있다고 상상해 보자. 무언가 답답하고 약간은 무기력한 기분이 들 것이다. 사람들은 이를 벗어나고자 음악을 작게 틀어 놓거나 TV를 켜기도 한다. 혼자 계신 할머니, 할아버지는 적막함을 달래기 위해 거리에 앉아 오고가는 이들을 바라본다. 사람들은 주변 환경의 자극을 통해 심리적 안정을 찾으려고 한다.

만약 인간에게 아무런 자극이 주어지지 않으면 어떻게 될까? 심리학자 할로우(H. Harlow)는 원숭이 실험에서 자극이 주어지지 않을 때 이상 행동을 하거나 폭력적으로 변한다는 것을 증명했다. 소아과 의사 스피츠(R. Spitz)는 시설에 수용된 유아를 관찰한 결과 만지고 애무하고 미소 짓는 등 육체적인 자극을 많이 받으면 사망률이 감소한다는 사실을 발견했다.

자극을 받지 못한다는 것은 감각이 차단된다는 것을 의미한다. 이는 아이의 생존 문제뿐만 아니라 어른에게도 건강에 이상을 일으키는 원인이 되기도 한다. 그 때문에 인간은 무의식적으로 긍정적이든 부정적이든 서로에게 자극을 주고받으면서 살아가길 원한다. 이와 같이 자극은 삶을 유지하는 데 없어서는 안 될 중요한 요인으로 작용한다.

인간이 서로 주고받는 자극 중 특정한 형태를 이루는 자극을 스트로크(stroke)라고 한다. 스트로크의 사전적 의미는 두드리는 것이다. 이때 대상은 마음이다. 어떻게 두드리느냐에 따라 마음이 느끼는 감정은 달라진다. 스트로크는 두 가지 측면으로 나뉜다. 하나는 긍정적 스트로크로, 칭찬, 미소, 스킨십 등 타인에게 좋은 감정을 준다. 다른 하나는 부정적 스트로크로, 비난, 찡그린 얼굴, 때리며 학대하기 등 불쾌한 감정을 준다. 즉, 말과 행동방식에 따라 부정적 또는 긍정적으로 바뀐다.

엄마는 아이가 정리 정돈을 잘하거나 동생과 사이좋게 놀면 칭찬을 한다. 이때 착하다는 말 한마디, 미소, 머리를 쓰다듬어 주는 행동 하나하나가 긍정적 스트로크가 된다. 아이는 자신을 행복하게 만드는 스트로크의 상징적인 의미를 학습해 가면서 이를 얻기 위해 노력한다. 만약 원하는 스트로크를 얻지 못하면 생각은 바뀐다. 문제행동을 일으키며 엄마를 화나게 만든다. 엄마의 야단치는 말, 찡그린 얼굴 등 부정적 스트로크를 유도해 자신의 감정선을 유지하려고 한다. 왜냐하면 아무런 자극이 없는 것보다는 부정적인 자극이라도 있는 편이 삶을 유지하는 데 필요하기 때문이다. 문제는, 아이가 계속해서 이러한 잘못된 방법을 사용하면 성격과 각본이 좋지 못한 방향으로 흘러가게 된다는 것이다.

구조화의 욕구

우울할 때 친구에게 전화를 건다. 감정을 공유할 수 있는 이와 함께 시간을 보내고 싶다. 따뜻한 말 한마디, 공감하는 표정, 토닥임 등 긍정적 스트로크를 암묵적으로 요구한다. 마음을 위로해 달라는 것이다. 만약 이것이 충분하지 않으면 의도적으로 상황을 만들어 시간을 구조화하려고 한다. 더 많은 자극을 유도하기 위해서다. 다시 말하면 시간을 구조화하려는 욕구는 자극의 욕구를 충족하기 위한 구체적인 수단이 된다.

영이 엄마와 철이 엄마가 차를 마시며 이야기를 한다. 그러던 중 순이 엄마를 부른다. 둘보다는 셋이 모이면 더 재미있기 때문이다. 대화를 이어 가다가 1박 2일로 놀러가자는 계획을 세운다. 가사에서 벗어나 아름다운 자연도 보고, 맛있는 음식도 먹으면서 많은 이야기를 나눌 수 있다. 이렇게 시간을 구조화하면 서로 주고받는 자극의 양은 극대화된다.

사람들은 여행, 맛집 투어, 등산, 동창회 등 모임을 만들며 취미를 공유하려고 한다. 주기적으로 만나 자극을 주고받으며 삶의 원동력으로 삼는다. 사켓(G. Sackett)은 동물이건 인간이건 감각이 차단된 경우 구조화된 자극의 욕구가 더 높아진다는 사실을 증명했다. 즉, 복잡한 자극에 더 잘 끌린다. 그래서 사람들은 자극의 욕구가 직접 충족되지 않으면 상황을 만들어 자극을 구하고자 한다. 시간을 구조화하는 방법에는 폐쇄, 의식, 활동, 잡담, 게임, 친교 등 여섯 가지가 있다.

폐쇄는 스트로크를 타인에게 구할 수 없을 때 자기 안에서 구하는 것이다. 혼자서 상상하거나 대상이 있는 것처럼 생각하면서 부족한 스트로크를 채워 나간다. 자기애적인 성격이 강하다.

의식은 간접적으로 스트로크를 구하는 방법이다. 인간관계에 필요한 행사나 모임에 참여해 최소한의 스트로크를 유지한다.

활동은 자신이 하는 일을 열심히 하면서 스트로크를 얻는 것이다. 일을 성취하는 사람에게 만족감을 주지만, 그 일을 그만두었을 때 소외감과 무력감이라는 부작용이 함께 동반된다.

잡담은 일상생활에서 일어나는 일에 대해 이야기하면서 스트로크를 주고받는 것이다. 스트로크를 구하는 방식이 직접적이다. 공유하는 시간이 즐거우며 이때 사람을 사귈 수 있다.

게임은 음성적으로 스트로크를 교환하는 것이다. 정직하게 스트로크를 구할 수 없을 때 잘못된 방법으로 얻으려고 한다. 부정적인 자극을 주고받기 때문에 교류 후 불쾌한 감정을 느끼는 특징이 있다.

친교는 두 사람이 신뢰와 배려를 바탕으로 스트로크를 교환하는 것이다. 시간을 구조화하는 방법 중 자발적이고 이상적이다.

시간을 구조화하는 방법에 따라 스트로크의 양도 달라진다. 폐쇄에서 친교로 갈수록 많아진다.

기본적 태도의 욕구

점심시간만 되면 고민이다. 짜장면을 먹을 것인가, 짬뽕을 먹을 것인가? 아니면 물냉면을 먹을 것인가, 비빔냉면을 먹을 것인가? 갈등이 생긴다. 선택에 대해 나름의 장단을 기초로 자신의 생각을 주장한다. 그에 따른 논쟁이 이어진다. 이러한 고민을 식당 주인들이 간단히 해결해 버렸다. 그릇을 반으로 나누어 한쪽은 짜장면 한쪽은 짬뽕, 한쪽은 비빔냉면 다른 한쪽은 물냉면을 담았다. 더 이상 고민하지 않고 둘 다 먹으며 행복감을 느낄 수 있게 되었다.

사람들은 어떤 문제에 당면하면 선택에 대해 본능적으로 시시비비를 가린다. 요즘 인기 있는 배우 A와 B 중 누가 더 좋은지, 유행하는 노래 C와 D 중 무엇이 더 좋은지 열심히 구분한다. 이때 나와너의 생각 둘 다 맞는지, 나의 생각이 맞고 너의 생각이 틀린지, 나의 생각이 틀리고 너의 생각이 맞는지, 나와 너의 생각 둘 다가 틀린지, 네 가지 형태를 보인다. 이 가운데 대화는 계속해서 인정과 수용을 유도하면서 진행된다.

사람이 자신과 타인을 어떻게 느끼고 어떤 결론을 내리는가를 '기본적 태도'라고 한다. 여기서 말하는 태도를 교류분석에서는 'OK' 또는 'OK가 아니다.'라고 표현한다. 기본적 태도는 '나도 타인도 OK이다.' '나는 OK이고 타인은 OK가 아니다.' '나는 OK가 아니고 타인은 OK이다.' '나도 타인도 OK가 아니다.' 네 가지로 분류된다.

이상에서 살펴본 바와 같이 인간은 자극의 욕구를 충족하기 위해 교류하며, 자극을 얻기 위해 시간을 구조화하고, 이 과정에서 옳고 그름에 대해 분별하려는 태도를 보인다. 교류를 통해 인간은 세 가지 기본 욕구를 충족하려 한다.

2. 세 가지 자아

〈가시나무새〉라는 노래가 있다. 첫 구절은 '내 속엔 내가 너무도 많아.'로 시작한다. 간혹 내가 나를 이해하지 못할 때가 있다. 아이 같고, 어른 같고, 다정한 엄마처럼 굴다가도 때론 비난과 비판하는 모습을 보이기도 한다. 자신의 성격을 한마디로 정의하기 어렵다. 노래 가사 말처럼 내 속엔 내가 너무도 많다.

번은 구조적 측면에서 이러한 움직이는 인간의 자아 상태를 부모 자아 상태(parent ego state), 성인 자아 상태(adult ego state), 아동 자아 상태(child ego state) 세 가지로 분류했다. 여기서 '상태'란 대상에 따라 언제든지 이동이 가능하다는 것을 의미한다. 각각의 자아 상태를 좀 더 자세히 살펴보면 다음과 같다.

첫째, 부모 자아 상태는 부모에게 직접 받아들인 부분이다. 부모가 사용한 말투, 표현, 생각, 행동 등을 통해 자신을 나타낸다. 다정하고 포용적인 부모가 있는 반면 어떤 부모는 끊임없이 비판과 비난을 한다. 따라서 부모 자아 상태는 양육적 부모 자아 상태(NP)와 비판적 부모 자아 상태(CP)로 나뉜다. 양육적 부모 자아 상태는 친절, 동정, 관용적 태도를 나타내는 부분이다. 아이를 격려하고, 배려하며, 잘못에 대해 벌을 주기보다는 용서를 한다. 비판적 부모 자아 상태는 자신의 가치관이나 생각을 바른 것으로 여기고 양보하

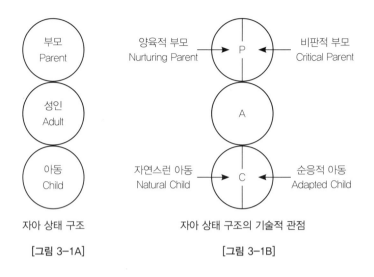

자아 상태 구조

[그림 3-1A]

자아 상태 구조의 기술적 관점

[그림 3-1B]

지 않으려는 부분이다. 지배적인 태도나 명령적인 말투를 사용해 아이에게 필요한 여러 규칙을 가르치면서 비난하거나 비판한다.

아이가 늦잠을 잔다. 이때 엄마들의 반응은 다르다. 영이 엄마는 '공부하느라 힘들구나.' '괜찮아. 그럴 수도 있어.' 등 아이의 고단함을 이해한다. 누구나 실수할 수 있고, 그럴 수도 있다며 다독인다. 이에 반해 철이 엄마는 '안 되겠구나.' '아직도 정신 못 차렸지.' '그래서 대학은 가겠니?' 등 비난의 말을 쏟아낸다. 자신이 해야 할 일을 제대로 하지 못했다는 것이다. 똑같은 상황이라 해도 엄마들의 반응은 제각기 다르다. 여기서 주목해야 할 것은, 비판적 부모 자아 상태로 계속 자극을 주고 반응할 경우 훗날 자녀의 각본 형성에 부정적인 영향을 미친다는 사실이다.

둘째, 성인 자아 상태는 현실을 객관적으로 평가하는 이성적이고 합리적인 부분이다. 문제에 직면했을 때 사실에 근거하여 사물

제3장 교류분석

을 판단하고 가능성과 확률을 계산한다. 시비가 일어날 때 다각적으로 탐색해서 공평하게 해결하려고 한다.

셋째, 아동 자아 상태는 어린 시절 느꼈던 감정이나 생각, 행동에 따라 움직이는 부분이다. 아이들은 모두 똑같은 특성을 보이지 않는다. 어떤 아이는 천진난만하게 자기가 하고 싶은 대로 하는 반면 또 어떤 아이는 어른이 하라는 대로 착하게 말을 잘 듣는다. 따라서 아동 자아 상태는 자연스런 아동 자아 상태(NC)와 순응적 아동 자아 상태(AC)로 나뉜다.

자연스런 아동 자아 상태는 부모에게 영향을 받지 않는다. 이는 본능적, 자기중심적, 적극적인 태도이다. 자연스러운 아동 자아 상태를 보이는 사람은 자신의 감정을 솔직히 나타낸다. 슬플 때 울고, 기쁠 때 웃는 등 감정 표현이 자연스럽다. 도덕이나 규범을 생각하는 일이 없고, 즉석에서 즐거움을 구하고 불쾌한 감정이나 고통을 피한다. 순응적 아동 자아 상태는 주로 부모의 영향 아래에서 이루어진다. 자신의 감정이나 욕구를 누르고 어른의 기대에 따르려고 노력한다. 자발성이 없고 타인에게 의지하는 모습을 보인다. 구체적으로 자신의 생각을 주장하지 못하고 간단히 타협해 버린다. 평상시 착한 아이로 비치지만 후에 반항하거나 굉장히 거친 행동을 하기도 한다. 이는 순응적 아동 자아 상태를 유지하기 위해 신체적, 정서적 스트레스를 받아온 부작용이다.

3. 교류 패턴

교류란 하나의 자아 상태에서 보내지는 자극에 대한 반응이다. 다시 말하면 한 사람의 자아 상태에서 보내지는 자극을 상대편 사람이 자신의 자아 상태 중 하나를 선택해 반응하는 것이다. 자극과 반응을 주고받을 때 언어뿐만 아니라 표정, 말투, 몸짓 등 비언어적인 것까지 포함한다. 번은 인간의 자아 상태를 준거로 교류 패턴을 상보적 교류(complementary transaction), 교차적 교류(crossed transaction), 이면적 교류(ulterior transaction) 세 가지로 분류했다.

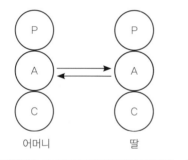

어머니: 어디 가니?
딸: 친구 만나러 가요.

후배: 저 혼자서는 하기 힘들 것 같습니다. 부탁합니다.
선배: 걱정하지 마세요. 내가 정리하겠습니다.

상보적 교류

[그림 3-2A]   [그림 3-2B]

상보적 교류는 상대방이 원하는 자아 상태로 반응해 주는 것이다. 발신자와 수신자가 구하는 정보를 주고받는다. 자극과 반응이 서로 평행선이 되어 대화는 계속 진행될 수 있다. 교류 방법 중 가장 건전한 방법으로 인간관계를 형성하는 데 바람직하다.

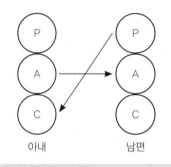

| 아내 | 남편 | | 직원 | 사장 |

| 아내: 어디 가요?
남편: 당신은 귀찮게 매번 물어보더라. | 직원: 사장님이 부주의하셨습니다.
사장: 뭐라고, 자네가 좀 더 잘 챙겼어야지. |

교차적 교류

[그림 3-3A]   [그림 3-3B]

교차적 교류는 상대방이 원하는 자아 상태로 반응해 주지 않는 것이다. 발신자가 수신자에게 원하는 정보를 얻을 수 없다. 자극과 반응이 교차하면서 대화는 끊어진다. 서로의 감정이 상하는 일이 발생한다.

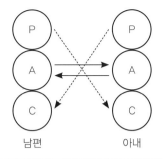

〈표면〉
남편: 와이셔츠 단추가 떨어졌는데요.
아내: 저 지금 설거지 하고 있어요.

〈이면〉
남편: 미리미리 달아 놓지 못하고 당신
뭐 하는 사람이야! 출근해야 하는
데.
아내: 당신 일은 당신이 알아서 하세요.
지금 바쁜 거 안 보여요?

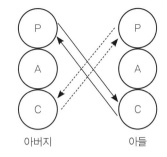

〈표면〉
아버지: 너는 아직까지 일이 서툴구나!
내가 해 줄 테니 기다려라.
아들: 연습을 해도 아버지 솜씨는 못
당하겠습니다.

〈이면〉
아버지: 내가 너무 늙어 너에게 방해가
되지 않는지 모르겠구나!
아들: 걱정하지 마세요. 언제까지 지켜
드리겠습니다.

이면적 교류
[그림 3-4A]   [그림 3-4B]

이면적 교류는 현재적, 잠재적 교류가 동시에 이루어지는 것이
다. 겉으로 원하는 자아 상태로 교류하는 것 같이 보이지만 그 이면
에는 또 다른 자아 상태가 교류한다. 다시 말하면 상대방이 명백한
메시지를 전하는 것처럼 보이지만 숨겨진 의미가 있다. 교류가 진
행될수록 마음이 불편하다. 심리적인 수준, 즉 상대방의 의도를 파
악해야 하기 때문이다. 교류가 끝나면 불쾌한 감정이 동반된다.

4. 게임

게임(game)은 비뚤어진 형태로 스트로크를 얻고자 하는 방법이다. 어른이 아이를 무관심하게 방치한다는 것은 감각이 차단된다는 것을 의미한다. 이때 아이는 부정적인 자극을 유도해서라도 불쾌한 감정선을 유지하려고 한다. 계속해서 문제행동을 일으키며 자신의 존재를 주위 사람에게 알린다. 분명히 그러한 행동이 상대방을 화나게 할 거라는 걸 알면서도 상황을 힘들게 만든다. 아무런 자극이 없는 것보다는 야단치는 소리, 찡그린 얼굴, 벌 등 부정적인 자극이라도 있는 편이 낫기 때문이다. 그러면 최소한 자신이 살아 있다는 존재감을 느낄 수 있다. 비단 아이뿐만 아니라 어른도 게임을 통해 시간을 구조화하면서 자극을 유도한다.

엄마가 아이의 수학 숙제를 봐 주면서 끝나면 맛있는 간식을 먹자고 한다. 아이가 문제를 풀고 있는데 엄마는 못마땅하게 바라본다. 이내 학습 속도, 태도 등 마음에 들지 않는 부분을 지적한다. 더불어 평상시 태도까지 모두 말하며 몰아세운다. 아이는 열심히 하고 있는데도 비난하는 엄마에게 화를 낸다. 엄마는 더 이상 참을 수 없다는 듯 소리치며 간식을 치워 버린다. 아이는 울면서 방으로 들어간다. 아이가 속상해하는 것을 본 엄마는 곧 후회한다. 아이와의 관계를 모두 망쳐 버렸다. 매번 같은 행동을 하는 자신이 한심하고 아이에게 미안하다. 이렇게 양쪽 모두 불쾌한 감정(racket)을 느끼며 게임은 끝이 난다. 이는 '생활의 게임' 중 '자, 몰아치겠다.'

로 상대방을 궁지로 몰아넣고 자극을 유도하는 방법이다. 여기서 문제는, 불쾌한 감정과 자기평가가 다시 같은 게임을 반복하게 만드는 요인으로 작용한다는 것이다. 이를 공식으로 표현하면 다음과 같다.

도발인 + 약점을 가진 사람 = 반응 ➡ 역할 교대 ➡ 혼란 ➡ 결말
(엄마)　　　　(아이)　　　　　　　　　　　　(불쾌한 감정)

[그림 3-5] 게임 공식

엄마는 숨겨진 동기(con)를 가지고 약점을 가진 아이에게 반응한다. 아이와 일련의 이면적 교류가 진행되고 시간이 경과되면서 게임은 서서히 확대된다. 이 과정에서 역할 교대가 생기는데, 교차적 교류 형태로 나타나 양자관계에 혼란을 가져온다. 후에 의외의 결말로 끝이 난다. 이때 서로 불쾌한 감정을 느끼지만 그 의미를 감지하지 못한다.

커프먼(S. Karpman)은 역할 교대를 박해자, 희생자, 구제자라는 용어를 사용하여 기술한다. 이들 역할을 기본적 태도 면에서 본다면, 엄마는 박해자로 '나는 OK.'이고 아이는 희생자로 'OK가 아니다.' 그러나 엄마는 울면서 방에 들어가는 아이를 보면서 미안한 마음과 죄책감에 괴로워하는 희생자가 되고, 아이는 엄마를 괴롭히는 박해자가 된다.

이와 같이 게임은 일련의 이면적 교류로 일정한 패턴을 보인다. 예측 가능하고, 정형화되어 있으며, 반복성을 지닌다. 하나의 결말

로 인도하는 속임과 전환 그리고 배신이 숨겨져 있다. 마지막에는 반드시 불쾌한 감정을 가지고 온다.

번은 게임의 종류를 생활의 게임(life games), 결혼의 게임(marital games), 파티 게임(party games), 성 게임(sexual games), 범죄자의 게임(underworld games), 진료실의 게임(consulting room games), 좋은 게임(good games) 일곱 가지로 분류해 설명한다. 일반적으로 사람들은 애정이나 주목을 끌기 위해 게임을 시작하지만, 시간을 구조화하고 기본적 태도를 반복, 확인하기 위해 연출하기도 한다.

〈표 3-1〉 게임의 분류

1	생활의 게임	알코올중독, 채무자, 킥미, 몰아치겠다. 너 때문에
2	결혼의 게임	추궁하기, 법정, 퇴짜 놓다. 자기 책망, 비위 맞추기, 당신이 그러지만 않았어도, 나는 무리하고 있는데
3	파티 게임	지독하군, 결점, 발뺌하기, 그러나
4	성 게임	패 가르기, 성도착, 라포, 순간 노출 주의, 큰 소동
5	범죄자의 게임	경찰과 도둑, 모범수, 한 방 먹여 주자
6	진료실의 게임	온실, 치료, 곤궁, 시골 사람, 끝없는 분석, 특별 취급, 몇 번이나 말하면 알겠니?
7	좋은 게임	

5. 각본

게임을 선정, 반복해서 연출하면 특정 성격과 행동 패턴이 나타난다. 자기 안에서 벗어날 수 없는 고착화된 틀이 만들어진다. 이를 '무의식의 인생 계획'인 각본이라고 한다. 부모와 교류를 통해 형성되는 각본은 인생의 가장 중요한 순간에 영향을 미치며 행동을 결정하게 만든다.

각본은 여러 관점에서 분류할 수 있다. 그중 대표적으로 승자의 각본과 패자의 각본이 있다. 승자의 각본을 가진 사람은 자신이 정한 목표를 위해 최선을 다하고 성취한다. 실패해도 좌절하지 않고 상황을 긍정적으로 바라본다. 패자의 각본을 가진 사람은 자신이 정한 목표를 달성할 수 없다. 실패했을 때 그 원인을 다른 사람에게 돌린다. 과거 실패에 빠져 현재 상황을 객관적으로 인지하지 못하고 자기 연민에 사로잡혀 있다. 또한 어린 시절 습득한 여러 부정적인 게임을 연출하기도 한다.

각본은 교류를 통해 부모가 자식에게, 세대에서 그다음 세대로 계승된다. 아이가 커서 사회에 잘 적응하면서 성공한 삶을 사느냐 아니면 실패한 삶을 사느냐는 부모가 어떠한 교류 방식을 선택했느냐에 따라 달라진다.

이상에서 살펴본 바와 같이 교류는 인간의 기본 욕구를 충족하기 위해 이루어진다. 그중에서 자극은 생존에 영향을 주는 만큼 중요하게 다루어진다. 이를 얻기 위해 시간을 구조화하고, 원하는 자극이 들어오지 않으면 부정적인 자극을 유도하는 게임을 하기도 한다. 삶을 유지하기 위해서는 아무런 자극이 없는 것보다 부정적인 자극이라도 있는 편이 낫기 때문이다.

이 모든 것은 교류 패턴이 좌우한다. 인간은 정직하게 자극을 주고 반응하는 상보적 교류 그리고 비난과 비판, 숨겨진 의도가 있는 교차적 교류와 이면적 교류 속에서 정체성을 발견하고 어떠한 각본을 만들어 갈지 결정한다. 여기서 상보적 교류는 가장 이상적인 교류 방법이다. 원하는 자아 상태에서 자극과 반응을 주고받으며 대화를 계속 진행시켜 나갈 수 있다. 즉, 교류 자체가 긍정적 스트로크이자 방법이 된다. 이와 같이 교류는 인간의 기본 욕구를 충족하기 위해 시작되지만 그 과정은 삶을 좌우할 수 있는 각본 형성으로 귀결된다.

『강아지똥』
-어떻게 살 것인가-

"난 더러운 똥인데,
어떻게 착하게 살 수 있을까?"

권정생 글 · 정승각 그림

강아지똥은 더럽다. 태어나면서부터 그랬다. 자신이 더럽다는 것을 매 순간 확인하면서 괴로워했지만 그보다 더 힘든 건 앞으로 어떻게 살 것인가에 대한 고민이었다. 그러나 아무것도 할 수 없었다. 더러워서 쓸모가 없기 때문이다. 존재의 이유가 없는 삶은 비참하다.

그러던 어느 날 민들레를 만나면서부터 모든 게 달라진다. 자신은 쓸모없는 존재가 아니었다. 거름이 되어 꽃을 피우는 데 도움을 주는 가치 있는 존재였다. 처음으로 긍정적인 면을 알아봐 준 민들레로 인해 무기력한 삶에서 벗어나게 된다.

이 모든 것은 교류를 통해 이루어진다. 타인과 교류하면서 더럽다는 사실을 알게 되었고, 그 이면의 가치를 재발견하게 되었다. 누구와 어떻게 교류하느냐에 따라 삶의 방향이 바뀐 것이다.

사람들은 자신의 부족한 부분을 탓하며 괴로워한다. 어떻게 살 것인가에 대해 끊임없이 되묻는다. 하지만 부족한 사람은 없다. 아직 채워진 부분을 발견하지 못했을 뿐이다. 가치의 발견은 타인과의 교류 속에서 이루어진다. 자신을 객관적으로 조망하기 어렵기 때문이다. 강아지똥과 민들레를 보면서 교류의 중요성과 함께 삶을 살아가는 목적을 다시 한번 생각해 보게 된다.

「강아지똥」

1. 너는 더럽고 쓸모없는 존재야!

강아지가 똥을 눈다. 그래서 이 똥의 이름은 강아지똥이다. 태어나는 순간부터 이름을 부여받으며 삶을 시작한다. 강아지똥은 골목길 담 밑 구석에서 세상을 신기한 듯 바라본다. 낙엽이 굴러다니고 하늘에는 구름이 떠다닌다. 모든 게 낯설지만 아름답다. 어디선가 참새 한 마리가 날아와 곁에 앉는다. 그러더니 부리로 콕콕 쪼아대면서 더럽다고 한다. 강아지똥은 깜짝 놀란다. 태어나자마자 처음 듣는 소리가 '더럽다'는 말이라니, 믿을 수가 없다. 축복을 해 주지 못할망정 잔인하다. 강아지똥은 화가 나고 서러워서 눈물을 흘린다.

> 돌이네 흰둥이가 똥을 눴어요. 골목길 담 밑 구석 쪽이에요. 흰둥이는 조그만 강아지니까 강아지똥이에요. 날아가던 참새 한 마리가 보더니 강아지똥 곁에 내려앉아 콕콕 쪼면서 날아가 버렸어요.
>
> 참새: 똥! 똥! 에그, 더러워…….
>
> 강아지똥: 뭐야! 내가 똥이라고? 더럽다고? (pp. 2-4)

참새는 똥이 더럽다고 생각한다. 콕콕 쪼아대는 모습이 확신에 차 있다. 강아지똥은 속상한 마음을 솔직하게 드러내며 울음으로 반응한다. 참새는 비판적 부모 자아 상태에서 자극을 보내고 강아지똥은 자연스러운 아동 자아 상태에서 반응하는 교차적 교류가 일어난다. 대화는 더 이상 이어지지 못하고 단절된다. 이 과정에서 강아지똥은 부정적인 자극과 함께 자신은 더러운 존재라는 사실을 알게 된다.

모든 사물에는 이름이 정해져 있고 거기에는 의미가 부여된다. 주어진 이름에 따라 사용되며 효용가치를 인정받는다. 그러나 쓸모없이 태어난다면 이야기는 달라진다. 존재의 이유가 없다. 여기서 '강아지똥'이라는 이름을 자세히 살펴보면 그리 부정적이지만은 않다. 강아지는 '강'과 '아지'가 결합된 것으로 접미사 '아지'는 새끼, 작은 것, 어린 것의 의미를 가진다. '똥'은 음식물을 삭이고 밖으로 내보낸 것으로, 찌꺼기를 뜻한다. 즉, '강아지똥'은 더러운 찌꺼기로 태어난 지 얼마 안 된 작고 어린 존재이다. 부정적인 의미를 지니고 있지만 긍정적으로 발전할 가능성을 열어 둔다. 강아지똥이 앞으로 어떻게 변할지는 누구를 만나 어떠한 교류를 하느냐에 달려 있다.

2. 나에게 관심을 가져 주세요

저만치에서 흙덩이가 빙긋 웃는다. 강아지똥은 분한 듯 따져 묻는다. 흙덩이는 참새보다 더 몰아세운다. 똥 중에서도 가장 더러운 개똥이라고 비난한다. 강아지똥은 더 이상 참을 수 없다는 듯 울음을 터뜨린다. 모두 자신이 더럽다고 말한다. 어떻게 이럴 수 있는지 너무 억울하고 화가 난다. 강아지똥은 잘못한 게 없다. 아직 삶을 시작도 하지 않았고, 어떤 노력도 해 보지 않았는데, 아무것도 하지 못하게 만들어 버린다.

등장인물들은 대상에 대해 가치를 규정해 놓고 있다. 강아지똥은 더러운 존재이며 이는 일반적인 사실이라는 것이다. 즉, 집단이 가지고 있는 사회문화적 각본에 따라 대상의 의미는 이미 결정되어 있다.

> 강아지똥: 뭣 땜에 웃니, 넌?
> 흙덩이: 똥을 똥이라 않고 그럼 뭐라 부르니? 넌 똥 중에서도 가장 더러운 개똥이야!
> 강아지똥: 으앙.
> 흙덩이: 강아지똥아, 내가 잘못했어. 그만, 울지 마. (pp. 5-7)

여기서 이상한 점이 하나 발견된다. 더럽다고 놀리면 상대방은 화를 낼 것이다. 자신을 무시하는데 가만히 있을 사람은 아무도 없기 때문이다. 그런데 흙덩이는 이 사실을 알면서도 참새의 말에 적극 동조했다. 강아지똥을 일부러 울린 것이다.

흙덩이는 소달구지에 실려 오다가 우연히 땅에 떨어진다. 혼자 고립된 상태로 주변 자극이 모두 차단된다. 아무도 자신에게 자극을 주지 않는다면 부정적인 자극이라도 유도해야 한다. 흙덩이는 게임의 시작이라고 할 수 있는 상대방 깎아 내리기를 한다. 강아지똥에게 더럽다고 비난하자 화를 내고 우는 등 부정적인 자극을 보내온다. 예상대로 어느 정도 감정선을 유지할 수 있게 된다. 이 과정에서 혼자 있는 시간을 구조화하고, 똥이 더럽다는 자신의 생각이 옳고 강아지똥은 틀리다는 기본적 태도를 확인한다. 게임을 통해 자극의 욕구, 구조화의 욕구, 기본적 태도의 욕구를 모두 충족한다.

사람이 자신과 타인에 대해서 어떻게 느끼고, 어떤 결론을 내리는가를 '기본적 태도'라고 한다. 기본적 태도 면에서 본다면 흙덩이는 박해자로 '나는 OK'이고 강아지똥은 희생자로 'OK가 아니다'. 그러나 흙덩이는 좀 전에 보여 주었던 비판적 부모 자아 상태에서 양육적 부모 자아 상태로 태도를 바꾼다. 우는 강아지똥을 달래며 박해자에서 구제자로 역할을 전환한다. 여기서 문제는, 갈등이 해소되는 것처럼 보이지만 흙덩이는 게임을 통해 음성적 스트로크를 얻고, 강아지똥은 참새에게 들었던 더럽다는 것을 다시 한번 확인하게 된다는 것이다. 결국 대화는 진행되지만 서로에게 불쾌한 감정을 남긴 채 게임은 끝이 난다.

> 흙덩이: 정말은 내가 너보다 더 흉측하고 더러울지 몰라 ……(중략)……
> 본래 나는 저어쪽 산비탈 밭에서 곡식도 가꾸고 채소도 키웠지. 여름엔 보랏빛 하얀빛 감자 꽃도 피우고…….
>
> 강아지똥: 그런데 왜 여기 와서 뒹굴고 있니?.
>
> 흙덩이: 내가 아주 나쁜 짓을 했거든. 지난여름. 비가 내리지 않고 가뭄이 무척 심했지. 그때 내가 키우던 아기 고추를 끝까지 살리지 못하고 죽게 해 버렸단다.
>
> 강아지똥: 어머나! 가여워라.
>
> 흙덩이: 그래서 이렇게 벌을 받아 달구지에 실려 오다가 떨어진 거야.
>
> (pp. 7-11)

흙덩이는 우는 강아지똥을 달래면서 자신이 더 더러울지 모른다고 말한다. 가뭄에 아기 고추를 지키지 못하고 죽게 만들었기 때문이다. 흙덩이의 본분은 씨앗을 품고 잘 자라게 하는 것이다. 그러나 그러지 못했다. 소달구지에서 떨어진 것도 책임을 다하지 못해 벌을 받고 있는 거라고 생각한다. 길에 버려졌으니, 조만간 사방으로 흩어질 것이다. 흙덩이는 앞으로 벌어질 일에 대해 두려워한다.

아기 고추가 죽은 것은 '비'가 오지 않았기 때문이다. 하지만 자신이 잘못했다며 자책한다. 흙덩이는 대화를 통해 착한 일과 나쁜 일, 해야 할 일과 하지 말아야 할 일 등 삶의 가치에 대해 말한다. 이를 통해 강아지똥에게 합리적이고 객관적인 성인 자아를 일깨워 준다.

> **소달구지 아저씨**: 아니, 이건 우리 밭 흙이잖아? 어제 싣고 오다가 떨어뜨린 모양이군. 도로 밭에다 갖다 놓아야지. (p. 13)
>
> **강아지똥**: 난 더러운 똥인데, 어떻게 착하게 살 수 있을까? 아무짝에도 쓸 수 없을 텐데…….
>
> 강아지똥은 쓸쓸하게 혼자서 중얼거렸어요. (p. 16)

소달구지가 오더니 갑자기 멈춰 선다. 아저씨는 흙덩이를 소중하게 주워 담는다. 반성적 사고를 한 흙덩이는 자기가 살던 밭으로 돌아간다. 강아지똥은 혼자 남겨진다. 부러움과 쓸쓸함에 고민이 깊어진다. 더러운데 어떻게 하면 착하게 살 수 있는지 생각하고 또 생각한다. 이때 자기 안에서 묻고 대답하기를 반복한다. "난 더러운 똥인데, 어떻게 착하게 살 수 있을까?"라고 물으면 "아무짝에도 쓸 수 없을 텐데."라는 답변을 한다.

자기 안에 있는 양육적 부모 자아 상태에게 '더럽지만 그래도 착하게 살 수 있다.'는 보호와 배려를 구하지만 이내 비판적 부모 자아 상태에서 '아무짝에도 쓸 수 없다.'는 반응이 돌아온다. 부정적 자극을 주던 흙덩이마저 떠나 버린 상황에서 혼자 남은 강아지똥은 양육적 부모 자아 상태와 비판적 부모 자아 상태를 교차해 음성적 스트로크를 구하면서 시간을 구조화한다.

시간을 구조화하는 방법 중 타인으로부터 스트로크를 포기하고 자기애의 껍질 속에 들어가게 되는 현상을 폐쇄라 한다. 스트로크의 결여가 어느 한도를 넘으면 대상이 있는 것처럼 상상하여 부족한 부분을 채우게 된다. 긴 겨울 혼자 남은 강아지똥은 스스로 시간을 구조화하면서 자극의 공급원을 자기 안에서 찾는 폐쇄 상태에 들어간다.

> 겨울이 가고 봄이 왔어요. 어미 닭 한 마리가 병아리 열두 마리를 데리고 지나다가 강아지똥을 들여다봤어요.
>
> **어미 닭**: 암만 봐도 먹을 만한 건 아무것도 없어. 모두 찌꺼기뿐이야.
>
> 어미 닭이 고개를 절레절레 흔들며 그냥 가 버렸어요. (p. 17)

봄이 온다. 겨울을 혼자 보낸 강아지똥은 땅바닥에 덩그러니 누워 있다. 어미 닭과 열두 마리 병아리들이 가던 길을 멈춘다. 어미

「강아지똥」

닭이 강아지똥을 먹으려고 한다. 그런데 눈을 감고 아무런 미동도 하지 않는다. 얼굴에 두려워하는 표정이 없다. 자신을 잡아먹어도 괜찮다는 것이다. 이렇게 해서라도 가치 있는 존재가 되고자 한다. 그러나 이것은 진심이 아니다. 자신이 더러운 존재이기 때문에 먹지 않을 거라는 걸 안다. 이 사실을 알면서도 먹잇감으로 내어놓은 것이다.

강아지똥은 흙덩이가 했던 것처럼 게임을 하고 있다. 그는 처벌당하거나 배제당할 걸 알면서 자신을 궁지로 몰아넣고 있다. 이는 게임의 한 종류인 '킥미(kick me)'로, 불쾌한 감정이라도 갖고자 하는 태도이다. 자신이 생각한 대로 어미 닭은 더럽다고 비난하면서 돌아선다. 강아지똥은 불쾌한 감정과 함께 더러운 존재라는 것을 다시 한번 확인한다.

어떤 자극도 없이 겨울을 보낸 강아지똥에게 음성적 스트로크는 중요하다. 적어도 삶을 살아가는 데 필요한 자극의 욕구를 충족시켜 줄 뿐만 아니라 존재를 확인하는 수단이 되기 때문이다. 그러나 게임을 하고 난 후 '더럽기 때문에 더 이상 착하게 살 수 없다.'는 패자의 각본을 드러낸다.

아이들은 긍정적인 자극을 얻지 못하면 부정적인 자극을 유도하는 게임을 계속 반복하면서 감정선을 유지하려고 한다. 이때 특정 성격과 행동 패턴이 만들어지는데, 이를 '각본'이라고 한다. 즉, 자기 안에서 벗어날 수 없는 고착화된 틀이 형성된다. 이것은 인생의 중요한 순간마다 작용해 삶에 부정적인 영향을 미친다. 강아지똥은 참새와 교차적 교류, 흙덩이, 닭과 게임(이면적 교류)을 통해 세

상에서 가장 더럽고 쓸모없다는 정체성을 가지게 된다. 아무짝에
도 쓸모없고 그래서 아무것도 할 수 없다는 패자의 각본을 형성하
게 된 것이다.

어미 닭이 병아리들에게 똥이 더럽다고 직접적으로 말하고 있지
는 않다. 하지만 똥이 더럽다는 말과 행동을 병아리들에게 보여 줌
으로써 자신의 생각을 전달한다. 병아리들은 어미 닭처럼 처음 본
강아지똥을 더러운 듯 쳐다보고 외면한다. 이와 같이 대상의 의미
와 가치는 사회문화적 각본을 형성하면서 암묵적으로 다음 세대에
전달된다.

3. 나도 괜찮고, 너도 괜찮아!

봄비가 내린다. 민들레 싹이 돋아난다. 강아지똥은 궁금한 듯 이
름을 묻는다. 자신은 예쁜 꽃을 피우는 민들레라고 대답한다. 얼마
만큼 예쁜지 묻자, 빛이 난다고 말한다. 대화는 계속 이어진다.

보슬보슬 봄비가 내렸어요.

강아지똥: 너는 뭐니?

민들레: 난 예쁜 꽃을 피우는 민들레야.

강아지똥: 얼마만큼 예쁘니? 하늘의 별만큼 고우니?

민들레: 그래, 방실방실 빛나.

강아지똥: 어떻게 그렇게 예쁜 꽃을 피우니?

민들레: 그건 하느님이 비를 내려 주시고, 따뜻한 햇볕을 쬐어 주시기 때문이야.

강아지똥: 그래애……, 그렇구나……. (pp. 19-20)

강아지똥은 지금까지 비난이 담긴 교차적 교류와 이면적 교류를 해 왔다. 그러나 민들레와 처음으로 상보적 교류가 일어난다. 성인 자아 상태에서 성인 자아 상태로 자극을 주고 반응을 한다. 이렇게 대화가 이어지고 확장될 수 있었던 건 민들레의 기본적 태도에서 그 이유를 찾을 수 있다.

민들레는 국화과에 속하는 잡초성이 강한 풀이다. 하지만 자신은 예쁜 꽃을 피우는 가치 있는 존재라고 생각한다. 거름이 없어 꽃을 피울 수 없는 상황인데도 슬퍼하지 않는다. 강아지똥은 더럽고 쓸모없는 찌꺼기이다. 너무나도 많은 비난을 받아 온 그는 더 이상 삶에 아무런 희망이 없다.

꽃의 형상을 하고 있지만 꽃으로 인정받지 못하는 민들레, 지칠 대로 지쳐 버린 강아지똥은 이렇게 세상 끝에서 만난다. 하지만 민들레는 자신이 괜찮은 것처럼 강아지똥에게도 괜찮다고 말한다. 세상 모든 것은 존재의 이유가 있다. 꼭 필요하기 때문에 그 자리에 있는 것이다. 자리의 위치를 논하는 것은 무의미하다. 민들레의 '나도 옳고, 너도 옳다.'는 태도는 강아지똥이 가지고 있던 패자의 각본을 조금씩 허물어지게 만든다.

이 장면에서 주목할 것이 있다. '봄비'의 존재이다. 민들레가 꽃을 피울 수 있는 건 '비'와 '햇볕' 때문이다. '비'는 민들레의 생명을 유지시키고 강아지똥의 가치를 변화시켜 줄 물질이다. 하늘에서 떨어지는 '비'의 행위는 각각의 등장인물에게 생명과 존재 가치를 인식시켜 주는 자극제가 된다. 다시 말하면 '비'와의 접촉은 스킨십으로, 긍정적 스트로크, 즉 사랑이다. 이와 같이 강아지똥은 민들레와 대화를 통해 더럽기 때문에 착하게 살 수 없다는 패자의 각본에서 누군가에게 도움을 줄 수 있다는 승자의 각본으로 의식의 전환을 꾀한다. 그리고 비를 맞으면서 자신의 가치를 서서히 변화시켜 나갈 준비를 한다.

> **민들레**: 네가 거름이 돼 줘야 한단다.
> **강아지똥**: 내가 거름이 되다니?
> **민들레**: 네 몸뚱이를 고스란히 녹여 내 몸 속으로 들어와야 해. 그래야만 별처럼 고운 꽃이 핀단다.
> **강아지똥**: 어머나! 그러니? 정말 그러니? (pp. 22-24)

민들레는 강아지똥에게 거름이 되어 주기를 제안한다. 그래야만 고운 꽃을 피울 수 있다. 강아지똥은 자신이 도움이 될 수 있다는 사실이 너무 기뻐 민들레를 힘껏 끌어안는다. 그는 참새, 흙덩이, 어미 닭이 더럽고 쓸모없게 여겼던 예전 그대로의 모습이다. 하지만 민들레는 부정적인 면을 보지 않고 긍정적인 가치를 재발견해 준다.

교류는 언어적인 것뿐만 아니라 비언어적인 것까지도 포함된다. 참새와 흙덩이, 어미 닭은 '콕콕 쪼면서' '곁눈질로 흘끔 쳐다보고 빙긋 웃으며' '고개를 절레절레 흔들며' 등과 같은 동작, 표정, 몸짓을 통해 주인공을 업신여기고, 깔보며, 지배적인 태도를 보였다. 이는 비판적 부모 자아 상태로 강아지똥에게 부정적인 자아를 형성시키는 요인이 되었다.

이에 반해 민들레와 강아지똥은 비언어적인 측면에서도 상보적 교류가 이루어진다. 강아지똥은 거름에 대한 설명을 집중해서 든는다. 이때 턱을 괴거나 무릎을 꿇고 앉아 적극적으로 경청하는 태도를 보인다. 그리고 거름이 되겠다는 수용의 의미로 민들레를 끌어안는다. 민들레도 잎으로 강아지똥을 감싸 안는다. 이렇게 언어적・비언어적 상보적 교류는 긍정적 스트로크를 주면서 서로를 변화시켜 나간다. 민들레는 꽃을 피울 수 있게 되었고, 강아지똥은 더럽기 때문에 착하게 살 수 없다는 패자의 각본에서 누군가에게 도움을 줄 수 있다는 승자의 각본으로 바뀐다.

강아지똥이 민들레의 제안을 거절하지 않고 패자의 각본에서 벗어나려는 의지를 보인다. 이를 '반각본(anti-script)'이라고 한다. 상보적 교류는 이미 프로그램화 시켜 놓은 각본을 깨고 승자의 각본에 도전하고 싶은 욕구를 갖게 만드는 기능을 한다. 특히 교류의 바탕이 되는 기본적 태도는 자신과 상대방을 긍정적으로 변화시킬 수 있는 힘이 된다.

비는 사흘 동안 내렸어요. 강아지똥은 온몸이 비에 맞아 자디잘게 부서졌어요. 부서진 채 땅속으로 스며들어가 민들레 뿌리로 모여들었어요. 줄기를 타고 올라가 꽃봉오리를 맺었어요. ……(중략)…… 봄이 한창인 어느 날, 민들레 싹은 한 송이 아름다운 꽃을 피웠어요. 향긋한 꽃 냄새가 바람을 타고 퍼져 나갔어요. 방긋방긋 웃는 꽃송이엔 귀여운 강아지똥의 눈물겨운 사랑이 가득 어려 있었어요. (pp. 25-28)

비가 사흘 동안 내린다. 강아지똥의 몸이 땅속으로 스며들어가 민들레 뿌리로 모여든다. 점차 줄기를 타고 올라가 꽃봉오리를 맺는다. 화창한 어느 봄날 강아지똥은 민들레의 꽃송이로 다시 태어난다. 이렇게 민들레와 상보적 교류, '비'의 조력으로 생명을 꽃피우는 가치 있는 존재가 된다.

어떻게 살 것인지 끊임없이 고민하던 강아지똥은 결국 누군가를 위해 도움이 되는 일을 선택한다. 자신이 가치 있는 일이라고 생각한 것을 행동으로 옮기며 후회 없는 삶을 산다. 그의 삶은 거름으로 끝난 것이 아니다. 민들레의 꽃이 되어 또 다시 누군가에게 도움을 주고 위안이 되는 길을 가게 될 것이다. 꽃향기가 사방으로 퍼지면서 그의 존재 가치가 변화되었음을 알린다.

강아지똥은 태어나면서부터 더럽다는 비난을 받았다. 자신이 누구인지도 모른 채 운명을 받아들이며 괴로워했다. 부정적인 교류는 그에게 아무짝에도 쓸모없다는 가치관을 심어 주었다. 삶을 무기력하게 만들어 어떠한 노력도 하지 못하게 만들었다. 참새와 교차교류 그리고 흙덩이, 어미 닭과 이면적 교류가 반복되면서 더럽기 때문에 착하게 살 수 없다는 패자의 각본을 형성했다. 이 모든 것은 타인과의 교류를 통해 이루어진다.

민들레는 달랐다. 그는 꽃이 아니라 풀에 불과하다. 강아지똥이 거름이 되어 주기를 거절한다면 그나마도 꽃을 피울 수 없다. 그런데 슬퍼하거나 괴로워하지 않는다. 주저하지 않고 예쁜 꽃을 피우는 존재라며 당당히 말한다. 꽃을 피우든, 피우지 못하든, 그건 중요한 게 아니다. 자신이 예쁜 꽃을 피울 수 있게 하는 가치 있는 존재라는 것이다. 무언가 할 수 있는 존재, 그것이 누군가에게 도움이 되는 일이라면 삶을 살아갈 이유는 충분하다.

　　민들레는 자신뿐만 아니라 강아지똥에게도 가치 있는 존재라고 말한다. 거름이 되어 예쁜 꽃을 피우게 도와줄 수 있다는 정보를 제공한다. 모든 이가 부정적인 면을 보고 비난했을 때, 긍정적인 면을 찾아 주고 인정하면서 그에게 괜찮다고 말한다. 민들레의 기본적 태도인 '나도 옳고 너도 옳다.'는 상보적 교류를 이끌어 내며 강아지똥이 가지고 있던 패자의 각본을 승자의 각본으로 바꾼다. 민들레는 교류를 통해 사랑을 보여 주면서 세상 모든 것은 존재의 이유가 있으니 슬퍼하지 말라고 위로를 건넨다.

📖 권정생(權正生, 1937~2007)

일본 도쿄의 빈민가에서 태어났다. 광복 직후 한국으로 돌아오지만 가난 때문에 객지를 떠돌다 결핵에 걸려 평생 병고에 시달렸다. 1967년 안동시 일직면 조탑동에 정착하여 그 마을의 교회 문간방에서 종지기로 살았다. 외롭고 가난한 삶이 이어졌지만 이곳에서 수많은 작품을 써 내려갔다. 작품이 베스트셀러가 되면서 매년 많은 인세를 받았다. 그러나 교회 뒤 언덕 밑에 5평 남짓 작은 흙집을 짓고 평생 검소하게 살았다. 죽음이 얼마 남지 않은 시점에서 모아 두었던 모든 인세를 어려운 아이들을 위해 써 달라며 기탁한다. 그는 자신이 쓴 동화 속 주인공처럼 온 힘을 다해 삶을 살아냈고, 삶의 결과물들을 누군가의 희망으로 남겨놓고 갔다.

단편동화『강아지똥』(1969)으로 '기독교 아동문학상'을 수상하며 등단한다. 『조선일보』 신춘문예 동화 부문에 『무명저고리와 엄마』(1973)가 당선되었고, 1975년 제1회 한국아동문학상을 받았다. 주요 작품으로는 『몽실 언니』, 『사과나무밭 달님』, 『하느님의 눈물』, 『점득이네』, 『밥데기 죽데기』, 『하느님이 우리 옆집에 살고 있네요』, 『한티재 하늘』, 『도토리 예배당 종지기 아저씨』, 『또야 너구리가 기운 바지를 입었어요』 등이 있다. 140편의 단편동화, 5편의 장편동화, 5편의 소년소설, 100편이 넘는 동시와 동요 외에도 80여 편의 옛이야기를 재창작하고, 150여 편에 이르는 산문을 남겼다.

작품은 기독교 사상을 바탕으로 한다. 장로교 신자였던 그는 종

『강아지똥』

교적 믿음을 바탕으로 자연, 생명, 어린이, 이웃, 북녘 형제에 대한 사랑을 주제로 다루었다. 주인공들은 힘없고 나약하다. 그러나 그들은 자신을 희생해 남을 살려 냄으로써 존재 가치를 발하며 영원히 사는 그리스도적인 삶을 산다. 처마 밑의 강아지똥을 보고 썼다는 『강아지똥』과 절름발이 소녀의 이야기를 담은 『몽실 언니』는 그의 사상을 반영한 대표적인 작품이다.

『강아지똥』은 강아지똥의 삶에 대한 이야기이다. 쓸모없이 태어난 강아지똥이 자아를 찾아가는 과정을 통해 세상 모든 것은 존재의 이유가 있다고 말한다. 1969년 초판된 이 작품은 제작될 당시 글이 중심이었다. 1996년 글을 축약하고 그림을 첨가해 그림동화책으로 재출간되었다. 2011년 국내 창작그림동화책 최초로 판매부수가 100만 권을 넘어섰다. 초등학교 3학년 국어 교과서에 원문이 수록되어 있다.

📖 정승각(鄭昇珏, 1961~　)

충청북도 덕동에서 태어났다. 중앙대학교 서양화과를 졸업했다. 그림을 통해 아이들에게 우리 것의 아름다움과 여유로움을 보여주고 있다. 해마다 아이들과 함께 생활 이야기가 담긴 벽화 작업을 해 오고 있다.

그린 책으로는 『오소리네 집 꽃밭』(권정생 글), 『황소 아저씨』(권정생 글), 『까막 나라에서 온 삽사리』(정승각 글) 등 다수의 작품이 있다.

『100만 번 산 고양이』
-사랑이란 무엇인가-

•

"네 곁에 있어도 괜찮겠니?"
"으응."

•

사노요코 글 · 그림

얼룩무늬고양이는 백만 번이나 죽고 다시 태어난다. 몸서리치게 싫었던 이승에서의 삶에 미련을 버리지 못한 채 삶과 죽음을 반복한다. 고양이는 그 이유에 대해 백만 년 동안 있었던 이야기를 담담히 풀어 나간다.

백만 명의 사람이 자신을 귀여워해 주었고, 죽었을 때 가슴 아프게 울었다. 하지만 고양이는 그런 사람들을 아주 싫어했고, 누군가를 위해 한 번도 운 적이 없다. 백만 번의 마지막 삶에서 하얀 고양이를 만나면서부터 모든 게 변한다. 고양이는 하얀 고양이를 좋아하게 되었고, 그녀를 위해 백만 번의 울음을 토해 낸다. 죽는 것 따위는 아무렇지도 않았던 삶에서 죽는 것이 두려운 순간을 맞이한다. 삶과 죽음의 순환 고리 속에서 고양이가 백만 년 동안 끊임없이 갈구한 사랑이 가슴 시리게 다가온다.

사랑이란 무엇인가? 이에 대한 명확한 정의를 내리기는 어렵다. 왜냐하면 모든 감정을 아우르기 때문이다. 확실하지 않은 감정에 가까이 다가서기란 쉽지 않다. 그럼에도 사람들은 끊임없이 사랑을 원한다. 그 과정에서 서로에게 상처를 주기도 하고 잘못과 후회를 반복하기도 하지만 멈추지 못한다. 얼룩무늬고양이와 하얀 고양이의 단 한 번의 삶을 통해 사랑이 무엇이며 삶을 살아가는 궁극적인 목적이 무엇인지 생각해 보게 된다.

1. 사람들의 백만 번의 사랑

얼룩무늬 고양이는 백만 년 동안 삶과 죽음을 반복한다. 그리고 백만 년 동안 있었던 일에 대해 모두 기억한다. 사람들은 고양이를 귀여워했지만 고양이는 사람들을 싫어했다. 사람들은 고양이가 죽었을 때 모두 눈물을 흘렸지만 고양이는 누군가를 위해 한 번도 운 적이 없다. 고양이는 자신이 왜 그랬는지 백만 년 동안 있었던 일에 대해 이야기한다.

한때 고양이는 임금님의 고양이었다. 고양이는 임금님을 싫어했다. 싸움 솜씨가 뛰어난 임금님은 고양이를 멋진 상자에 넣어 전쟁터에 데리고 다녔다. 그러던 어느 날 고양이는 날아온 화살에 맞아 죽고 만다. 임금님은 한창 전쟁이 벌어지고 있는데도 고양이를 품에 안고 울었다.

한때 고양이는 뱃사공의 고양이었다. 고양이는 바다를 아주 싫어했다. 뱃사공은 고양이를 데리고 바다와 온 세계의 항구를 돌아다녔다. 그러던 어느 날 고양이는 바다에 빠져 죽고 만다. 때 늦은 후회를 한 뱃사공은 죽은 고양이를 안고 울었다.

한때 고양이는 서커스단 마술사의 고양이었다. 고양이는 서커스를 싫어했다. 마술사는 날마다 고양이를 상자 속에 집어넣고 톱으로 반을 잘랐다. 이후 까딱없는 고양이를 상자에서 꺼내어 박수갈채를 받았다. 그러던 어느 날 마술사는 실수로 정말 고양이를 반으로 자르고 만다. 마술사는 반으로 잘린 고양이를 두 손에 들고 소리 내어 엉엉 울었다.

한때 고양이는 도둑의 고양이었다. 고양이는 도둑을 아주 싫어했다. 도둑은 개가 있는 집에만 도둑질하러 들어갔다. 개가 고양이를 보고 짖는 동안에 금고를 털었다. 그러던 어느 날 고양이는 개에게 물려 죽고 만다. 도둑은 훔친 다이아몬드와 고양이를 안고 소리내어 엉엉 울었다.

한때 고양이는 홀로 사는 할머니의 고양이었다. 고양이는 할머니를 아주 싫어했다. 할머니는 매일 고양이를 껴안고 조그만 창문으로 바깥을 바라봤다. 그러다 마침내 고양이는 나이가 들어 죽고 만다. 할머니는 죽은 고양이를 안고 하루 종일 울었다.

한때 고양이는 어린 여자아이의 고양이었다. 고양이는 아이를 아주 싫어했다. 여자아이는 고양이를 업어 주기도 하고 꼭 끌어안고 자기도 했다. 울 때는 고양이 등에다 눈물을 닦았다. 그러던 어느 날 고양이는 여자아이의 등에서 포대기 끈에 목이 졸려 죽고 만다. 여자아이는 머리가 덜렁거리는 고양이를 안고 온종일 울었다. 고양이는 죽는 것 따위는 아무렇지도 않다. (pp. 4-15)

백만 년 동안 만났던 임금님, 뱃사공, 서커스 단장, 도둑, 할머니, 여자아이는 고양이를 귀여워했고, 죽었을 때 눈물을 흘렸다. 그러나 고양이는 사람들을 모두 싫어했다. 백만 년 동안 좋아했던 사람은 단 한 명도 없었다. 그 이유는 바로 사람들의 말과 행동이 달랐기 때문이다.

고양이는 큰 소리를 싫어한다. 그러나 임금님은 귀엽다는 이유만으로 위험한 전쟁터에 데리고 다녔다. 전쟁터는 수많은 굉음이 들리는 무서운 곳이다. 고양이가 느낄 두려움과 공포 따위는 상관하지 않았다.

고양이는 물을 싫어한다. 그러나 뱃사공은 고양이를 배 위에서 기르며 온 세계의 바다를 누비고 다녔다. 고양이가 물과 낯선 곳을 싫어한다는 것에 관심이 없었다.

고양이는 갑작스러운 행동과 큰 소리를 싫어한다. 그러나 마술사는 상자 안에 고양이를 넣고 반으로 자르고 난 후 무사한 고양이를 꺼내 보이며 박수갈채를 받았다. 많은 사람의 환호성과 박수 소리는 고양이에게 공포와 두려움이었다. 마술사는 상관하지 않고 매일 마술 도구로 이용했다.

고양이와 개는 서로를 싫어한다. 도둑은 이런 특성을 이용해 싸움을 붙였다. 그 틈을 타 도둑질을 하러 들어갔다. 고양이는 도둑이 물건을 훔치는 매 순간 개와 대면하는 힘든 순간을 견뎌야 했다. 하지만 도둑은 고양이의 고통 따위는 관심이 없었다.

고양이는 움직이는 동물이다. 그러나 홀로 사는 할머니는 고양이를 아무 데도 가지 못하게 가슴에 꼭 끌어안고 하루 종일 집 안에만 있었다. 그 때문에 평생 할머니 품에 안겨 움직이지도 못하고 아무것도 하지 못한 채 늙어 죽고 만다. 할머니는 고양이가 얼마나 답답해 할지 관심이 없었다.

고양이는 만지는 것을 싫어하고 깨끗한 걸 좋아한다. 그런데 여자아이는 하루 종일 고양이를 이리저리 데리고 다니면서 안고, 업고, 귀찮게 했다. 심지어 등에다가 눈물을 닦아 털을 얼룩지게 만들었다. 여자아이는 자신의 행동이 고양이를 힘들게 할 거라는 생각 따위는 하지 않았다.

백만 년 동안 사람들은 고양이를 사랑하지 않았다. 단지 고양이에게 위로와 위안을 얻고 싶었을 뿐이다. 고양이가 무엇을 좋아하고 싫어하는지, 무엇을 하고 싶고 하기 싫은지, 어디에 가고 싶고 가기 싫은지에 대해 관심이 없었다. 그의 특성을 인정하고 배려해 주지 않았다. 말로만 사랑한다고 하면서 오로지 자기 방식대로 고양이를 다루고, 그가 죽었을 때 눈물을 흘렸다. 고양이는 자신을 괴롭혔던 사람들이 죽은 자신을 끌어안고 우는 모습에 공감하지 못한다. 결국 사람들한테 지쳐 더 이상 죽는 것 따위는 아무렇지도 않게 된다.

백만 년 동안 사람들과 고양이는 이면적 교류를 하면서 서로에게 상처를 준다. 사람들은 표면적으로 고양이를 귀여워하고 생각해 준 것처럼 보이지만 이면에서는 그를 이용하고 위로받기를 원했다. 말 못하는 고양이의 생각과 특성은 안중에도 없었다. 고양이도 사람들이 원하는 대로 움직이면서 그들을 수용하는 것처럼 보이지만 속으로는 모두를 싫어했다. 자신을 배려해 주지 않는 사람들에게 분노를 느끼며 화를 참았다. 반복되는 이면적 교류로 인해 누군가를 사랑하지 못하고, 누군가를 위해 눈물을 흘릴 수 없는 성격을 형성하게 된다. 고양이는 이렇게 사람들하고의 삶속에서 상처만 남긴 채 인연의 끝을 맞이한다.

2. 하얀 고양이의 단 한 번의 사랑

고양이는 백만 년 만에 어느 누구의 고양이로도 태어나지 않는다. 처음으로 누구의 소유가 아닌 '자기만의 고양이', 즉 자유로운 고양이가 된다. 도둑고양이다. 고양이가 소속 없이 자유를 얻었다는 것은, 더 이상 싫은 일을 하지 않아도 되고 자신의 생각과 행동에 제약을 받지 않아도 된다는 것을 의미한다. 자유로운 상황에서 고양이는 자기애에 빠진다.

> 암고양이들은 모두들 그 고양이의 신부가 되고 싶어 했습니다. 커다란 생선을 선물하는 고양이도 있었습니다. 먹음직스런 쥐를 갖다 주는 고양이도 있었습니다. 진귀한 개다래나무를 선물하는 고양이도 있었습니다. 고양이는 말했습니다.
> "나는 백만 번이나 죽어 봤다고. 새삼스럽게 이런 게 다 뭐야!" (p. 18)

암고양이들은 고양이에게 생선과 쥐, 개다래나무를 선물로 주면서 결혼하기를 원한다. 그러나 고양이는 이를 거부한다. 사람들과 별반 다르지 않기 때문이다. 순수하게 자신을 좋아해 주지 않고 무언가 목적을 위해 다가오는 것이 마음에 들지 않는다. 고양이는 화를 내며 소리친다. 그리고 백만 번이나 죽어 봤다며 자랑한다. 자신의 결함, 한 번도 사랑받지 못한 상처를 다른 고양이들이 경험해 보지 못한 백만 번이나 죽어봤다는 걸로 보상받으려 한다. 고양이

103

는 백만 년 만에 억눌린 감정을 표출한다.

> 그런데 딱 한 마리, 고양이를 본 척도 하지 않는 새하얗고 예쁜 고양이가
> 있었습니다. 고양이는 하얀 고양이 곁으로 다가가,
> "난 백만 번이나 죽어 봤다고!"
> 라고 말했습니다.
> 하얀 고양이는
> "그러니."
> 라고 대꾸할 뿐이었습니다. (p. 20)

고양이는 자신을 본 척도 하지 않는 하얀 고양이를 발견한다. 잠시 후 하얀 고양이에게 다가가 백만 번이나 죽어 봤다고 자랑한다. 하얀 고양이는 고양이를 외면하지 않고 그가 하는 말에 반응해 준다. 고양이는 매일 하얀 고양이를 찾아가 백만 번이나 죽어 봤다고 자랑하며 그동안 있었던 일에 대해 이야기한다. 하얀 고양이는 아무 조건 없이 계속해서 들어 준다.

인간은 언어와 행동으로 서로에게 자극을 주고 반응하면서 생활한다. 여러 자극 중 경청은 인간이 인간한테 할 수 있는 최대의 긍정적인 자극제로, 생존하는 데 필수 요인으로 작용한다. 왜냐하면 대화의 시간을 자기 중심의 설득이나 설교로 끌고 가는 것이 아니라 상대편 중심으로 구조화하기 때문이다. 다시 말하면 상대방에 대한 최고의 관심과 사랑이 경청이다. 하얀 고양이는 경청이라는 긍정적 스트로크, 즉 사랑을 고양이에게 준다.

하얀 고양이는 다른 암고양이들처럼 조건을 걸며 사랑을 구하지 않는다. 사람들처럼 고양이가 싫어하는 일을 강요하지도 않는다. 고양이가 백만 번이나 죽고 태어나면서 일어났던 그 긴 이야기를 싫은 내색 한 번 하지 않고 끝까지 들어 준다. 하얀 고양이는 자기 생각과 방식이 아닌 고양이가 무엇을 원하고 필요로 하는지 그의 상황과 특성을 인정하고 수용해 준다. 그의 상처, 분노, 고단함을 모두 이해하는 것이다. 이와 같이 하얀 고양이는 고양이가 원하는 양육적 부모 자아 상태로 계속 반응해 주면서 대화를 이어 나간다. 처음으로 상보적 교류가 이루어진다. 숨은 의도 없이 자신의 감정을 솔직히 쏟아내고 받아 주는 교류 속에서 상처받았던 고양이의 마음이 조금씩 치유된다.

"난 백만 번이나……."
하고 말을 꺼냈다가 고양이는
"네 곁에 있어도 괜찮겠니?"
라고 하얀 고양이에게 물었습니다.
하얀 고양이는
"으응."
이라고 대답했습니다. (p. 22)

고양이는 하얀 고양이에게 한때 서커스단에 있었던 일을 이야기한다. 그 증거로 공중돌기를 세 번 한다. 하얀 고양이는 그가 하는 말과 행동을 또 다시 들어 주고 바라봐 준다. 그러던 어느 날 고양이는 곁에 있어도 되는지 조심스럽게 묻는다. 고양이는 하얀 고양이를 사랑하게 된다. 하얀 고양이는 흔쾌히 수락한다. 이렇게 둘은 함께한다.

고양이는 하얀 고양이와 살면서 새끼 고양이를 낳는다. 고양이는 자기만 사랑하고, 자기밖에 몰랐다. 그런데 하얀 고양이와 새끼 고양이를 자신보다 더 좋아한다. 어느 순간부터 백만 번이나 죽어 봤다는 말을 하지 않는다. 백만 년 동안 사람들에게 상처받았던 마음이 하얀 고양이로 인해 치유된 것이다. 죽는 것 따위는 아무렇지도 않았던 고양이는 할머니가 된 하얀 고양이를 보면서 오래오래 같이 살고 싶다는 생각을 한다.

> 어느 날 하얀 고양이는 고양이 곁에서 조용히 움직임을 멈췄습니다. 고양이는 처음으로 울었습니다. 밤이 되고 아침이 되도록, 또 밤이 되고, 아침이 되도록 고양이는 백만 번이나 울었습니다. 아침이 되고 또 밤이 되고, 어느 날 낮에 고양이는 울음을 그쳤습니다. 고양이는 하얀 고양이 곁에서 조용히 움직임을 멈췄습니다. (p. 28)

행복도 잠시, 어느 날 하얀 고양이는 고양이 곁에서 조용히 숨을 거둔다. 고양이는 하얀 고양이를 품에 안고 처음으로 울음을 터뜨린다. 밤이 되고 아침이 되도록, 또 밤이 되고 아침이 되도록 백만 번이나 운다. 누군가를 위해 한 번도 울지 않았던 그였다.

고양이는 사람들과의 삶 속에서 시종일관 무표정한 모습이었다. 감정 표현을 하지 않았다. 그러나 하얀 고양이가 죽자 입을 크게 벌린 채 눈물을 뚝뚝 흘리며 목젖이 보이도록 엉엉 소리 내어 울고 있다. 눈물은 감정을 대표하는 상징적 의미로 사용된다. 희로애락의 모든 감정은 눈물이라는 한 단어로 설명이 가능하다. 그 때문에 눈물이 없다는 것은 감정의 메마름을 의미한다. 백만 년 동안 고양이는 누군가에게 사랑받은 적도 누군가를 사랑한 적도 없었다. 그러나 하얀 고양이에게 사랑받고 사랑하게 되면서 백만 년 동안 억눌렀던 감정을 눈물로 쏟아낸다. 백만 번을 울고 난 후 고양이는 하얀 고양이 곁에서 조용히 숨을 거둔다. 그리고 두 번 다시 태어나지 않는다.

고양이가 백만 년 동안 그토록 간절히 원했던 건 바로 사랑이었다. 백만 년 동안 한 번도 울지 않았던 이유는 자신을 진심으로 사랑해 주는 이가 없었기 때문이다. 사랑받지 못한 고양이는 누군가를 위해 울지 못하는 고양이가 되었고, 사랑받기 위해 죽고 태어나기를 반복했던 것이다. 마지막에 사랑의 욕구를 충족한 고양이는 하얀 고양이를 위해 지금까지 울지 못한 백만 번의 울음을 토해내고 움직임을 멈춘다. 이렇게 죽고 태어나기를 반복했던 삶의 순환 고리를 끊는다.

3. 삶과 죽음

삶과 죽음이 있다. 죽음은 생명의 끝이라는 의미로 사람들에게 두려움을 주는 단어이다. 하지만 또 다른 수많은 의미를 함축한다.

휴식, 평화, 이완, 고요함, 정화, 안정, 해방감 등 일반적으로 편안한 상태를 뜻한다. 삶은 살아서 존재한다는 의미로, 사람들에게 생명감과 희망을 주는 단어이다. 그러나 즐거움보다는 괴로움, 흥분, 우울, 긴장, 불안, 투쟁, 모험, 구속 등 힘든 상태를 나타내는 함축 의미를 더 많이 가지고 있다. 삶은 살아가는 것이 아니라 살아내는 것이라 말하곤 한다. 그만큼 산다는 것은 녹록지 않은 일이다.

고양이에게 삶은 괴로움의 연속이었고 죽음은 편안함이었다. 사람들은 좋아한다는 미명 아래 고양이가 가장 싫어하는 곳에 가고, 가장 싫어하는 일을 시켰다. 고양이가 무엇을 원하는지 관심이 없었다. 오직 자신이 좋아하고 필요로 하는 일에 고양이를 사용하며 수단시했다. 고양이의 특성을 배려하지 않은 채 하고 싶은 일과 행동에 동참하기를 암묵적으로 요구했다. 원하는 대로 움직이는 고양이에게 위로받으며 삶을 살아가는 원동력으로 삼았다. 사람들은 이기적이었다.

고양이는 사람들의 요구를 거부하지 못하고 매번 고통 속에서 죽음을 맞이한다. 그리고 백만 년이라는 긴 시간 동안 삶과 죽음을 반복하면서 죽음 따위는 아무렇지도 않게 된다. 죽는 것이 사는 것보다는 잠시나마 고양이에게 편안함과 휴식을 주는 시간이 되는 셈이다. 여기서 드는 의문이 있다. 고양이가 그토록 사람들을 싫어했는데도 그들의 행동을 수용하고 도망가지 않았다는 것이다. 사람들의 행동에 백만 년 동안이나 침묵으로 일관하며 그들의 삶에 동조하는 이중적인 모습을 보인다.

어른이 원하는 대로 행동하는 자아 상태를 순응적 아동 자아 상태라 한다. 이 자아 상태에서는 싫은 것을 거부하지 못하고 자신의 감정이나 욕구를 누르며 타인의 기대에 따르려고 한다. 다시 말하면, 사랑을 유도하는 반응 양식이다. 어른 말을 잘 들으면 칭찬이라는 긍정적인 자극을 받을 수 있다. 아이에게 이는 곧 사랑이 된다. 아이는 무의식적으로 더 많은 사랑을 받기 위해 어른이 기대하는 대로 움직인다. 착한 아이가 되는 것이다.

고양이가 백만 년 동안 사람들이 싫어하는 일을 해도 묵묵히 따르고 견뎠던 것은 관심과 배려, 즉 사랑을 간절히 원했기 때문이다. 언젠가는 누군가 자신을 진정으로 사랑해 줄 거라 믿으며 참고 인내한다. 그러나 백만 년 동안 사람들과 갈등을 겪고 힘든 시간을 보내면서 단 한 번도 사랑을 받지 못한다. 사람들은 백만 년 동안 고양이의 마음을 외면했다.

고양이의 삶은 사람들로 인해 괴롭고, 불안하고, 우울하며, 누군가에게 구속당하는 고통의 연속이었다. 이에 반해 죽음은 더 이상 힘든 일을 하지 않아도 되는 평온의 시간이다. 하지만 고양이는 죽음의 편안함을 버리고 백만 년 동안 매번 다시 태어난다. 자신이 그토록 바라고 원했던 사랑이라는 욕구를 갈망하며 또 다른 삶에 희망을 걸어 본다.

4. 삶과 사랑

고양이는 사람들에게 종속된 삶을 살았다. 자신의 생각과 행동을 드러낼 수 없었다. 그러나 마지막 삶에서 자기만의 고양이로 살면서 지금까지 억눌러 놓았던 감정을 표현한다. 암고양이들은 멋진 얼룩무늬가 있는 고양이를 좋아한다. 그와 결혼하기 위해 커다란 생선과 진귀한 개다래나무를 선물하거나 멋진 얼룩무늬를 핥아주기도 한다.

암고양이들도 사람들과 별반 다르지 않다. 고양이의 기분 따위는 상관하지 않는다. 오로지 자신이 원하는 것을 얻기 위해 잘 보이기에 급급하다. 고양이는 백만 년 만에 처음으로 크게 화를 낸다. 지금 고양이에게 필요한 건 커다란 생선과 진귀한 개다래나무가 아니다. 삶과 죽음을 넘나들며 사람들한테 받았던 상처와 분노의 감정을 쏟아내고 위로해 줄 누군가가 필요하다.

"난 백만 번이나 죽어 봤다고!"

라고 말했습니다.

하얀 고양이는

"그러니."

라고만 대꾸할 뿐이었습니다. ……(중략)……

"나, 서커스단에 있었던 적도 있다고."

하얀 고양이는

"그래."

라고만 대꾸할 뿐이었습니다. ……(중략)…… 고양이는

"네 곁에 있어도 괜찮겠니?"

라고 하얀 고양이에게 물었습니다.

하얀 고양이는

"으응."

이라고 대답했습니다. (pp. 20-22)

   저만치 하얀 고양이가 본 척도 하지 않고 앉아 있다. 이야기에서는 감정을 표현하는 고양이와 이를 표현하지 않는 하얀 고양이가 대립하는 것처럼 보인다. 그러나 그 이면은 상호 호의적이다. 고양이는 하얀 고양이에게 다가가 자신이 백만 번이나 죽어 봤다고 자랑한다. 하얀 고양이는 그의 말을 외면하지 않고 들어 준다. 고양이는 조건 없이 이야기를 들어 주는 하얀 고양이를 매일 찾아간다. 그리고 매번 백만 번이나 죽어 봤다고 자랑하면서 그동안 있었던 일에 대해 말한다.

   하얀 고양이는 고양이가 이야기할 때마다 "그러니." "그래." "으응."이라는 반응을 보인다. 고양이의 말을 무심한 듯 외면하지 않고 들어 준다. 어찌 보면 새침하고 조금은 차가워 보인다. 그러나 침묵하거나 소극적으로 경청하는 것은 강력한 비언어적 메시지로 상대방을 계속 이야기하게 만든다. 즉, '나는 당신의 이야기를 듣고 싶습니다.'라는 무언의 메시지이다. 이 과정에서 고양이는 자신이 진정 사랑받고 있다는 느낌을 받는다. 경청으로 인해 백만 년 동안 사람들에게 상처받았던 마음을 치유할 기회를 얻는다.

   결국 하얀 고양이는 있는 그대로의 모습을 바라봐 주고 경청이라는 최대의 관심을 고양이에게 줌으로써 그를 변화시킨다. 어느 누구도 사랑하지 못했던 그를 사랑하게 만들었고, 죽음 따위는 아무렇지도 않았던 마음에 살고 싶다는 욕구를 갖게 했으며, 누군가를 위해 한 번도 울지 않았던 그를 백만 번이나 울게 만들었다. 굳이 말하지 않아도 마음을 헤아려 들어 주는 것, 바로 사랑이다.

📖 사노요코(さのようこ, 1938~2010)

　중일전쟁 중 중국 베이징에서 태어났다. 일본 패전 후 일곱 살 무렵 일본으로 돌아온다. 요코는 불행한 어린 시절을 보낸다. 전쟁 전후로 오빠와 두 여동생이 사망한다. 어머니는 그 고통을 요코에게 풀어 낸다. 잇따른 형제들의 죽음, 어머니의 폭행과 폭언, 그리고 가난은 요코를 빨리 철들게 했다. 장녀로 동생을 돌보면서 집안 일을 도맡아 했다. 하지만 어머니의 구박은 점점 더 심해진다. 그녀는 어떤 불평도 하지 않고 이를 숙명으로 받아들인다. 어린 시절 힘든 기억은 오랫동안 상처로 남아 삶과 창작에 영향을 미친다. 성장한 요코는 일본 무사시노 미술대학 디자인과를 졸업하고 디자이너로 일한다. 이후 1966년 독일 베를린 조형대학에서 석판화를 공부했다.

　첫 번째 작품 『염소의 이사』(1971)를 펴내면서 그림동화 작가로 데뷔한다. 주요 작품으로는 『100만 번 산 고양이』, 『하늘을 나는 사자』, 『하지만 하지만 할머니』, 『아저씨 우산』, 『내 모자』 등이 있다. 많은 작품은 '산케이 아동출판 문학상' '고단샤 출판문화상' '일본 그림책상' 등 권위 있는 상을 여러 차례 받았다. 삶이 얼마 남지 않은 시점에서 에세이집 『사는 게 뭐라고』, 『죽는 게 뭐라고』, 어머니의 이야기를 담은 『시즈코 상』 등 삶에 대해 관조하는 작품을 쓴다.

　그림동화뿐만 아니라 에세이 작가로 활동하면서 일본을 대표하는 작가로 자리매김한다. 2003년에 일본 정부가 학문 및 예술에 공

「100만 번 산 고양이」

을 세운 사람에게 수여하는 '자수포장(紫綬褒章)'을, 2008년 그림동화 작가로 활동한 공로로 '이와야사자나미(巖谷小波)' 문예상을 받았다.

그녀의 작품에는 어린 시절 상처받았던 마음이 그대로 녹아 있다. 혼자 노는 아이, 어른, 동물 등 마음을 표현하지 않거나 표현하지 못하는 인물이 주로 등장한다. 그림은 아이가 그린 것처럼 천진난만하고, 리듬감 있게 묘사되어 있다. 인간의 심리를 독특한 발상으로 나타낸다.

대표작 『100만 번 산 고양이』는 백만 번을 죽고 태어난 고양이에 대한 이야기이다. 사랑받고 싶은 인간의 욕구를 상징과 비유를 통해 표현함으로써 독자들로 하여금 삶을 살아가는 궁극적인 목적에 대해 성찰해 보게 한다. 전 세계 언어로 번역되어 출간되었으며, 다큐멘터리 영화로도 제작되었다. 일본 그림동화의 명작으로 손꼽힌다. 1977년 초판된 이 작품은 2002년 국내에 소개되었다. 초등학교 4학년 일본어 국어 교과서에 원문이 수록되어 있다.

기호학

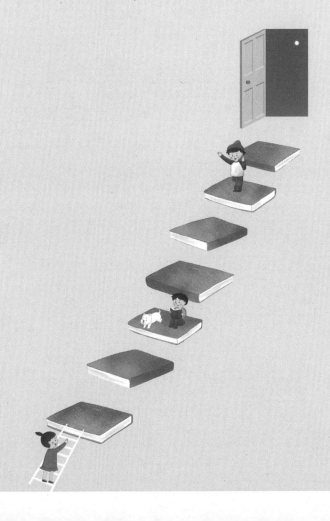

기호학(Semiotics)은 인문사회현상을 구조적 관계로 이루어진 텍스트로 간주하고 그 안에 숨겨진 의미를 해독해 내는 학문이다. 메시지를 구성하는 기호체계의 내적 구조를 분석해 텍스트에 잠재되어 있는 의미를 밝히고자 한다. 기호는 대상에 의미가 결합된 모든 사상 또는 실체를 말한다.

아침에 시계 알람 소리를 듣고 일어난다. 생일날 식탁 위에 미역국이 놓인다. 출근길 횡단보도에 초록불이 켜지면 길을 건넌다. 전광판을 보고 버스가 곧 도착할 거라는 걸 안다. 알람 소리에는 일어나야 한다는 의미, 미역국에는 생일이라는 의미, 초록색 불에 건너가도 좋다는 허락의 의미, 전광판 숫자에는 기다리라는 의미가 담겨 있다. 사람들은 매 순간 무의식적으로 기호를 해석하며 살아간다. 우리가 사는 세상은 기호로 이루어져 있다고 해도 과언이 아니다. 이러한 기호는 인간의 삶과 유기적으로 관계를 맺으며 끊임없이 변화, 발전한다.

기호의 해석은 커뮤니케이션의 성패를 좌우한다. 의미를 제대로 파악하지 못하면 실수와 오해를 산다. 이러한 측면에서 기호학은 커뮤니케이션 공유라는 개념에 초점이 맞추어진다. 송신자와 수신자는 기호의 의미작용 단계를 거쳐 서로 독립적으로 의미를 생성하고 공유한다. 그런데 의미는 사회현상과 문화적 배경을 기초로 발생되기 때문에 이를 이해하지 못하면 성공적인 커뮤니케이션이 이루어지기 어렵다. 다시 말하면 기호학은 궁극적으로 커뮤니케이션을 토대로 사회현상과 문화를 연구하는 학문이다.

언어학자 소쉬르(F. Saussure)는 기호학을 기호로 이루어진 인간의 삶을 연구하는 학문으로 보았다. 기호학자 에코(U. Eco)와 보드리야르(J. Baudrillard)는 '세상 모든 것'이라고 말한다. 이를 대변하듯 다양한 학문 영역에는 기호학적 요소가 편재해 있으며 비중 있게 다루어지고 있다.

기호학에서 기호의 조직 원리를 코드(code)라 하며, 다중 코드로 된 담론을 텍스트(text)라 부른다. 텍스트를 기호학적 관점에서 보면 기호의 선택과 배합으로 이루어진 기호복합체이다. 그림동화는 하나의 텍스트로 글(상징)과 그림(도상) 기호로 이루어진다. 수많은 의미를 담고 있는 기호들은 유아의 문화와 어른의 문화를 동시에 반영한다. 여기에는 인간의 유형과 삶의 방식, 존재 가치, 신념과 태도가 담겨 있다. 이는 유아가 다른 이들과 함께 공유해야 할 질서에 대해 배우고, 어른은 유아를 이해할 수 있는 매개체가 된다는 것을 의미한다. 커뮤니케이션 측면에서 보면 메시지를 전달하고 이를 해석하는 의사소통의 공간이 된다.

유아는 그림동화를 보면서 자신의 생각을 결합하거나 의미를 추출하는 의미작용을 일으킨다. 이러한 기호론적 해석 과정은 변증법적 합성을 유발하여 현 상황에서 한 단계 더 높은 개념을 형성시킨다. 인지 발달적 측면에서 피아제(J. Piaget)는 이 과정을 동화(assimilation), 조절(accommodation), 평형화(equilibration)라는 개념으로 설명한다. 유아가 가지고 있는 도식(schema)은 환경에 적응 과정을 거치면서 분화되고 통합되어 더 많은 도식과 고차원적인 도식을 형성해 간다. 즉, 그림동화는 유아에게 다양한 환경을 간접적으로 제공하여 끊임없이 의미를 재생산하게 만드는 기호론적 담론의 장이 된다.

기호학적 관점에서 그림동화를 분석하는 것은 텍스트를 구성하는 기호체계의 내적 구조를 파악하는 일로 보다 총체적이고 심층적인 의미 해석을 가능하게 한다. 이는 유아와 어른의 문화를 동시에 조망해 볼 수 있는 기회를 제공해 양자를 이해하는 데 도움을 준다. 이 장에서는 작품분석을 위해 기호학의 주요 개념을 살펴보고자 한다.

1. 기호의 이해

1) 기호의 구조

프러포즈 하는 날이다. 남자는 설레는 마음으로 두 가지를 준비한다. 하나는 반지고, 다른 하나는 붉은 장미꽃이다. 반지에는 결혼해 달라는 의미가 담겨 있다. 붉은 장미의 꽃말은 사랑이다. 남자가 반지와 붉은 장미를 준다는 것은 '결혼해 주세요. 당신을 사랑합니다.'라는 뜻이다. 이때 어떤 말도 필요 없다. 반지와 붉은 장미꽃이 이를 대신하기 때문이다.

반지는 손가락에 끼는 고리이다. 장식품이다. 그런데 여기에 프러포즈라는 의미가 담기면 이야기는 달라진다. 단순한 반지가 아닌 '당신과 평생 함께하고 싶습니다.'라는 고백이 배여 있는 특별한 반지가 된다. 다시 말하면 반지에 프러포즈가 결합되면 하나의 기호로 작용한다. 여기서 의미의 운반체인 반지는 기표가 되고, 의미인 프러포즈는 기의가 된다. 장미꽃도 마찬가지이다. 여자는 기호화된 반지와 장미꽃을 보면서 프러포즈를 수락할지 거절할지 결정해야 한다. 머릿속에 운반체인 반지와 장미꽃은 사라지고 프러포즈와 사랑이라는 의미 부분만 남는다.

이와 같이 기호는 세 가지 기본 요소로 이루어진다. 기표(signifier), 기의(signified) 그리고 기호(sign) 그 자체이다. 기호는 기표와 기의가 결합되어 만들어진다. 여기서 기표는 의미의 운반체이고, 기의는 의미 부분이다. 기표, 기의, 기호 이 세 가지 요소는 유기적으로 관계를 맺으며 의미를 생산한다.

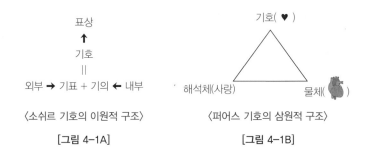

〈소쉬르 기호의 이원적 구조〉 　〈퍼어스 기호의 삼원적 구조〉

[그림 4-1A] 　　　　　　　[그림 4-1B]

소쉬르는 기호를 외부 세계가 공급하는 기표와 마음인 내부 세계가 공급하는 기의 그리고 이 두 가지가 결합되어 표상의 세계에 편입되는 기호로 정의한다. 기호의 의미가 제대로 드러나기 위해서는 다른 기호들과의 결합을 통해서만 가능하다고 본다.

퍼어스(C. Peirce)는 의미를 '기호' '물체(object)' '해석체(inter-pretant)'의 구조적인 관계에서 발견하였다. 기호는 물체와 관계를 맺으며, 이 관계는 해석체를 함의한다. 인간의 정신에 남는 것은 기호가 표상하는 물체가 아니라 해석체이다. 그런데 해석체로 정의되었던 것은 시간이 지나면 다음 단계에서 기호의 위치를 차지한다. 자리바꿈이 일어난다. 기호는 좀 더 발전된 물체와 또 다른 관계를 맺으며 새로운 해석체를 함의한다. 이러한 과정이 무한히 반복되는데, 이를 세미오시스(semiosis: 기호작용)라고 한다. 기호는 내적으로 역동성이 있어서 끊임없이 발전한다. 또 다른 의미를 생산할 가능성을 지니고 있는 것이다.

소쉬르는 기호들이 서로 맺는 관계 구조에서 좀 더 명확한 의미를 가질 수 있다고 설명한다. 반면 퍼어스는 기호가 내적으로 역동성을 지니고 있어 그 안에서 무한한 의미작용이 발생한다고 본다. 소쉬르와 퍼어스가 기호를 이해하는 관점은 다르지만 구조의 의미 체계는 같다. 퍼어스의 물체와 해석체는 소쉬르의 기표와 기의에 해당한다. 일반적으로 기호의 구성요소를 이야기할 때 물체와 해석체 대신 기표와 기의라는 용어를 사용한다.

2) 기호의 의미

어머니는 나를 낳아 주신 분이다. 이 단어를 들으면 가슴이 뭉클하다. 다양한 의미가 담겨 있기 때문이다. 그리움, 따뜻함, 포용, 지지, 보호, 위로, 위안 등 셀 수 없이 많다. '1'이라는 숫자는 하나를 의미한다. 단 한 가지 의미만을 품고 있다. 그 이상의 의미는 없다. 만약 다른 의미가 있으면 문제가 발생한다. 건물이 무너지고, 사물의 형태가 달라질 것이다.

기호는 의미의 층위에 따라 외시의미(denotation)와 함축의미(connotation)로 나뉜다. 내포하고 있는 의미체계에 따라 단일 의미체와 다중 의미체로 나뉜다. 외시의미는 사전적 또는 객관적 의미라고 한다. 기호 속의 기의가 누구에게나 똑같이 알려져 있다. 함축의미는 주관적이며 공통적인 정서를 대변한다. 기호의 외시의미에 덧붙이는 암시적 의미로 해석자가 임의로 매기는 주관적 가치를 뜻한다. 이와 같이 기호는 하나의 의미 또는 여러 개의 의미가 담길 수 있는데, 일반적으로 다중 의미를 지닌다. 왜냐하면 기호가 만들어질 때 기표와 기의가 임의로 연결되는 자의성에 기반을 두기 때문이다.

벚꽃은 봄을 알린다. 온 세상이 하얗게 물들면 사람들의 마음은 설렌다. 벚꽃을 보면서 수많은 생각을 한다. 첫사랑과의 만남, 친구와 즐거웠던 한때, 여자 친구가 없어서 혼자 쓸쓸히 걸었던 길, 흩날리는 꽃잎을 잡기 위해 폴짝폴짝 뛰어다니던 아이들의 모습 등 각각의 추억이 다르다. 벚꽃은 누군가에게 첫사랑이 되고, 친구가 되고, 외로움이 되고, 아이들이 된다. 이렇게 벚꽃은 하나의 기호가 되어 의미를 발생시킨다.

이처럼 함축의미는 기호가 표상하는 물체와 연관된 문화적 경험에서 생긴다. 일정한 기준이나 원칙이 없다. 자기 생각이나 의견, 과거의 경험을 기초로 한다. 따라서 같은 기호라도 함축의미는 문화마다 다르다. 사전에서는 찾을 수 없어 특정 문화 속에서 배워야 한다. 기표와 기의 간의 자의성은 논리를 거부하고 학습을 요구한다.

기호가 일단 만들어지고 나면 그것은 다른 방식으로 수많은 잠재적 의미의 가능성을 열어 둔다.

3) 기호의 세 가지 유형

퍼어스는 인간이 인식 가능한 기호들의 종류를 도상(iconic), 지표(index), 상징(symbol) 세 가지로 분류했다. 기호의 유형과 성격은 그것이 지칭하는 대상과 맺는 관계 양상에 따라 다르게 나타난다. 대상체와 동일성 또는 유사성을 가지고 있는 도상, 대상체와 인접성과 인과관계를 이루고 있는 지표, 대상체와 어떤 연관이나 유사성이 없는 상징으로 구분된다.

도상은 그것이 지칭하는 대상과 유사성을 갖는다. 대상체와 비슷한 모습, 소리, 이미지를 갖고 있다. 사진, 지도, 설계도 등이 여기에 해당한다. 졸업 앨범에 있는 영이의 사진은 영이의 도상이며, 한국 지도는 우리나라 영토의 도상이고, 설계도는 앞으로 만들어질 어떤 구조물의 도상이다. 도상은 그것이 무엇인지 보면 알 수 있는 것으로 형상화되어 있다.

지표는 대상과 실제적인 관계를 맺음으로써 형성된다. 연기는 불의 지표이며, 콧물과 재채기는 감기의 지표이고, 도로교통 표지판은 운전자가 도로에서 지켜야 할 규칙에 대한 지표이다. 즉, 인간이 직접 지각할 수 없는 것을 다른 것에 의해 지각하게 되는 경우를 말한다. 지표는 인간의 추리를 통해 내용 파악이 가능하다.

상징은 기호와 대상 간의 관계가 자의적이다. 기호가 지시하는 대상의 형태를 바탕으로 유추할 수 없다. 언어와 수 기호가 여기에 해당한다. '개'라는 단어에서는 대상인 '개'와 어떤 형태적, 음운적, 의미적 유사성을 찾을 수 없다. 수도 마찬가지이다. '1'이라는 숫자에 하나라는 의미를 찾기 어렵다. 그래서 언어와 수의 사용 규칙은 반드시 배워야 한다. 이 기호들은 대상을 표상할 때 독립적으로 사용되기보다는 상호 간 결합을 통해 의미를 좀 더 명확히 한다. 상징은 문화적 체제, 관습, 규칙 등에 의해 만들어진다. 그러므로 그것이 속한 사회문화적 배경을 알아야만 해석이 가능하다.

4) 기호의 의미작용

영이는 철이를 좋아한다. 마음을 고백하고 싶다. 어떻게 할지 고민하다가 밸런타인데이를 생각해 낸다. 이날 하루만큼은 공식적으로 여자가 남자에게 사랑을 고백할 수 있다. 이때 사랑을 전하는 매개체는 초콜릿이다. 초콜릿을 주면 '나는 당신을 사랑합니다.'라는 뜻이다. 여기서 초콜릿은 기표가 되고 사랑은 기의가 되어 하나의 기호로 작용한다. 철이는 기호화된 초콜릿을 받고 의미를 알아내야 한다. 만약 사랑이라고 파악했다면 커뮤니케이션은 성공적으로 이루어진 것이다.

초콜릿의 외시의미는 카카오 열매의 씨를 볶아 만든 가루에 우유, 설탕, 향료를 섞어 만든 단맛이 강한 과자류이다. 하지만 그것을 주는 사람 또는 받는 사람에 따라 함축의미는 달라진다. 초콜릿이라는 기표는 사람들의 문화적 배경과 경험에 따라 다양한 함축

의미를 일으키기 때문이다. 초콜릿이 사랑이라는 의미를 담고 있
다는 사실을 아는 사람과 그렇지 못한 사람이 생긴다. 이러한 이유
로 함축의미는 문화 속에 존재하는 기호를 통해서 그것이 표상하
는 현실을 설명할 수 있는 수단이 된다. 외시의미가 커뮤니케이션
의 기본이 되지만 이의 성패를 결정하는 것은 함축의미이다.

[그림 4-2] 기호의 의미작용

　의미작용(signification)은 기표에 기의를 결합하거나 기호에서 기
의를 추출하는 과정을 말한다. 즉, 기호가 만들어지고 해석되는 과
정이다. 송신자는 기표에 기의를 결합해 기호로 만들어 수신자에
게 전달한다. 수신자는 자신이 경험한 문화를 토대로 송신자가 보
내온 기호에서 기의를 추출하거나, 기표에 자신이 알고 있는 기의
를 결합시켜 의미를 재생산한다. 이때 송신자와 수신자의 의미작
용이 일치되면 성공적인 커뮤니케이션이 일어나고 그렇지 못하면
실패한다. 다시 말하면 의미는 전달되는 것이 아니라 송신자와 수
신자가 서로 독립적으로 생성해 공유하는 것이다.

2. 기호의 조직

1) 코드와 코드화

신호등이 보인다. 초록색 불이 켜지면 길을 건너가고, 빨간색 불이 켜지면 멈춘다. 고속도로를 지나가다가 휴게소를 만난다. 표지판에는 숟가락과 포크가 그려져 있다. 차와 음식을 먹으며 잠시 쉬어 간다. 사람들은 기호를 해석하며 이에 따라 움직인다. 대상에 어떠한 의미가 결합되어 있는지 모두 알고 있는 것이다.

하나의 기호에는 외시의미 이외에 너무 많은 함축의미가 담겨 있다. 이는 커뮤니케이션에 문제를 발생시킨다. 사람들은 이를 해결하기 위해 대상에 어떤 의미를 결합시키자고 약속을 하게 된다. 이 약속을 코드라 한다. 코드는 집단의 공통적인 생각을 토대로 납득할 만한 수준에서 형성된다. 그래서 인습적이고 관습적인 성격을 갖는다. 기호에 담긴 심리적, 사회적, 문화적 배경을 알아야 해석이 가능한 이유가 여기에 기인한다. 다시 말하면 코드는 집단적 동의가 만들어 낸 약속으로, 기호의 조립과 해독을 위한 원리이며, 문화적 관습이 숨어 있는 체제이다. 사람들은 동의한 약속을 배우며 의미를 습득해 간다.

코드에 따라 기호를 조직하는 과정을 코드화(codification)라 하며, 의미작용과 함께 일어난다. 기호를 만들거나 해석하는 과정에 코드가 개입한다. 이 과정은 자의적이다. 그 때문에 성공적인 커뮤니케이션이 이루어지기 위해서는 코드화된 것을 관습화시킬 필요가 있다. 기표와 기의 간의 관계를 약속에 의해 정립하고, 이 관계를 수용시키는 과정을 거쳐야 한다. 그런데 일단 코드화가 되면 사람들은 기호를 자연스럽게 받아들인다. 이는 비교적 장기간 시간을 두고 일어나는 문화 현상으로 나타난다.

신랑, 신부 하면 떠오르는 것이 있다. 검은색 턱시도와 하얀색 드레스이다. 이 옷들은 결혼식 예복으로 어느 순간 자리 잡았다. 검은색과 하얀색의 극명한 명도 대비는 두 사람을 더욱 아름답게 만든다. 사람들은 결혼 예복을 보면서 설렘과 행복감을 느낀다. 코드화된 예복을 사람들이 모두 당연하게 받아들이고 있는 것이다.

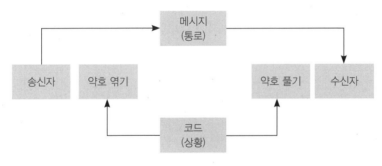

[그림 4-3] 커뮤니케이션 모형

커뮤니케이션에서 코드는 가장 중요한 위치에 있다. 코드 없이는 메시지를 만들 수도, 해독할 수도 없기 때문이다. 메시지는 하나의 기호 또는 기호의 연쇄 고리로 되어 있다. 약호 엮기(encoding)는 송신자가 기호를 코드로 엮어서 메시지로 만드는 조작이다. 약호 풀기(decoding)는 수신자가 코드에 따라서 메시지를 풀어 의도를 찾아내는 과정이다. 약호를 엮고 푸는 과정에 코드가 작용해 커뮤니케이션의 성패를 좌우한다. 이 모든 것은 송신자와 수신자가 속한 상황 속에서 일어난다.

이상에서 살펴본 바와 같이 코드는 기호의 조직 원리이며, 코드화는 코드로 기호를 조직하는 과정이다. 이를 위해서는 계열체와 통합체가 필요하다. 이 둘은 모든 기호체계를 조직하는 데 기본이 되는 구성요소이다.

2) 계열체

계열체(paradigm)는 서로 관련이 있거나 비슷한 기호들의 무리를 가리킨다. 어떤 공통성을 지닌 기호들을 범주별로 분류한 것이다. 한글 자모는 계열체이다. 여기에는 두 개의 계열체, 즉 자음 계열체(ㄱ, ㄴ, ㄷ…… ㅅ)와 모음 계열체(ㅏ, ㅑ, ㅓ, ㅕ…… ㅜ)가 있다. 국어사전은 우리말로 된 낱말들의 계열체를 모아 놓은 것이다. 신발장에도 구두의 계열체, 운동화의 계열체, 슬리퍼의 계열체, 샌들의 계열체 등이 있다. 냉장고 안에는 양념의 계열체, 채소의 계열체, 과일의 계열체, 반찬의 계열체, 음료의 계열체 등이 있다.

계열체는 사람들에게 기호의 선택권을 준다. 계열체들을 조직해 기호 복합체를 만들 수 있게 한다. '나무'라는 단어를 만들기 위해서는 'ㄴ'자, 'ㅏ'자, 'ㅁ'자, 'ㅜ'자를 선택해야 한다. 미역국을 끓이기 위해서는 미역과 양념과 재료를 선택해야 한다. 무엇을 선택하느냐에 따라 내용이 달라진다.

계열체는 두 가지 특징이 있다. 하나는 공통성이고 다른 하나는 고유성이다. 먼저, 공통성이란 성질이나 상태가 비슷한 것을 말한다. 숫자의 계열체에는 숫자만 포함되어 있어야지 다른 특수부호가 끼어들면 안 된다. 양말의 계열체에는 양말만 있어야지 손수건이 함께하면 안 된다. 계열체는 공통성을 유지하면서 그들만의 체제를 갖춘다. 다음으로, 고유성은 가치를 말한다. 어떤 단위 기호의 가치를 이야기할 때 다른 대상의 가치가 전제되어야 한다. 기호들의 가치는 상대적으로 결정되기 때문이다. 이와 같이 계열체는 공통성과 고유성을 가지며 조합을 통해 의미를 생성한다. 즉, 통합체가 이야기를 만들어 낸다.

3) 통합체

통합체(syntagm)는 계열체에서 선택한 기호들의 조합으로 만들어진다. 하나의 문장은 단어 계열체의 조합으로 이루어진 통합체이다. 언어학에서 통합체는 의미를 담고 있는 단어의 고리에 따라 특수하고 체계적인 배열을 갖춘다.

'아이가 의자에 앉아 그림동화책을 보고 있다.'

위 문장이 의미를 갖기 위해서는 아이, 가, 의자, 에, 앉아, 그림, 동화, 책, 을, 보고, 있다의 계열체가 논리적인 순서에 따라 배열되어야 한다. 만약 단어의 위치가 바뀌면 의미가 달라진다.

일상생활에서도 계열체의 선택으로 인한 통합체들이 나타난다. 아침 밥상과 옷차림은 하나의 통합체이다. 아침 밥상은 주식의 계열체(밥, 빵, 죽), 국의 계열체(콩나물국, 뭇국, 미역국), 김치의 계열체(배추김치, 열무김치, 물김치) 선택의 조합으로 이루어진 통합체이다. 외출할 때 입는 옷차림은 바지의 계열체, 셔츠의 계열체, 재킷의 계열체, 양말의 계열체, 넥타이의 계열체, 선택의 조합으로 이루어진 통합체이다. 삶을 형성하는 모든 것은 통합체를 이룬다. 이것은 관습에 따라 계열체의 선택과 조합을 달리하며 메시지를 전달한다.

3. 텍스트

1) 텍스트의 정의

텍스트는 일반적으로 코드에 의해 만들어진 생산물을 말한다. 코드로 조직된 계열체와 통합체가 모이면 담론이 있는 하나의 텍스트가 된다. 문필적인 것에 국한되지 않고 커뮤니케이션 행위와 산물인 이미지, 사진, 라디오, TV, 비디오, 영화 등이 해당한다.

포스트 모더니스트들은 문화적으로 생산되는 가공물뿐만 아니라 생활 경험, 인간관계, 전쟁, 시위 등 세상 모든 사건이 텍스트가 될 수 있다고 본다. 사회는 하나의 텍스트이고 세상은 커다란 텍스트가 된다. 인간은 끊임없이 텍스트를 만들어 내는 생산자이다. 솔스(R. Scholes)는 한 개인은 자신이 생산하는 텍스트와 같다고 보았다. 인간 스스로 텍스트가 되는 것이다. 바르트(R. Barthes)와 로즈노우(P. Rosenau)는 어떠한 사건도 텍스트로 이해할 수 있다고 보았다.

텍스트가 담고 있는 다양한 글은 기호체계들로, 문화에서 도출된 인용들의 조직이다. 이들은 어떤 문화적 배경을 갖고 있으면서도 독자에게 가능한 의미 창출을 맡겨 놓고 있다. 다시 말하면 그것의 본질만큼이나 수많은 의미가 생성될 수 있는 가능성의 공간이다. 그러므로 텍스트는 만든 이와 해석자, 즉 저자와 독자가 만나는 기호론적 담론의 장이 된다.

주목해야 할 것이 하나 있다. 텍스트는 다른 텍스트의 조각들을 결합하여 성립된 복합체라는 것이다. 이러한 조각들의 모음은 문화의 내용이 되기 때문에 텍스트는 문화의 기본 단위가 된다. 결국 텍스트의 총체는 문화의 총체라고 볼 수 있다. 문화를 이야기할 때 텍스트 분석부터 시작하는 것이 여기에서 비롯된다. 따라서 텍스트의 중심 명제 중 하나는 이야기체가 된다. 그 안에 잠재되어 있는 신화(myth)는 사람들의 공통된 생각을 드러내며 메시지를 전한다.

2) 텍스트의 구조

텍스트가 어떠한 형태를 취하든 그것은 기호체계를 이룬다. 하나의 형식과 내용을 갖추게 된다. 여기서 '기표'와 '기의'를 '표현'과 '내용'으로 바꾸어 사용하기도 한다. 단일 기호가 결합되면 다양한 표현으로 나타나고 이는 내용을 함의하기 때문이다. 그러나 이것은 용어를 치환한 것일 뿐 의미는 다르지 않다. 표현은 기표의 기능을, 내용은 기의의 기능을 가진다.

2수준 → 함축의미 (문화의 수준)	Ⅲ. 기호	
	Ⅰ. 기표(Ⅰ. 표현) 3. 기호	Ⅱ. 기의(Ⅱ. 내용: 신화)
1수준 → 외시의미 (현실의 수준)	1. 기표(1. 표현)	2. 기의(2. 내용)

[그림 4-4] 텍스트의 구조

1수준에서는 기본적인 의미작용이 일어난다. 1. 기표와 2. 기의가 결합하여 3. 기호가 이루어진다. 여기에서는 직접적이고 명확한 외시의미만을 생성한다. 객관적 의미의 수준이다. 3. 기호는 두 번째 의미작용 단계에서 새로운 Ⅰ. 기표로 작용하여 Ⅱ. 기의를 유도해 Ⅲ. 기호를 형성한다. 여기에서는 주관적인 함축의미를 갖게 된다. 2수준은 개인이나 문화에 따라 자유롭게 의미를 부여할 수 있는 자의성에 기초한다. Ⅲ. 기호는 새로운 차원의 의미체로, 기의를 신화라 한다.

화이트데이에 사탕은 객관적 의미 이외에 또 다른 의미가 덧붙여진다. 사탕이라는 1.기표에는 설탕을 녹여 만든 단 음식이라는 외시의미인 2. 기의가 결합하여 3. 기호가 형성된다. 3. 기호는 두 번째 의미작용 단계에서 새로운 Ⅰ. 기표로 작용해 사탕에 내포된 관습적이고 주관적인 의미인 '좋아한다'는 Ⅱ. 기의를 발생시킨다. Ⅲ. 기호는 사탕의 객관적 의미에 함축의미가 덧붙여지면서 새로운 의미체로 나타난다. 즉, 사탕은 사랑이라는 공식이 성립된다. 신화는 의미작용의 단계를 거쳐 발생된 기의들로, 하나의 연쇄 고리를 이룬다.

신화는 일반적으로 믿을 수 없는 이야기를 말한다. 잘못된 관념이나 사상이 있는 담론을 가리킬 때 사용한다. 그러나 기호학에서는 구체적으로 어떤 대상이나 현실에 대해 사고하는 하나의 문화적 방식이자 이를 이해하고 개념화하는 것으로 본다. 바르트(R. Barthes)는 사회통념이나 가치, 신념, 이데올로기 등으로 설명한다. 신화에는 그것이 생성하게 된 사회적 특징과 문화적 양식 그리고 보편적인 가치가 반영된다. 이러한 이유로 인간 세계를 이해하는 기본 틀로 간주한다.

4. 문학 텍스트

1) 명시적 구조 · 잠재적 구조

문학 텍스트는 단어 계열체와 통합체의 조합으로 이루어진 기호 체계이다. 이때 이야기는 명시적 구조와 잠재적 구조 두 개의 층으로 나뉜다. 명시적 구조는 외시적 수준으로 사건의 전개 부분이다. 잠재적 구조는 함축의 수준으로 텍스트의 의미 부분이다. 명시적 구조는 시간의 흐름에 따라 사건의 진행 방향을 나타내는 반면 잠재적 구조는 시간의 단면에 있는 이항대립쌍(binary oppositions)들이 의미를 생성시킨다.

이항대립쌍은 '오른쪽/왼쪽' '크다/작다' '같다/다르다' 등 역관계에 있는 상호 배타적 개념들의 쌍이다. 이것은 텍스트에 내재되어 심층 구조를 이루며 무엇을 말하려고 하는지 알려 준다. 텍스트를 읽는다 함은 숨겨져 있는 이항대립쌍들의 계열체를 발견해 내는 것을 의미한다. 이항대립쌍은 메시지 전달에 중요한 역할을 담당하며 세 가지 기능을 한다.

첫째, 범주화이다. '행복/불행' '친구/적' '좋은 사람/나쁜 사람' '강자/약자' 등 서로 역관계에 있는 개념에 대한 범주화를 가능하게 한다.

둘째, 의미 생산의 기초가 된다. 이항대립쌍의 한쪽은 다른 쪽의 대립을 전제로 의미를 얻는다. 불행했을 때 행복이 무엇인지 알 수 있고, 아플 때 건강의 소중함을 느낀다.

셋째, 구조적이다. 이항대립쌍들은 이야기 구조의 구성단위가 된다. 부분은 전체 안에서, 전체는 부분에서 의미를 얻는다. 부분은 구체적인 수많은 이항대립쌍들로 나뉜다. 다시 말하면 이항대립쌍들은 구조의 최소단위가 되어 부분과 전체의 관계 속에서 의미를 파생시켜 나간다.

여기서 이항대립쌍 자체보다는 그곳에 내재되어 있는 '관계'를 주목해야 한다. 구조란 가능성의 공간이며 서열 질서의 공간이다. 서열 질서는 부분들의 변증론적 움직임을 가능하게 한다. 이러한 움직임은 서로 상쇄시킬 수 없는 모순인자들을 합쳐 원래의 것보다 더 높은 차원의 새로운 것으로 변환시킨다. 즉, 하나의 구조를 잠정적으로 완성시켜 닫힌 체계로 만들어 줌과 동시에 이를 전제로 그보다 큰 다른 닫힌 체계로 나아갈 수 있게 해 준다. 구조는 이러한 과정을 통해 그 가능성의 영역을 확장해 나간다.

『무지개 물고기』에서 무지개 물고기는 아름다운 반짝이 비늘을 칭찬받아 행복했다. 그러나 물고기들이 외면하자 불행해진다. 이후 반짝이 비늘을 물고기들에게 나누어 주면서 다시 행복해진다. 명시적으로 나누어 주면 행복해진다는 메시지를 전하고 있다. 그러나 잠재적으로는 무지개 물고기와 파란 꼬마 물고기가 서로 대립하면서 의미를 파생시켜 나간다. 아름다움과 추함이 무엇인지, 외면과 내면 중 어떤 것이 더 중요한지, 타인에게 인정받고 거부당하는 것이 어떤 느낌인지 등 일련의 이분법적인 사고가 이항대립쌍을 이루며 연속적으로 일어나 행복이 무엇인지 말해 준다.

이와 같이 통합체 축에서는 사건의 진행 방향을 알려 주고, 계열체 축에서는 이항대립쌍들이 의미를 파생시키며 메시지를 전달한다. 그러므로 모든 담론은 통합체와 계열체의 조직 안에서 의미를 파악할 수 있게 된다. [그림 4-5]에서 통합체는 수평적으로 읽히고 계열체는 수직적으로 읽힌다. 이때 시간의 경과에 따라 전개되는 사건들의 고리를 알아보는 관점을 통시성이라 하고, 시간의 단면에서 텍스트의 의미를 알아보는 관점을 공시성이라 한다. 통시성은 텍스트에서 무엇이 일어나고 있는지, 공시성은 텍스트가 무엇을 말하고 있는지 알려 준다.

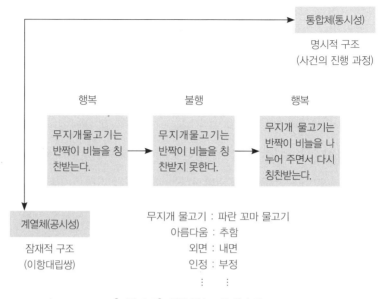

통합체(통시성)

명시적 구조
(사건의 진행 과정)

행복   불행   행복

| 무지개물고기는 반짝이 비늘을 칭찬받는다. | 무지개물고기는 반짝이 비늘을 칭찬받지 못한다. | 무지개 물고기는 반짝이 비늘을 나누어 주면서 다시 칭찬받는다. |

계열체(공시성)

잠재적 구조
(이항대립쌍)

무지개 물고기 : 파란 꼬마 물고기
아름다움 : 추함
외면 : 내면
인정 : 부정
⋮   ⋮

[그림 4-5] 문학 텍스트의 의미 구조

2) 행위소

이야기에 등장하는 인물들은 관계를 맺으며 사건을 이끌어 간다. 프로프(V. Propp)는 『민담 형태론(Morphology of the folk tale)』에서 등장인물의 공통적인 특성에 대해 설명한다. 민담을 일정하게 통합해 내는 중요한 요소는 등장인물의 기능(function), 즉 그들이 행하는 역할이라는 결론을 내린다. 그는 100개의 러시아 민담을 분석해 등장인물의 31가지 기능을 찾아낸다. 이를 분류해 일곱 명의 인물에 귀속시키고, 각각의 인물이 수행하는 행동 영역을 분류했다.

〈표 4-1〉 등장인물의 기능

	인물	행동 영역
1	악한 자	결핍, 탐문, 정보 획득, 결투
2	증여자	초자연적인 힘을 지닌 물건을 주인공에게 줌
3	원조자	주인공의 이동, 결핍 충족, 구출, 임무를 수행, 주인공을 도움
4	찾는 자	주인공에게 임무를 요구, 결핍의 대상, 거짓 주인공의 발견
5	위임자	책임 지워 맡김
6	주인공	출발, 시련을 받아들임, 원조자를 수락, 결투, 성공, 귀환, 결혼
7	거짓 주인공	자신이 주인공이라는 거짓 주장, 원조자에 대한 부정적인 반응, 출발

그레마스(A. Greimas)는 프로프의 이론을 좀 더 구체화시켜 '행위소 모델(modéle actantiel)'을 제시했다. 기능적 관점에서 등장인물의 역할을 여섯 개로 줄이고, 이를 주체와 대상, 발신자와 수신자, 조력자와 대립자의 세 범주로 나누었다. 유기적인 관계를 맺으며 사건을 이끌어 가는 등장인물을 통해 그들의 내적 논리를 체계적으로 풀어냈다.

'행위소 모델'에서 행위소는 개념의 자리이다. 행위자들이 차지할 수 있는 자리를 추상적으로 매김해 놓은 것이다. 행위자의 본질은 그것이 각인되어 있는 함수에 달려 있다. 다시 말하면 등장인물 중 누구를 중심축으로 놓느냐에 따라 이야기의 역할 또한 달라진다. 따라서 각각의 등장인물을 주체의 자리에 놓고 그들이 원하는 대상을 파악해 볼 수 있다. 다양한 각도에서 등장인물의 조망이 가능하다.

발신자 ➡ 대상 ➡ **수신자**
↑
조력자 ➡ **주체** ← 대립자

[그림 4-6] 행위소 모델

행위소 모델은 구조적인 측면에서 두 개의 축으로 설명된다. 하나는 욕망의 축이고, 다른 하나는 정보 전달의 축이다. 주체는 자신이 원하는 대상을 찾아나서는 주인공이다. 이런 의미에서 주체와 대상은 욕망의 관계로 정의된다. 발신자는 욕망의 대상에 대한 정보를 제공하고, 수신자는 이를 받는 자이다. 발신자와 수신자 관계에 부여된 의미론적 내용은 정보가 된다. 즉, 주체와 수신자는 동일 인물로 주인공이다. 주인공을 욕망의 축에서 보면 주체가 되고 정보 전달의 축에서 보면 수신자가 된다. 조력자와 대립자는 주체가 대상을 얻는 데 도움을 주거나 방해하는 자이다. 발신자는 대상에 대해 정보를 제공하면서 메시지를 전달함으로 가치체계의 관리자라고 정의할 수 있다.

3) 이코너 텍스트

그림동화책은 글과 그림, 즉 상징기호와 도상기호의 결합으로 이루어진 기호복합체이다. 글과 그림은 독립적인 기호로 존재하지만 상호 의존 또는 전제를 통해 메시지를 산출한다. 그러므로 결합 자체가 또 다른 하나의 기호로 작용한다. 사이프(L. Sipe)는 글과 그림의 관계를 다음과 같이 도식으로 설명한다.

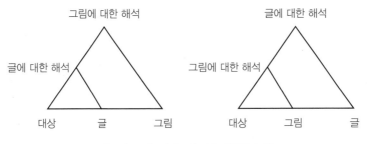

[그림 4-7] 사이프의 기호 삼각형 모형

글은 대상을 나타내는 기호가 되며, 그 기호는 다시 그림으로 표현되는 가운데 새로운 해석을 가진다. 그림 또한 마찬가지로 대상을 나타내는 기호가 되며, 글로 표현되는 가운데 새로운 해석을 가진다. 즉, 글 기호가 그림 기호로, 그림 기호가 글 기호로 상호 중재하면서 새로운 해석이 일어난다. 글과 그림이 정체성과 독자성을 유지하면서 하나의 기호로 작용한다는 측면에서 그림동화책을 제3의 텍스트인 이코노텍스트(iconotext)라는 개념으로 볼 수 있다.

텍스트들이 서로 얽혀 있다는 이러한 관점을 상호 텍스트성(intertextuality)이라고 한다. 크리스테바(J. Kristeva)는 상호 텍스트성을 하나 혹은 그 이상의 기호체계에서 다른 체계로의 전이이며, 이 과정에서 새로운 의미의 결합이 수반된다고 본다. 에코는 독자로 하여금 이야기와 등장인물에 대한 추론을 이끌어 내게 하며, 텍스트에 존재하는 간격과 간극을 메우고, 해석의 방향을 알려 줄 수 있다고 설명한다. 그러므로 그림동화책에서 전달하고자 하는 메시지 산출은 글과 그림의 결합 속에서 이루어져야 한다.

이상에서 살펴본 바와 같이 대상에 의미가 결합되면 하나의 기호가 된다. 기호는 서로 관계를 맺으며 더 많은 의미를 파생시켜 나간다. 이때 기호의 조직 원리를 코드라 하며, 다중 코드로 된 담론을 텍스트라 부른다. 즉, 텍스트는 기호의 선택과 배합으로 이루어진 기호복합체이다.

그림동화책은 글과 그림 기호를 결합해서 구성한다. 글은 단어 계열체의 조합으로, 그림은 색, 선, 모양 등 계열체의 조합으로 통합체를 이룬다. 하나의 장면은 이 둘의 결합이 만들어 내는 통합체로 의미의 최소 단위가 된다. 장면의 조합은 담론이 있는 텍스트를 만들어 낸다. 다시 말하면 그림동화책 텍스트는 글과 그림 기호의 계열체들이 결합해 하나의 통합체를 이루고 등장인물들이 주어진 자리에서 역할을 수행하는 역동적인 체제를 갖추게 된다.

이때 이야기는 두 개의 층으로 나뉜다. 하나는 명시적 구조이고, 다른 하나는 잠재적 구조이다. 명시적 구조는 겉으로 드러나는 사건의 진행 과정을 말한다. 잠재적 구조는 이항대립쌍이 파생되는 의미 부분이다. 행복을 말하기 위해서는 불행을, 부를 말하기 위해서는 가난을 언급해야만 의미가 파악되듯이 서로 반대되는 개념인 이항대립쌍은 이야기 속에 내재하게 된다.

이와 같이 하나의 이야기는 명시적 구조를 이루는 사건과 이를 일으키는 주인공이 서로 관계를 맺으며 잠재적 구조인 이항대립쌍들을 파생시킨다. 모든 요소가 얽혀 있는 구조 속에서 의미작용 단계를 거쳐 메시지, 즉 신화를 전달한다.

『무지개 물고기』
-가치를 인정받는다는 것은-

"아무도 감탄해 주지 않는데,
눈부신 반짝이 비늘이 있어 봐야
무슨 소용이 있겠어요?"

마르쿠스 피스터 글 · 그림

무지개 물고기는 아름답다. 무지갯빛 비늘 사이에 반짝이는 은빛 비늘이 있기 때문이다. 물고기들의 찬사가 이어진다. 무지개 물고기는 온 바다를 누비며 아름다움을 뽐낸다. 반짝이 비늘만이 행복을 가져다줄 수 있다고 믿으며 자신을 사랑한다. 그러던 어느 날 물고기들의 칭찬이 멈춰 버리자 행복은 끝이 난다.

무지개 물고기는 오만했다. 아름다움은 누군가의 인정이 있어야만 빛나는 것이다. 혼자 아무리 아름답다고 해 봐야 소용없다. 무지개 물고기는 자신이 믿었던 행복에 의문을 던지며 이를 찾아 나선다.

사람들은 행복해지고 싶어 한다. 각자 나름대로 이에 대한 정의를 내리며 가까이 가기 위해 노력한다. 어떤 사람은 돈을 많이 벌면 행복하고, 또 어떤 사람은 자신이 번 돈으로 누군가에게 도움을 줄 때 행복하다. 행복을 느끼는 정도는 각자의 가치관에 따라 다르다. 이러한 감정은 누군가의 인정이 수반됐을 때 더 커진다. 무지개 물고기는 반짝이 비늘이 있었을 때도, 나누어 주었을 때도 행복했다. 매 순간 물고기들의 칭찬이 있었다. 행복이란 무엇인지 생각해 보게 된다.

1. 행복과 불행

S#1. 무지개 물고기는 반짝이는 은빛 비늘이 있어 행복하다. - 행복

S#2. 무지개 물고기는 다른 물고기들이 놀자고 하자 외면한다. - 무시

S#3. 파란 꼬마 물고기는 반짝이 비늘을 달라고 한다. - 요구

S#4. 무지개 물고기가 파란 꼬마 물고기를 쫓아 버린다. - 거부

S#5. 물고기들이 무지개 물고기와 놀아 주지 않는다. - 외로움

S#6. 무지개 물고기는 문어 할머니를 찾아 간다. - 고민

S#7. 문어 할머니는 반짝이 비늘을 나누어 주면 행복해진다고 말한다.
   - 정보

S#8. 무지개 물고기는 반짝이 비늘이 없으면 행복하게 살 수 없다. - 불행

S#9. 무지개 물고기는 고민에 빠진다. - 갈등

S#10. 무지개 물고기는 파란 꼬마 물고기에게 반짝이 비늘을 나누어 준
   다. - 나눔

S#11. 무지개 물고기는 물고기들에게 반짝이 비늘을 나누어 준다. - 기쁨

S#12. 무지개 물고기는 반짝이 비늘을 나누어 주고 다시 행복해진다.
   - 행복

무지개 물고기는 반짝이는 은빛 비늘이 있다. 물고기들은 아름
다운 모습에 감탄하며 칭찬을 아끼지 않는다. 그런데 무지개 물고
기는 물고기들이 놀자고 불러도 대답하지 않는다. 잘난척하면서
그냥 지나간다(S#1~#2).

어느 날 파란 꼬마 물고기가 다가와 반짝이 비늘을 하나만 달라고 한다. 무지개 물고기는 화를 내며 쫓아 버린다. 그날 이후 물고기들은 무지개 물고기와 놀아 주지 않는다. 무지개 물고기는 물고기들이 왜 자신을 피하는지 이해하지 못한다(S#3~#5).

무지개 물고기는 불가사리 아저씨의 도움으로 문어 할머니를 찾아간다. 문어 할머니는 반짝이 비늘을 친구들에게 나누어 주면 다시 행복해질 수 있다고 말한다. 무지개 물고기는 싫다며 거부한다(S#6~#8).

파란 꼬마 물고기가 다시 찾아온다. 그리고 반짝이 비늘을 갖고 싶었던 속마음을 이야기한다. 잠시 망설이던 무지개 물고기는 아주 작은 은빛 비늘을 하나 떼어 준다. 파란 꼬마 물고기는 너무 기뻐 반짝이 비늘을 파란 비늘 사이에 끼우고 이리저리 헤엄쳐 다닌다. 무지개 물고기는 그 모습을 보자 행복한 기분을 느낀다(S#9~#10).

무지개 물고기는 반짝이 비늘을 물고기들에게 하나씩 나누어 준다. 그런데 나누어 주면 줄수록 더 행복해진다. 결국 모두 나누어 주고 반짝이 비늘이 하나만 남았지만 무지개 물고기는 행복하다(S#11~#12).

무지개 물고기는 반짝이는 은빛 비늘 때문에 행복했다. 다른 물고기들이 이를 외면하자 불행해진다. 이후 은빛 비늘을 나누어 주면서 다시 행복해진다. 외면의 아름다움보다는 내면이 아름다울 때 더 행복해진 것이다. 이와 같이 열두 장면은 명시적으로 행복과 불행의 순환 구조를 이루며 나누어 주면 행복해진다고 말한다.

2. 무지개 물고기와 파란 꼬마 물고기

무지개 물고기와 파란 꼬마 물고기가 중심을 이루며 사건을 이끌어 간다. 다른 바다 생물과 달리 두 물고기는 '무지개'와 '파란 꼬마'라는 이름이 있다. 무지개는 많은 물방울에 햇빛이 굴절되어 생기는 현상이다. 꿈과 희망, 행복과 부유함이라는 함축의미가 있다. 은빛은 은의 빛깔이다. 일반적으로 눈부시게 빛나는 아름다운 모습을 표현할 때 사용한다. 따라서 은빛 비늘이 있는 무지개 물고기는 바다에서 가장 아름답고 행복한 물고기를 상징한다.

파란 꼬마는 '파란'과 '꼬마'의 합성어이다. '파란'은 푸른 빛깔을 의미하며, 차가움, 투명함, 침울함, 우울 등 다소 침체된 함축의미가 있다. '꼬마'는 어린아이를 귀엽게 부르는 말이지만, 모자라고, 작고, 열등하다는 부정적인 함축의미를 가지고 있다. 따라서 파란 꼬마 물고기는 다른 물고기보다 볼품없고 불행한 물고기를 상징한다.

은빛 비늘을 가지고 있는 무지개 물고기는 아름답다. 매 순간 물고기들에게 칭찬받으며 행복해한다. 이를 바라보는 파란 꼬마 물고기는 속상하다. 자신은 바다에서 가장 작고 초라하기 때문이다. 무지개 물고기처럼 아름다워지고 싶고, 칭찬받고 싶고, 행복해지고 싶다. 그러나 그럴 수가 없다. 이와 같이 무지개 물고기와 파란 꼬마 물고기는 있는 자와 없는 자를 대변하며 갈등을 유발한다.

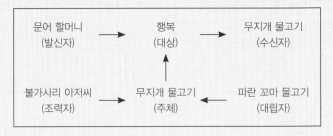

문어 할머니 (발신자)	→	행복 (대상)	→	무지개 물고기 (수신자)
불가사리 아저씨 (조력자)	→	무지개 물고기 (주체)	←	파란 꼬마 물고기 (대립자)

[그림 4-8] 등장인물의 기능

  욕망의 축에서 보면, 무지개 물고기가 원하는 대상은 행복이다. 행복은 반짝이는 은빛 비늘 때문이며 이를 계속 유지하고 싶어 한다. 파란 꼬마 물고기는 대립자로 무지개 물고기에게 은빛 비늘을 요구한다. 이를 거부하자 물고기들과 함께 놀아 주지 않는다. 하루 아침에 혼자가 된 무지개 물고기는 불행해진다. 불가사리 아저씨는 고민하는 무지개 물고기에게 문어 할머니를 소개시켜 준다. 행복을 찾게 도와주는 조력자 역할을 한다.

  정보 전달의 축에서 보면, 문어 할머니는 발신자로 무지개 물고기에게 반짝이 비늘을 나누어 주면 행복해진다는 정보를 제공한다. 무지개 물고기는 수신자로 정보를 따르면서 다시 행복해진다.

  이야기에는 여섯 개의 역할을 담당하는 인물이 모두 등장한다. 각자 자신이 맡은 역할을 충실히 수행하면서 나누어 주면 행복해진다고 말한다. 가치체계의 관리자인 발신자를 등장시켜 내용에서 주고자 하는 메시지가 무엇인지 좀 더 명확히 드러낸다.

3. 나의 가치는 타인이 정한다

무지개 물고기는 아름답다. 이름에서 알 수 있듯이 화려함은 바닷속 물고기 중 단연 으뜸이다. 특히 무지갯빛 비늘 사이에 박혀 있는 반짝이는 은빛 비늘은 무지개 물고기를 더욱 눈부시게 만든다. 물고기들은 아름다움에 감탄하며 매번 칭찬을 아끼지 않는다. 그런데 어느 순간부터 무지개 물고기의 태도가 달라진다. 친구들이 불러도 대꾸하지 않는다. 반짝이 비늘을 뽐내며 그냥 지나간다. 잘난척하는 것이다. 무지개 물고기는 자신이 좀 더 특별하다고 생각하며 물고기들과 거리를 둔다.

> "넌 반짝이 비늘이 참 많구나. 나한테 한 개만 줄래? 네 반짝이 비늘은 정말 멋있어."
>
> 무지개 물고기는 버럭 소리를 질렀습니다.
>
> "내가 가장 아끼는 건데, 달라고? 네가 뭔데 그래? 저리 비켜!"
>
> 파란 꼬마 물고기는 깜짝 놀라서 도망가 버렸습니다. 파란 꼬마 물고기는 어찌나 마음이 상했는지 친구들에게 그 일을 일러바쳤답니다. 그 뒤로는 아무도 무지개 물고기랑 놀려고 하지 않았습니다. (pp. 5-8)

어느 날 파란 꼬마 물고기가 무지개 물고기에게 다가온다. 반짝이 비늘이 멋지다며 하나만 달라고 한다. 많이 있기 때문에 하나 정도는 줄 수 있다고 생각한 것이다. 무지개 물고기는 버럭 소리를 지르며 파란 꼬마 물고기를 쫓아 버린다. 반짝이 비늘을 나누어 준다는 것은 상상도 할 수 없는 일이다. 왜냐하면 행복 그 자체이기 때문이다.

파란 꼬마 물고기는 깜짝 놀라며 도망간다. 하지만 이내 속상한 마음에 어쩔 줄 몰라 한다. 물고기들에게 자신이 당한 일을 일러바친다. 그 뒤로 물고기들은 무지개 물고기와 놀아 주지 않는다. 다가와도 모두 자리를 피한다. 많이 있는데 나누어 주지 않은 것이 괘씸했던 것이다. 무지개 물고기는 혼자 남겨진다.

물고기들의 외면은 단순히 무지개 물고기를 쓸쓸하게 만드는 것만을 의미하지 않는다. 그가 가진 반짝이 비늘까지도 거부하는 것이다. 아름다움에 대한 칭찬이 멈추면 행복이라고 여겼던 반짝이 비늘의 가치는 하락한다. 누구에게도 인정받지 못하는 아름다움은 의미가 없기 때문이다. 자신이 가지지 못해 불행한 것처럼 상대방이 가지고 있는 것을 무가치하게 만들어 불행하게 만든다. 파란 꼬마 물고기는 상처받았던 것만큼 무지개 물고기에게 상처를 준다.

무지개 물고기는 당황한다. 왜 가장 아끼는 반짝이 비늘을 파란 꼬마 물고기가 달라고 하며, 물고기들이 자신을 피하는지 이해하지 못한다. 여기서 코드의 문제가 발생한다. 무지개 물고기와 파란 꼬마 물고기가 있는 자와 없는 자의 집단을 대변한다고 볼 때 그들이 대상을 해석하는 코드는 다르다. 무지개 물고기는 많이 있어도 나눌 필요가 없고, 파란 꼬마 물고기는 많이 있으면 나누어야 한다는 것이다.

여기서 중요한 것은 집단에 계속 소속되기 원한다면 구성원들의

제4장 기호학

코드를 빨리 습득해야 한다. 만약 그렇지 못하면 따돌림당하거나 배척당할 수도 있다. 무지개 물고기가 무리와 함께하고 싶다면 그들의 코드를 파악하고 행동으로 옮겨야 한다.

> "아무도 감탄해 주지 않는데, 눈부신 반짝이 비늘이 있어 봐야 무슨 소용이 있겠어요?"
> 이제 무지개 물고기는 온 바다에서 가장 쓸쓸한 물고기가 되어 버렸습니다. (p. 10)

무지개 물고기는 반짝이 비늘을 칭찬해 주지 않자 괴로워한다. 불가사리 아저씨에게 고민을 털어놓는다. 그들의 행동을 이해할 수 없을 뿐만 아니라 어떻게 해야 할지 혼란스럽기 때문이다. 무지개 물고기는 계속해서 아름다운 모습을 칭찬받아 왔다. 그 칭찬을 당연시 여겼다. 자신이 어떠한 행동을 해도 반짝이 비늘이 있는 한 물고기들의 관심과 사랑은 변함없을 거라 생각했다. 반짝이 비늘만이 행복을 가져다줄 거라 믿으며 그들과 어울리기를 꺼렸다. 그러나 물고기들이 놀아 주지 않자 쓸쓸히 혼자 남겨진다. 불행해진 것이다.

무지개 물고기는 오만했다. 자신이 누리고 있는 행복이 단지 반짝이 비늘 때문이고 더 이상 아무것도 필요 없다고 생각한 오만함은 물고기들의 외면으로 균형감을 잃게 된다. 가치란 누군가가 좋아해 주고 인정해 줘야만 그 빛을 발한다. 예쁘다고 감탄해 주지 않으면 반짝이 비늘은 아무것도 아닌 허울일 뿐이다. 무지개 물고기

는 자신의 생각과 행동이 옳다고 여기는 오만함 끝에 후회를 경험
한다.

> "네 반짝이 비늘을 다른 물고기들에게 한 개씩 나누어 주거라. 그럼 너는
> 더 이상 바다에서 가장 아름다운 물고기가 되지는 못하겠지만, 지금보다 훨
> 씬 행복해질 거다."
> "싫어……."
>
> ……(중략)……
>
> "내 비늘을 나눠 주라고? 이렇게 예쁜 비늘을? 안 돼." (pp. 13-16)

불가사리 아저씨는 문어 할머니를 찾아가라고 한다. 무지개 물
고기는 산호초 뒤에 있는 깊은 동굴로 간다. 문어 할머니가 기다리
고 계신다. 파도가 이미 무지개 물고기에 대한 이야기를 모두 전해
주었다. 문어 할머니는 반짝이 비늘을 물고기들에게 하나씩 나누
어 주라고 한다. 그러면 더 이상 바다에서 가장 아름다운 물고기는
되지 못하겠지만 지금보다 훨씬 행복해질 수 있다고 말한다. 반짝
이 비늘이 있어서 행복했는데 나누어 주면 더 행복해진다는 것이
다. 무지개 물고기는 화를 내며 거부한다.

절대 나눠 줄 수 없다. 반짝이 비늘이 없으면 행복하게 살 수 없
기 때문이다. 무지개 물고기는 반짝이 비늘이 있어 바다에서 가장
아름다운 물고기가 되었고, 칭찬받아서 행복했다. 그런데 물고기
들은 외면하고, 문어 할머니는 반짝이 비늘을 나누어 주라고 한다.
모두 자신이 잘못했다고 말한다. 가장 소중한 것을 나누어 주어야

한다는 것, 그것도 본인 의지가 아닌 타인의 생각에 따라 움직여야 한다는 것이 슬프다. 그러한 생각도 잠시, 혼자 남겨진 무지개 물고기는 행복이 무엇인지 다시 한번 생각한다. 자신이 믿었던 행복과 문어 할머니가 이야기해 준 행복 사이에서 고민한다.

> 무지개 물고기는 조심스럽게 가장 작은 은빛 비늘 한 개를 뽑아서 파란 꼬마 물고기에게 주었습니다.
> "고마워! 정말 고마워!"
> 파란 꼬마 물고기는 좋아서 물거품을 보글보글 내뿜으며 반짝이 비늘을 파란 비늘 사이에 끼웠습니다. 무지개 물고기는 기분이 조금 이상했습니다.
> (p. 20)

무지개 물고기는 뒤에서 물결이 살랑거리는 것을 느낀다. 파란 꼬마 물고기가 다시 찾아온 것이다. 그때는 반짝이 비늘이 너무 가지고 싶어서 그런 거라며 조심스럽게 속마음을 이야기한다. 무지개 물고기는 잠시 고민하더니 아주 작은 은빛 비늘을 떼어 파란 꼬마 물고기에게 준다. 작은 비늘 하나쯤은 자신의 아름다움에 크게 문제될 게 없다고 생각한다. 그런데 파란 꼬마 물고기의 반응이 놀랍다. 고맙다며 연신 인사를 한다. 너무 좋아 반짝이 비늘을 파란 비늘 사이에 끼우고 이리저리 헤엄쳐 다닌다. 무지개 물고기는 기뻐하는 파란 꼬마 물고기를 보는데 기분이 이상하다. 처음 느껴 보는 감정이다. 바로 행복이다.

파란 꼬마 물고기는 반짝이 비늘을 받은 후 고맙다며 인사한다.

"고마워! 정말 고마워!" 이 말의 잠재적 의미는 '넌 착하고 좋은 친구야.'라는 뜻이다. 자신의 것을 나누어 준 그의 마음이 예쁜 것이다. 매번 외면의 아름다움에 대해 칭찬받아 왔던 무지개 물고기는 처음으로 내면에 대해 칭찬받는다. 그리고 외면보다 내면의 아름다움을 칭찬받을 때 더 행복해진다는 사실을 깨닫는다. 기존에 느꼈던 행복과는 또 다른 행복이다.

> 마침내 무지개 물고기에게는 반짝이 비늘이 딱 하나만 남았습니다.
>
> 무지개 물고기는 가장 아끼는 보물을 나누어 주었지만 무척 행복했습니다. (p. 24)

얼마 뒤 물고기들이 무지개 물고기 주변으로 몰려온다. 반짝이 비늘을 가지고 싶었던 것이다. 무지개 물고기는 반짝이 비늘을 뽑아 하나씩 나누어 준다. 그런데 이상하게도 나누어 주면 줄수록 기쁨이 커진다. 바다는 금세 반짝이 비늘로 가득해진다. 마침내 반짝이 비늘이 하나만 남았지만 예전보다 더 많이 행복하다. 무지개 물고기는 다시 행복해진다. 과거에 외면의 아름다움으로 행복했다면, 이번에는 내면의 아름다움으로 더 큰 행복을 누린다. 혼자만의 행복이 아닌 다 같이 누리는 행복이다.

무지개 물고기는 반짝이 비늘이 있어서 행복했던 게 아니었다. 칭찬받아서 행복했던 것이다. 당연하게 여겼던 아름다움에 대한 찬사가 멈췄을 때 상실감과 불안감은 그를 불행으로 몰고 갔다. "아무도 감탄해 주지 않는데, 눈부신 반짝이 비늘이 있어 봐야 무슨 소용

제4장 기호학

이 있겠어요?" 무지개 물고기의 혼잣말에서 알 수 있듯이 아무리 자신이 아름답다고 해 봐야 인정받지 못하면 의미가 없다. 무지개 물고기와 파란 꼬마 물고기의 대립은 아름다움과 추함, 특별함과 평범함, 기쁨과 슬픔, 외면과 내면, 인정과 부정, 행복과 불행이 무엇인지 의미를 생성시키면서 인정받는 것이 행복한 일이라고 말한다.

행복과 불행은 늘 함께 다닌다. 그런데 행복은 눈에 잘 보이지 않는다. 불행이 전면에 나서면 그때야 보이기 시작한다. 사람은 자신이 누리고 있는 것들이 얼마나 소중하고 감사한지 망각하며 살아간다. 행복이 일상에 파묻혀 존재감을 상실해 버렸기 때문이다. 아무렇지도 않게 누리고 있던 일들이 사라지는 순간 알게 된다. 자신이 얼마나 오만하고 무지했었는지를 말이다.

행복은 만족스럽고 기쁜 상태를 의미한다. 이는 자기가 속한 사회구성원들에게 가치를 인정받을 때 이루어지며, 칭찬을 통해 가시화된다. 엄마는 반찬이 맛있다는 소리를 들으면 기쁘다. 요리 솜씨를 인정받았기 때문이다. 직장에서 성과급을 받으면 기쁘다. 일에 대해 인정받았기 때문이다. 한 남자에게 청혼받은 여자는 기쁘다. 세상의 모든 여자들 중 유일하게 자신이 인정받았기 때문이다. 이와 같이 '잘한다, 멋지다, 사랑한다.'라고 물리적, 사회적으로 칭찬받으면 자아존중감이 올라가 스스로 가치 있는 존재로 느껴진다. 사람들은 일상의 소소한 일부터 큰일까지 매 순간 알게 모르게 인정을 받거나 이를 유도하면서 행복을 느끼고 삶의 원동력으로 삼는다.

「무지개 물고기」

여기서 주목해야 할 것이 있다. 인정받기 위해서는 평가 단계를 거쳐야 한다. 평가는 잘한 일과 못한 일을 변별하는 과정으로, 사회 구성원의 공통된 생각인 코드가 기준이 된다. 다시 말하면 인정받기 위해서는 구성원이 대상에 어떠한 의미를 부여하는지 알아야 한다. 격식을 원한다면 말과 행동을 좀 더 조심해야 하고, 명료한 걸 원한다면 꼭 필요한 내용만을 기입하며, 도움이 필요하다면 상대방이 원하는 방법을 모색해야 한다. 집단의 코드를 알아야 하는 이유는 나의 가치는 내가 결정하는 것이 아니라 타인이 결정하기 때문이다. 가치를 인정받는다는 것은 존재의 이유에 대한 답변이다.

📖 마르쿠스 피스터(Marcus Pfister, 1960~   )

스위스 베른에서 태어났다. 베른의 한 예술학교에서 응용미술과 컴퓨터 그래픽을 전공했다. 1981년 취리히로 옮겨와 광고회사에서 그래픽 아티스트 견습생으로 2년 동안 근무했다. 일을 하면서 시간이 날 때마다 조각, 회화, 사진, 일러스트레이션을 배웠다. 견습 생활을 마치고 본격적으로 일을 하기에 앞서 견문을 넓히기 위해 여러 나라를 여행했다. 이러한 경험 덕분에 다양한 예술 영역에서 활동할 기회를 얻는다. 작품 활동을 이어가던 중 그림동화책에 관심을 갖게 된다.

첫 번째 작품『잠자는 올빼미』(1986)를 출간하면서 데뷔한다. 이후 발표한『무지개 물고기』(1992)가 큰 성공을 거둔다. 이 작품은 전 세계 아이들의 사랑을 받으면서 시리즈물로 만들어진다.『무지개 물고기』를 시작으로,『날 좀 도와줘, 무지개 물고기』,『무지개 물고기와 흰수염고래』,『용기를 내, 무지개 물고기!』,『길 잃은 무지개 물고기』,『무지개 물고기와 신기한 친구들』,『무지개 물고기야, 엄마가 지켜 줄게』총 7권을 연이어 발표한다. 시리즈물은 50개 이상의 언어로 번역되었으며, 전 세계적으로 3,000만 부 이상이 판매되었다. 이 작품들은 그를 세계적인 그림동화 작가의 반열에 올려놓는다.

삶의 가장 소중한 가치를 우정, 나눔, 인내, 평화 등으로 보고 작품의 주제로 다룬다. 동물을 주인공으로 내세워 아이들에게 친근감을 더하고, 이를 아름다운 그림과 독특한 기법들을 사용해 표현한다. 부드러운 배경 효과를 주기 위해 젖은 종이에 물감을 풀어 쓰고, 종이가 마르면 그 위에 덧바르는 방식의 수묵화 기법으로 섬세하게 묘사한다. 동양의 정서가 담겨 있는 이 기법은 그를 주목받는 작가로 만들었다. 『무지개 물고기』는 여기에 홀로그램 스티커를 사용해 반짝이는 느낌을 주었다. 빛에 반사되어 움직이는 무지개 물고기의 은빛 비늘은 단숨에 아이들의 마음을 사로잡았다.

대표작 『무지개 물고기』는 무지개 물고기와 파란 꼬마 물고기와의 관계를 통해 나누어 주면 행복해진다는 내용을 다루고 있다. 유아들이 자기중심성을 탈피하고 관계성을 회복할 수 있다는 점에서 꾸준한 호응을 얻고 있다. 1992년 초판된 이 작품은 1994년 국내에 소개되었다. 크리스토퍼상, 에르바상, 아비상 등을 수상했고 이외에도 세계적으로 권위 있는 상을 여러 차례 받았다.

『우리 할아버지』
-지금 알고 있는 것을 그때 알았더라면-

•

"내가 어렸을 때 말이다,
학교가 끝나면 한길에 나와서
굴렁쇠를 굴리며 놀았단다."
"할아버지도 아기였던 때가 있어요?"

•

존 버닝햄 글·그림

손녀가 따뜻한 봄날 할아버지를 찾아온다. 그리고 사계절을 함께 보낸다. 손녀는 어리다. 시간이 흐른다는 것을 모른다. 할아버지가 어린 시절을 이야기하면 고개를 갸웃거린다. 어떻게 할아버지가 아이였다는 건지 이해할 수가 없다.

할아버지는 늙었다. 자신에게 주어진 시간이 얼마 남지 않았다는 것을 안다. 손녀가 원하는 놀이가 있으면 함께하고, 가고 싶은 곳이 있으면 같이 간다. 어린 생각과 행동을 모두 수용하며 즐거운 시간을 갖고자 노력한다.

그러나 결국 할아버지는 추운 겨울 손녀와 헤어진다. 손녀는 할아버지가 늘 앉았던 빈 초록색 소파를 물끄러미 바라본다. 갑자기 어디로 가셨는지 궁금하다. 그렇게 할아버지의 죽음은 수수께끼가 되어 시간과 함께 흘러간다.

만약이라는 말은 슬픈 단어이다. 이 단어를 사용할 때마다 후회와 한숨이 동반된다. 왜냐하면 시간을 돌이킬 수 없기 때문이다. 삶은 오로지 앞을 향해 나아가며 지나간 날들을 안타까움으로, 그리움으로 남겨 놓는다. 지금 알고 있는 것을 그때 알았더라면 좋았을 텐데 그럴 수가 없다. 그래서 앞선 사람들의 후회와 한숨은 경험이 되고 사랑이 되어 다음 세대에 전달된다.

1. 삶과 죽음

〈봄〉

S#1. 손녀가 할아버지를 찾아온다.

S#2. 손녀와 할아버지는 화분에 씨앗을 심는다.

S#3. 손녀와 할아버지는 노래를 부른다.

S#4. 손녀와 할아버지는 인형놀이를 한다.

S#5. 손녀에게 할아버지는 옛날이야기를 들려준다.

S#6. 손녀와 할아버지는 말다툼을 한다.

S#7. 손녀와 할아버지는 소꿉놀이를 한다.

〈여름〉

S#8. 손녀와 할아버지는 바닷가에 간다.

S#9. 손녀는 할아버지 옆에서 모래놀이를 한다.

〈가을〉

S#10. 손녀와 할아버지는 자전거와 굴렁쇠를 굴린다.

S#11. 손녀와 할아버지는 낚시를 한다.

〈겨울〉

S#12. 손녀는 할아버지가 눈길에 미끄러질까 봐 손을 잡아 준다.

S#13. 할아버지는 몸이 아파 소파에 앉아 있다.

「우리 할아버지」

S#14. 손녀는 아픈 할아버지 무릎 위에 앉아 TV를 본다.

S#15. 손녀는 할아버지의 빈 의자를 바라본다.

〈봄〉

S#16. 손녀는 유모차를 끌며 들판을 달린다.

어느 봄날 손녀가 할아버지를 찾아온다. 손녀는 할아버지와 봄, 여름, 가을, 겨울을 함께 보낸다.

봄에는 씨앗을 심고, 인형놀이를 한다. 옛날이야기를 듣기도 하고, 중간에 말다툼을 하기도 하지만 이내 소꿉놀이를 하면서 즐겁게 보낸다. 여름에는 바닷가에 놀러가 모래놀이를 한다. 가을에는 낚시를 하고 굴렁쇠를 굴린다. 겨울에는 눈길을 함께 걷는다. 할아버지는 건강이 나빠져 더 이상 밖에 나갈 수 없게 된다. 손녀는 아픈 할아버지 무릎에 앉아 TV를 본다. 그러던 어느 날 할아버지가 보이지 않는다. 손녀는 할아버지의 빈 초록색 소파를 물끄러미 바라본다. 갑자기 어디로 가셨는지 궁금하다. 손녀는 죽음에 대해 알지 못한다. 그렇게 할아버지와 함께한 모든 일은 시간과 함께 멈춰 버린다.

봄이 다시 찾아온다. 손녀는 유모차를 끌며 들판을 신나게 달린다. 동생이 태어난 것이다. 할아버지의 빈자리에 동생이 채워지면서 삶은 이어진다.

손녀가 할아버지와 함께 보냈던 시간들을 계절별로 묶어 구성하고 있다. 손녀는 할아버지를 봄에 만났고 겨울에 헤어졌다. 그리고 다시 봄에 동생을 만난다. 만남과 헤어짐을 계절로 비유해 상징적으로 표현한다. 이야기는 명시적으로 만남과 헤어짐, 즉 탄생과 죽음의 순환 구조를 이루며 할아버지에 대한 사랑을 말한다.

2. 손녀와 할아버지

이야기에는 손녀와 할아버지 단 두 명만이 등장한다. 손녀는 할아버지의 자식이 낳은 딸이다. 중간에 한 세대가 놓여 있다. 다시 말하면 세대가 그만큼 벌어져 있어 서로의 생각과 행동이 다를 뿐만 아니라 함께할 시간이 얼마 남지 않았음을 뜻한다. 손녀와 할아버지에 담긴 상징성이 크다.

손녀는 어리다. '어리다'는 태어난 지 얼마 안 된, 작고 여린 것을 뜻한다. 경험이 부족하고 인지적으로 미성숙한 상태이다. 어린 손녀는 논리적인 사고를 하지 못한다. 특히 시간의 개념을 이해할 수 없다. 시간이 흘러 성장하고, 늙고, 죽는다는 것이 어떤 것인지 잘 모른다. 흥미롭고 재미있는 일을 좇으며 현재를 즐길 뿐이다.

할아버지는 늙었다. '늙다'는 나이를 많이 먹어 노쇠하고 쇠태하다는 것을 의미한다. 나이의 무게만큼 경험이 많아 지혜로운 자를 뜻하기도 한다. 할아버지는 자신의 노년이 젊음을 거쳐 이루어졌으며, 얼마 안 있으면 죽음을 맞이해야 한다는 것을 안다. 손녀와 함께하는 매 순간 어린 시절 행복했던 추억을 떠올리며 시간의 무심함을 느낀다. 이렇게 손녀와 할아버지는 젊음과 늙음이라는 대립 항을 가운데 놓고 헤어짐에 대한 갈등을 유발한다.

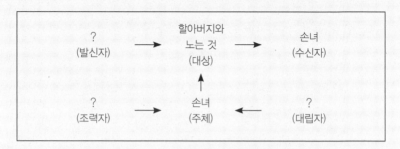

[그림 4-9] 주체가 손녀일 때 등장인물의 기능

손녀가 원하는 것은 할아버지와 노는 것이다. 할아버지는 손녀와 열심히 놀아 준다. 봄, 여름, 가을, 겨울을 함께 보내면서 소꿉놀이, 물놀이, 낚시 등 손녀가 원하는 것은 모두 들어준다. 손녀를 방해하는 대립자는 등장하지 않는다. 그뿐만 아니라 손녀가 대상을 얻기 위해 도와주는 조력자, 대상에 대한 정보를 주는 발신자 또한 등장하지 않는다. 손녀는 자신이 생각한 대로 원하는 대상을 아무런 제약 없이 손에 넣는다.

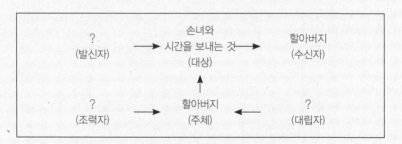

[그림 4-10] 주체가 할아버지일 때 등장인물의 기능

할아버지가 원하는 것은 손녀와 시간을 보내는 것이다. 살 날이 얼마 남지 않았기 때문이다. 손녀는 할아버지와 즐거운 놀이를 하면서 시간을 보낸다. 손녀를 주체의 자리에 놓았을 때와 마찬가지로 대립자, 조력자 그리고 발신자는 등장하지 않는다.

손녀와 할아버지가 원하는 대상은 다르다. 하지만 서로가 원하는 대상을 줄 수 있는 주체로 호의적인 관계를 이룬다. 손녀가 원하는 것은 할아버지와 노는 것이고, 할아버지가 원하는 것은 손녀와 시간을 보내는 것이다. 손녀는 할아버지와 노는 것이 마냥 행복하지만 할아버지는 손녀와 함께 보내는 시간이 소중하다.

손녀는 놀이의 즐거움을 통해 삶을, 할아버지는 시간의 소중함을 통해 죽음을 말한다. 이 둘 사이를 방해하는 구체적인 대립자는 등장하지 않는다. 그러나 눈에 보이지 않는 시간적 배경이 이 둘을 갈라놓는다. 손녀와 할아버지는 원하는 것을 얻는 것처럼 보이지만 중간에 시간이 멈춰 버려 대상은 사라지게 된다.

대상에 대한 정보를 주거나 가치체계를 안내하는 발신자는 등장하지 않는다. 할아버지와 이별, 이에 대한 손녀의 반응 그리고 마지막 손녀가 동생을 유모차에 태우고 달리면서 끝나는 열린 결말에 대한 모든 가치판단은 독자에게 넘어간다.

「우리 할아버지」

3. 할아버지의 사랑

1) 봄

S#1. 그래, 우리 꼬마 아가씨 잘 지냈니? 〈만남-헤어짐〉

어느 봄날 손녀가 찾아온다. 할아버지는 커다란 초록색 소파에 앉아 반갑게 맞이한다. 그런데 조금 이상하다. 손녀가 찾아오면 달려가 안아 주는 것이 일반적인데 그렇지 않다. 할아버지는 소파에 앉아 두 팔만 벌려 반가움을 표현한다.

커다란 초록색 소파는 이야기에서 상징적이다. 할아버지가 거동하기 힘들 만큼 건강이 좋지 않다는 것을 암시한다. 이를 반영하듯 손녀와 함께하는 동안 서 있을 때보다 앉아 있는 시간이 더 많다. 손녀는 어리고 할아버지는 늙었다. 세상에 태어난 지 얼마 안 된 어린 사람과 얼마 안 있으면 세상을 떠날 두 사람은 헤어졌다 다시 만나 기쁨을 나눈다.

S#2. 이거 원, 이 씨앗들이 다 자라기에는 자리가 모자라겠는걸.
벌레들도 하늘 나라에 가나요? 〈탄생-죽음〉

할아버지와 손녀는 씨앗을 심는다. 할아버지는 화분에, 손녀는 화단에 있는 흙을 고른다. 할아버지는 화분이 너무 작아 씨앗이 자라기 어렵다며 고민한다. 씨앗의 탄생을 걱정하는 것이다. 이때 손녀는 벌레들도 하늘 나라에 가는지 묻는다. 하늘 나라는 상징적으로 죽음을 뜻한다. 죽음은 모든 살아 있는 생명의 끝을 말한다. 자연으로 돌아가 사라지는 것이다. 그러나 손녀는 '하늘 나라에 간다.'라고 표현함으로써 끝이 아닌 공간 이동의 개념으로 이해한다. 어른이 생각하는 의미와 다르다.

유아는 가능한 일과 불가능한 일을 구별하지 못한다. 생각하고 상상하는 모든 것이 실재한다고 믿는다. 그래서 하늘 나라는 현실에 존재하게 된다. 하나의 공간으로 이동이 가능한 곳이다. 다시 말하면 죽음은 하늘 나라로 장소를 옮기는 것으로, 끝이 아니라 잠시 헤어지는 것이다. 언젠가는 다시 만날 수 있다. 유아는 죽음을 이해하지 못한다.

할아버지와 손녀는 씨앗을 심으면서 탄생과 죽음에 대해 이야기한다. 두 사람은 자연의 법칙에 비추어 보면 삶의 시작과 끝을 살아가는 사람이다. 시작과 끝, 즉 탄생과 죽음을 상징하며 의미를 파생시켜 나간다.

S#3. 한 사람이 풀 베러 갔다네

푸른 밭으로 풀 베러 갔다네…….

오리들은 뒤뚱뒤뚱, 햇볕은 쨍쨍

나무들은 무럭무럭……. 〈성장-멈춤〉

할아버지는 손녀와 함께 노래를 부른다. 노래 내용은 농가의 풍

경을 담고 있다. 봄에 뿌렸던 씨앗에서 싹이 나오고 꽃이 피어난
다. 한 사람이 풀을 베러 가고 오리들이 그 뒤를 따른다. 나무는 햇
볕을 받아 무럭무럭 잘 자란다. 식물과 동물이 한데 어우러져 성장
하는 모습이 풍요롭다.

　성장은 자라나는 것으로, 살아 있다는 것을 의미한다. 이것은 시
간과 함께 이루어진다. 시간은 모든 것을 성장시키기도 하고 멈출
수도 있게 한다. 자연은 시간을 의지하며 변해 간다. 손녀와 할아
버지도 자연처럼 시간을 의지하며 서로를 알아간다.

　S#4. 이 곰이 여자아이란 말이지? 할아버지는 몰랐는걸.

　〈자기중심성-조망수용〉

　할아버지와 손녀는 함께 인형놀이를 한다. 할아버지는 소파에
앉아 곰과 인형을 안고 있고, 손녀는 아기 인형을 안고 서 있다. 손
녀의 얼굴이 조금 놀란 표정이다. 왜냐하면 할아버지와 자신의 생
각이 달랐기 때문이다. 손녀는 곰이 여자아이라고 생각했다. 할아
버지는 이 사실을 모르고 있었다. 놀라운 일이다. 왜 몰랐는지 이
해할 수가 없다.

　곰돌이는 봉제 인형이다. 성별이 없다. 그런데 손녀는 여자아이
라고 한다. 임의로 성별을 규정한 것이다. 손녀는 할아버지도 자신
과 같은 생각을 하고 있을 거라 믿는다. 다시 말하면 자신이 생각한
대로 다른 사람도 생각하며, 그들도 그렇게 믿고 있을 거라 여긴다.
자기중심적이다. 이러한 유아기 사고의 특성은 대상을 바라볼 때

생각하고 느끼고 행동하는 모든 것에 차이를 유발한다. 그러나 할아버지는 몰랐다며 손녀의 말에 수긍한다. 손녀의 생각을 인정하고 받아들임으로써 사고의 폭을 좁혀 나간다.

> S#5. 노아는 육지가 멀지 않았다는 걸 알았단다. 비둘기가 올리브 가지를 물고 오는 것을 보았기 때문이지.
> 할아버지, 그럼 우리 집도 배가 되나요? 〈자기중심성-조망수용〉

비가 온다. 밖은 어두컴컴하다. 나가서 놀 수 없다. 할아버지는 손녀에게 옛날이야기를 들려준다. 내용을 미루어 보아 노아라는 사람은 배를 타고 바다에서 표류 중이라는 것을 알 수 있다. 그런데 손녀는 내용과 상관없는 엉뚱한 질문을 한다. 자신의 집도 배가 되는지 묻는다. 노아가 바다에서 표류하는 것과 집이 배가 되는 것은 아무런 상관이 없다. 단지 노아가 배에 타고 있는 것을 보고 이를 집과 연결시킨다. 손녀는 이야기를 듣고 자신의 머릿속에 떠오르는 생각을 꺼낸다.

유아의 말은 두 가지로 나눌 수 있다. 하나는 자기중심적 언어(egocentric speech)이고, 다른 하나는 사회화된 언어(socialized speech)이다. 자기중심적 언어는 일방적이고, 사회화된 언어는 생각과 의견을 교환하는 것이다. 일반적으로 사고가 구조화되기 전까지 자기중심적인 언어를 사용한다.

유아는 대화 중 내용과 상관없이 머릿속에 떠오르는 생각을 즉흥적으로 말하는 경우가 있다. 이때 의미 전달은 중요하지 않다.

「우리 할아버지」

대상을 보고 그냥 자신의 생각을 나타낼 뿐이다. 이를 통해 현재 유아가 무슨 생각을 하고 있는지 알게 된다.

손녀는 할아버지의 이야기를 듣고 있지만 내용에 대해서는 관심이 없다. 또한 자신의 이야기를 할아버지가 듣고 안 듣고는 중요하지 않다. 손녀와 할아버지는 의미 전달이 안 되는 자기중심적인 화법을 사용하면서 대화를 이어간다. 그 속에서 두 사람은 서로의 생각을 읽는다.

S#6. 할아버지한테 그렇게 말하는 게 아니지. 〈싸움-화해〉

손녀와 할아버지가 다툰다. 무슨 이유 때문인지는 모르나 서로에게 토라져 있다. 할아버지는 손녀에게 그렇게 말을 하면 안 된다고 화를 낸다. 손녀가 할아버지에게 마음 상하는 이야기를 한 것이다. 할아버지는 손녀를 야단치거나 혼내지 않고 토라져서 뒤돌아가 버린다. 아이 같다. 손녀도 자신이 무엇을 잘못했는지 모른 채 할아버지에게 싫은 소리를 듣자 등을 돌려 밖으로 나간다. 친구가 서로 싸우고 말을 하지 않는 형국이다. 손녀와 할아버지는 어른과 아이가 아닌 친구 같은 관계를 맺으며 감정을 주고받는다.

S#7. 이거 참 맛있는 초코 아이스크림이구나.
초콜릿이 아니라, 딸기 아이스크림인데요. 〈자기중심성-조망수용〉

손녀와 할아버지는 정원에서 소꿉놀이를 한다. 손녀가 흙으로 아이스크림을 만들어 할아버지에게 준다. 할아버지는 초콜릿 아이스크림이 맛있겠다며 먹는 시늉을 한다. 그런데 손녀는 딸기 아이스크림이라고 한다. 할아버지는 이번에도 틀렸다. 흙 색깔이 갈색이라 초콜릿이라고 미루어 짐작하고 이야기했으나 이는 오산이었다. 손녀는 자신이 맛있게 먹었던 딸기 아이스크림을 생각하며 만든 것이다. 할아버지는 곰이 여자라는 것도, 아이스크림이 딸기 아이스크림이라는 것도 맞추지 못한다.

유아는 경험하고 느낀 것을 바탕으로 대상을 이해하고 해석하려 한다. 그리고 다른 이들도 그렇게 생각할 거라 믿는다. 자신의 생각을 굳이 설명할 필요가 없는 것이다. 할아버지는 손녀의 생각을 수용하며 아무런 질문도 하지 않는다.

이렇게 손녀와 할아버지의 봄은 끝이 난다. 그동안 씨앗을 심고 함께 가꾸었다. 노래도 부르고, 인형놀이, 소꿉놀이, 옛날이야기도 했다. 때론 다투기도 하면서 서로 다른 생각과 행동에 대해 이해하는 시간을 가졌다. 씨앗에서 새싹이 돋아나 새로운 생명이 자라나듯이 손녀와 할아버지는 조금씩 서로를 알아가며 추억을 쌓는다.

2) 여름

S#8. 할아버지, 바닷가에 가서 계~속 있어도 되나요?
　　　 그럼. 하지만 네 시에는 차 마시러 돌아가야지. 〈시작-끝〉

여름이 왔다. 손녀와 할아버지는 짐을 싸서 해변으로 놀러간다.

해변으로 가는 길, 손녀는 할아버지에게 바닷가에 계속 있어도 되는지 묻는다. 오랫동안 놀고 싶은 것이다. 할아버지는 괜찮다고 대답한다. 그러나 이내, 네 시에는 차를 마시러 돌아가야 한다고 제한을 둔다. 그 시간에는 손녀가 간식을 먹어야 하기 때문이다. 결국 이 말은 네 시까지만 놀 수 있고 계속 놀 수 없다는 것을 의미한다.

처음으로 손녀와 할아버지는 서로의 질문에 반응하는 사회화된 언어를 사용한다. 지금까지 혼잣말, 즉 자기중심적인 언어를 사용해 의미 공유가 아닌 자신의 생각을 말해 왔었다. 그러나 지금은 손녀의 질문에 할아버지가 대답함으로써 서로의 의견을 주고받고 있다.

할아버지의 대화법을 살펴보면 이상한 점이 하나 발견된다. 네 시까지 돌아가야 한다는 것은 계속 놀 수 없다는 것을 의미한다. 그런데 할아버지는 손녀에게 '안 돼'라는 금지어를 쓰지 않는다. '그럼'이라는 단어를 사용해 수용의 의미를 먼저 전달한다. 아이의 놀고 싶은 마음을 읽어 준다. 그리고 나서 간식 시간, 즉 활동하는 시간을 제시하여 모든 일에는 끝이 있다는 것을 알려 준다.

할아버지는 교차적 교류가 아닌 상보적 교류를 사용해 먼저 아이의 요구에 긍정적으로 반응해 주고, 다음으로 이유를 설명해 이해를 돕는다. 이러한 대화법은 서로 원하는 자극에 반응하는 것으로 의사소통이 자연스럽게 진전되게 한다. 할아버지는 교류 방법 중 가장 건전한 방법을 사용하여 손녀의 마음이 다치지 않게 대화를 이어 간다.

S#9. 이 막대 사탕 다 먹으면 또 사 주실래요?

내가 뭐 만드는데. 이 막대가 있어야 되거든요. 〈자기중심성-조망
수용〉

손녀가 막대 사탕을 먹으면서 모래놀이를 하고 있다. 그 옆에서
할아버지는 모자를 눌러 쓴 채 잠이 들어 있다. 손녀는 할아버지에
게 막대사탕을 또 사 달라고 한다. 무언가를 만드는·데 막대가 필요
하다는 것이다. 이때 손녀는 자신의 요구사항을 할아버지의 얼굴
을 보고 적극적으로 말하지 않는다. 단지 막대가 필요하다는 혼잣
말을 하면서 모래놀이를 이어간다. 손녀는 옆에서 자고 있는 할아
버지가 말을 듣고 안 듣고의 수용 여부에 대해서는 관심이 없다. 그
냥 막대가 필요하다는 자신의 생각을 드러낼 뿐이다.

3) 가을

S#10. 내가 어렸을 땐 말이다. 학교가 끝나면 한길에 나와서 굴렁쇠를 굴
    리며 놀았단다.
    할아버지도 아기였던 때가 있어요? 〈현재-과거〉

가을이 왔다. 할아버지와 손녀는 밖에 나가 자전거와 줄넘기를
한다. 할아버지는 어렸을 때 굴렁쇠를 하면서 놀았다는 이야기를
들려준다. 과거 손녀와 같이 어린 시절이 있었음을 추억한다. 그러
나 손녀는 이 사실에 깜짝 놀란다. 할아버지도 어릴 때가 있었고 시
간이 지나 늙었다는 사실을 이해하지 못한다.

유아는 지속과 연속의 개념을 모른다. 시간이 흘러간다는 것, 시간이 모든 것을 변화시킨다는 것을 인지할 수 없다. 주관적인 관점 하에 직접 눈으로 볼 수 있는 공간과 활동 그리고 물리적인 현상을 준거로 대상을 판단한다. 특히 나이에 대한 개념이 비연속적이고 정지 상태이기 때문에 아이는 처음부터 아이고, 어른은 처음부터 어른이었을 거라 생각한다. 그래서 유아의 시간은 매우 유동적이며 자기중심적이다.

S#11. 물고기를 잡으면 저녁에 요리해 먹자.

근데 할아버지, 고래를 잡으면 어떡하죠? 〈가상-현실〉

할아버지는 손녀를 데리고 낚시하러 간다. 물고기를 잡으면 저녁을 해 먹자고 한다. 손녀는 걱정이다. 고래가 잡히면 큰일이기 때문이다. 고래는 바다에 산다. 몸집도 다른 바다생물보다 비교가 안 될 정도로 크다. 강에서는 살 수 없고, 낚시로도 잡을 수 없다.

손녀는 짠 바닷물과 단 강물에 고래가 살 수 있는지 없는지에 대해 잘 모른다. 또한 물고기의 크기와 힘에 따라 잡을 수 있는지에 대한 유무를 헤아리지 못한다. 단지 물이라는 대상만 보고 거기에는 모든 생물이 살 수 있고, 종류에 상관없이 잡을 수 있다고 통합적으로 생각한다.

유아는 지식과 경험이 부족하다. 또한 실제 세계에 무엇이 어떻게 존재하고 있는지 알지 못한다. 그 때문에 자신이 대상을 보고 떠오르는 생각과 그 대상을 강제 연합시키면서 상황을 이해하는 변환적 추론의 형태로 내용을 파악한다. 이러한 미분화된 사고는 가상 세계로 진입할 수 있는 동기를 부여해 이야기에 흥미를 더한다.

4) 겨울

> S#12. 해리랑 플로렌스랑 언덕길을 쏜살같이 내려가곤 했는데. 그 크리스마스가 생각나는구나…….
> 할아버지. 그러다 미끄러지겠어요. 〈현재-과거〉

드디어 겨울이 왔다. 겨울은 모든 살아 있는 생물이 성장을 멈추는 계절이다. 봄이 생명의 시작을 알린다면 겨울은 그 끝을 알린다. 태어나고 성장하고 성숙하고 죽는 자연의 순리대로 계절은 또다시 겨울을 맞이한다.

손녀는 눈 덮인 새하얀 언덕을 할아버지의 손을 잡고 걷는다. 할아버지는 어린 시절을 떠올린다. 이 언덕을 크리스마스 날 친구와 함께 달려 내려갔었다. 그러나 지금은 너무 늙어 버려 손녀를 의지하며 천천히 걸어 내려간다. 자신의 모습이 서글프기만 하다.

할아버지는 예전에도 친구와 굴렁쇠를 굴렸다는 이야기를 했었다. 이번에는 언덕길을 뛰어 내려갔던 이야기를 한다. 죽음이 다가올수록 어린 시절 친구들과 함께한 추억을 떠올린다. 그러나 손녀는 할아버지의 이야기에는 관심이 없다. 지금 자신의 손을 잡고 천천히 걸어가는 할아버지가 어떻게 빨리 뛰어 내려갔었다는 건지 이해할 수 없기 때문이다. 손녀에게 과거는 알 수 없는 시간이며 현재만이 있다. 현재 손녀의 눈에 보이는 할아버지는 늙고, 느린 사람일 뿐이다.

S#13. 할아버지는 오늘 나가서 놀 수가 없단다. 〈모른다-안다〉

할아버지는 담요를 덮고 힘없이 소파에 앉아 있다. 처음 손녀를 맞아 주었던 초록색 소파이다. 탁자 위에 약병이 놓여 있다. 몸이 아픈 할아버지는 손녀에게 오늘은 나가서 놀 수 없다고 말한다. 그런데 아무런 대답이 없다. 모습이 보이지 않는다. 손녀는 자기만의 방식대로 놀이를 찾아 다른 곳으로 공간을 이동한 것이다. 손녀는 같이 놀 수 없다는 것이 어떤 의미인지 알지 못한다.

유아는 대상과 상황을 보고 미루어 짐작할 수 없다. 할아버지가 힘없이 앉아 있고, 약병이 있다고 해서 아프다고 인지하지 못한다. 그냥 그날은 밖에 나가서 놀 수 없다는 객관적인 의미만을 받아들인다.

S#14. 우리 내일 아프리카로 가요. 할아버지가 선장이 돼 줄 수 있죠?
〈자기중심성-조망수용〉

할아버지는 손녀와 함께 TV를 본다. 몸이 아파 밖에 나갈 수도 없고, 놀아 줄 수도 없기 때문이다. 손녀는 할아버지 무릎 위에 앉아 있다. TV에서는 아프리카의 모습이 보인다. 손녀는 아프리카로 떠나자고 말한다. 할아버지는 아무 말 없이 TV를 본다. 손녀는 할아버지의 몸 상태가 좋지 않다는 것을 알지 못한다.

S#15. (손녀는 할아버지의 빈 의자를 바라보고 있다.) 〈탄생-죽음〉

초록색 소파가 비어 있다. 손녀는 옆 의자에 앉아 할아버지의 소파를 바라본다. 턱에 손을 괴고 알 수 없다는 표정을 짓는다. 할아버지가 갑자기 어디로 갔는지 궁금하다. 손녀의 눈에 비친 빈 소파는 죽음이 아닌 이별을 의미한다. 할아버지는 잠시 어딘가에 가 계신 것이고, 언젠가는 다시 만날 수 있다. 벌레들이 하늘 나라로 공간을 이동한 것처럼 할아버지도 공간을 이동한 것뿐이다. 이렇게 끝내 손녀는 할아버지의 죽음을 모른 채 이별을 한다.

5) 봄

S#16. (손녀는 유모차를 끌며 들판을 달린다.) 〈만남-헤어짐〉

또다시 봄이 찾아온다. 동생이 태어난다. 손녀는 유모차를 끌며 신나게 들판을 뛰어다닌다. 할아버지가 자신과 놀아 주었던 것처럼 함께한다. 손녀는 할아버지의 죽음을 뒤로 하고, 동생과 새로운 만남을 시작하며 삶을 이어 나간다.

〈표 4-2〉 장면별 주요 이항대립쌍

계절	손녀	할아버지
봄	만남 탄생 성장 자기중심성	헤어짐 죽음 멈춤 조망수용
여름	시작	끝
가을	가상	현실
겨울	현재 탄생 모른다	과거 죽음 안다
봄	만남	헤어짐

　시간이 삶과 죽음을 관장한다. 그 안에서 손녀와 할아버지는 대립 구조를 이루며 의미를 파생시켜 나간다. 계절의 시작은 봄이고 끝은 겨울이다. 봄에는 만물이 탄생하고 겨울에는 소멸한다. 어린 손녀가 탄생을 알리는 봄이라면 할아버지는 죽음을 알리는 겨울이다. 자연의 섭리처럼 손녀와 할아버지는 봄에 만났고 겨울에 헤어졌다. 손녀와 할아버지는 만남과 헤어짐이라는 명제 속에 탄생과 죽음, 성장과 멈춤, 자기중심성과 조망수용, 시작과 끝, 가상과 현실, 현재와 과거, 모른다와 안다가 무엇인지 의미를 범주화하며 삶의 순환에 대해 말한다.

　만물이 탄생하는 봄날, 손녀는 할아버지를 만난다. 만남 뒤에 헤어짐이 올 거라는 사실을 모른다. 할아버지와 함께하는 시간이 마냥 즐겁고 행복하기만 하다. 손녀는 어리기 때문에 대상에 대한 인지 능력이 극히 제한적이다. 특히 과거와 미래, 성장과 죽음에 대해 이해하지 못한다. 시간이 흘러간다는 것을 모른다. 그래서 손녀에게는 현재만이 존재한다.

만물이 탄생하는 봄날, 할아버지는 손녀와 만난다. 만남은 헤어짐을 동반한다. 자신은 늙고 병들어 삶이 얼마 남지 않았기 때문이다. 할아버지는 이를 알기에 손녀가 원하는 것은 뭐든지 다 해 주려고 한다. 시간이 지나 손녀가 자신의 손을 잡아 줄 만큼 성장했지만 그 성장만큼 더 많이 늙어 간다.

할아버지는 과거 어린 시절을 회상하며 쓸쓸해한다. 나이를 먹고 늙어 간다는 사실을 그때는 몰랐었다. 하지만 지금은 손녀와 함께하는 모든 시간이 과거가 되고 조만간 다가올 미래에 삶이 멈출 거라는 걸 안다. 몸이 아파 놀아 줄 수 없는 할아버지는 손녀를 무릎 위에 앉힌다. 이렇게 마지막 순간까지 온기를 나누며 자연이 소멸하는 겨울에 죽음을 맞이한다.

다른 시간을 사는 손녀와 할아버지는 혼잣말을 주고받으며 대화를 이어 간다. 그러나 이는 중요하지 않다. 서로에 대한 생각을 드러내며 추억을 공유하는 것만으로도 소중하고 행복하기 때문이다. 함께하는 시간 동안 손녀는 성장하지만 끝내 할아버지의 죽음을 이해하지 못한다. 또다시 봄이 찾아오고 동생이 태어나면서 할아버지와의 추억 그리고 그 안에 담긴 사랑은 과거가 되어 흘러간다. 이를 알지 못하는 손녀는 동생과 새로운 만남을 시작하며 현재를 살아간다. 삶은 자연의 순리에 따라 움직이며 지나간 날들에 대해 그리워할 권한을 미래에 남겨 놓는다.

「우리 할아버지」

삶의 끝에는 죽음이 있다. 그리고 그 끝에는 또 다른 새로운 만남이 기다리고 있다. 삶의 시간이 누군가로 인해 또 다시 이어진다. 인간의 삶은 탄생하고 성장하고 성숙하고 소멸하는 자연의 순환 곡선을 그대로 따른다. 세상 만물이 같은 이치에 따라 움직인다. 이것이 자연의 순리이자 법칙이다. 어릴 때는 이를 잘 모른다. 현재를 즐기며 살아가는 아이에게 시간의 흐름이란 존재하지 않기 때문이다.

아이가 세상을 이해할 수 있는 폭은 딱 그 나이만큼이다. 시간은 나이의 폭을 넓혀 주면서 삶에 대한 조망권을 부여한다. 손녀가 어른이 되면 알게 될 것이다. 할아버지가 마지막 남은 시간을 자신과 함께 보냈고, 아픈 몸으로 놀아 주기 위해 애를 썼으며, 어린 생각과 행동을 감싸 안아 주셨다는 것을 말이다.

지금 알고 있는 것을 그때 알았더라면 실수와 후회는 하지 않았을 텐데 그럴 수가 없다. 왜냐하면 경험과 지식은 시간 속에서 그 깊이를 더해 가기 때문이다. 삶에서 소중한 것은 나중에 알게 된다. 그 슬픈 깨달음은 훗날 사랑이 되어 다음 세대에 전달된다. 이렇게 자연을 닮은 삶과 죽음 그리고 그 안에 공존하는 사랑은 순환하면서 인간을 성장시킨다.

📖 존 버닝햄(John Burningham, 1936~2019)

영국 서레이에서 태어났다. 그는 어린 시절 친구들과 잘 어울리지 못했다. 늘 혼자 자기만의 세계에 빠져 있는 아이였다. 일반 학교에 적응하지 못하고 계속 옮겨 다녔다. 학생들의 자율과 의사결정에 따라 운영되는 '섬머힐 스쿨'에 다니면서 안정을 찾는다. 청년 시절에는 병역의무를 거부하고 한 단체에 들어가 세계 여러 나라를 돌아다니며 산림 관리, 빈민가 재건, 낙후 지역에 학교 짓기 등을 한다. 그의 독특한 성격과 기질 그리고 다양한 경험은 작품 활동에 영향을 미친다. 이후 런던의 센트럴 아트스쿨에서 미술을 공부했다.

첫 번째 작품 『깃털 없는 기러기 보르카』(1964)와 『검피 아저씨의 뱃놀이』(1970)로 '케이트 그린어웨이상'을 두 번이나 받았다. 두 작품으로 그림동화 작가로 명성을 얻었다. 주요 작품으로는 『우리 할아버지』, 『지각대장 존』, 『야, 우리 기차에서 내려!』, 『셜리야, 물가에 가지 마!』, 『크리스마스 선물』, 『알도』, 『에드와르도 세상에서 가장 못된 아이』 등이 있다. 국내에 번역되어 소개된 작품이 무려 34권이나 될 만큼 독자들이 좋아하고 인정하는 작가이다. 브라이언 와일드 스미스, 찰스 키핑과 더불어 영국의 3대 일러스트레이터이자 그림동화 작가의 한 사람으로 꼽힌다.

그는 작품에 아이들이 경험할 수 있는 일생생활과 사회문제를 담는다. 누구나 공감하고 이해할 수 있는 내용이다. 이야기는 아이들을 교육하려고 하지 않는다. 단지 상황에 따라 느낄 수 있는 감

「우리 할아버지」

정을 나타낼 뿐이다. 반복적인 어휘, 간결한 글, 상상력과 유머 감각 그리고 서툰 느낌의 그림은 자유로움을 준다. 그림동화책 구성의 큰 특징은 한쪽 면에 현실 세계를, 다른 면에 환상 세계를 보여 준다는 것이다. 이때 한쪽 면은 초벌 스케치만 하고 다른 한쪽 면은 색감을 살려 배치한다. 흑백과 컬러 색감 안에 아이와 어른의 세계를 동시에 보여 주어 두 세계가 함께 공존할 수 있다는 가능성을 열어 둔다.

대표작『우리 할아버지』는 손녀가 할아버지와 사계절을 보내면서 함께한 추억을 다루고 있다. 이를 통해 만남과 헤어짐, 삶과 죽음에 대한 자연의 순리에 대해 말한다. 1984년 초판되었으며 1995년 국내에 소개되었다. 커트 마슐러상,『뉴욕타임스』최우수 그림책상을 수상하였다.

욕망이론

라캉(J. Lacan)의 욕망이론은 소쉬르의 언어학을 배경으로 프로이트(S. Freud)의 무의식을 풀어낸 구조주의 분석 방법이다. 인간의 무의식을 의식의 차원으로 끌어올려 주체와 욕망에 대해 설명한다. 언어를 통해 억눌린 인간의 내면세계를 볼 수 있다는 그의 생각은, 정신분석학에 큰 반향을 일으키며 문학 분석에 새로운 관점을 제시한다.

정신분석학은 분열된 주체를 분석하는 것을 과제로 삼는다. 주체의 분열은 자아와 의식적 담화와 행위 사이의 분열로 이때 주체 내부에 무의식을 형성하게 된다. 라캉은 "나는 생각한다. 그러므로 나는 존재한다."라는 데카르트(R. Descartes)의 철학적 사유를 거부한다. 그는 "내가 존재하지 않는 곳에서 나는 생각하고, 내가 생각하지 않는 곳에서 나는 존재한다."라고 말한다. 여기서 '내가 생각하지 않는 곳에서 나는 존재한다.'는 인간의 무의식을 의미하며 '내가 존재하지 않는 곳에서 나는 생각한다.'는 현실에서 볼 수 있는 실제 나이다. 다시 말하면 '나는 생각한다.'가 '나는 존재한다.'로 바로 이행될 수 없고 사유와 존재 사이 불안정한 심연이 생성되는데, 이러한 분열로 인해 주체가 형성된다.

라캉은 주체인식의 단계를 상상계(the imaginary), 상징계(the symbolic), 실재계(the real)로 나누고, 이 과정에 언어체계를 도입해 설명한다. 상상계는 대상이 실재라고 믿고 다가서는 단계이고, 상징계는 그 대상을 얻는 순간 그리고 실재계는 대상을 손에 넣지만 허구임을 깨닫고 욕망이 여전히 남아 다음 대상을 찾아나서는 열린 공간이다. 이 세계들은 서로 상호작용하면서 변화, 발전한다.

사회적 주체로서 나라는 존재는 언어 구조 속에서 찾을 수 있다. 아이는 자라면서 누구의 딸, 아들 혹은 이름이 불려짐으로써 '나'를 인식하게 된다. 나라는 존재와 개인의식인 주체는 스스로 획득되는 것이 아니라 타자로부터 주어진다. 개인이 사회와 문화를 접하면 언어 구조 속에 포함되어 의미를 가지고 그 속에서 이루어지는 것이다.

이와 같이 주체는 주어지는 것이 아니라 타자와의 관계 속에서 형성된다. 이때 바라봄(eye)과 보여짐(gaze)의 차이, 즉 결핍으로 인해 끊임없이 욕망을 추구하게 된다. 바라보기만 하고 보여짐을 모른다는 것은 주체가 아직도 대상을 실재로 믿고 그것에서 벗어나지 못한다는 것을 의미한다. 주체는 환상의 세계에서 빠져나오지 못하기 때문에 타자의식이 전혀 없게 되어 독선적인 주체가 된다. 이러한 고착에서 벗어나 대상이 허구임을 깨닫고 또 다른 대상을 향해 계속 나아갈 때 삶은 자유로워진다.

문학은 인간의 삶을 직접적이고 명시적으로 진술하기보다는 이미지, 상징, 은유 등을 통해 표현한다. 정신분석학에서는 주체 내부에 숨겨진 무의식이 이미지, 상징, 은유 등을 통해 나타난다고 본다. 문학의 표현 방식과 정신분석학은 서로 내재성에 근거한 일정한 영역을 공유하면서 문학 작품을 읽는 데 정신분석학을 이용하거나 정신분석학적 개념을 설명하기 위해 문학 작품을 차용한다. 프로이트가 문학적 상징에 나타난 무의식적 욕망을 성적으로 해석했다면 라캉은 언어를 통해 사회 철학적 의미로 풀어낸다. 언어라

는 보다 객관적인 기준을 제시하여 정신분석학적인 문학 해석의
한계를 넘어선다.

그림동화책은 구매자가 어른이고 독자가 유아라는 이중 구조를
갖는다. 따라서 유아의 특성을 반영한다고 해도 어른의 의식세계
를 배제시킬 수 없으며 때로는 그들이 원하는 상징계의 질서를 강
요하기도 한다. 다시 말하면 가상세계와 현실세계를 넘나드는 그
림동화는 상상계와 상징계가 혼재해 있는 공간으로 어른의 욕망을
유아가 어떻게 받아들이며 무의식을 형성해 가는지 볼 수 있는 하
나의 장이 된다.

이러한 측면에서 그림동화에 나타난 주체의 분열 과정을 고찰해
보는 일은 유아의 욕망 형성 과정과 타자의식을 파악해 보는 일로
그들의 의식과 행동 변화에 대한 이해의 폭을 넓힐 수 있다. 이 장에
서는 작품 분석을 위해 욕망이론의 주요 개념을 살펴보고자 한다.

1. 주체

대학에 가기만 하면 행복할 줄 알았다. 그런데 들어가자마자 취
업 준비를 위해 공부를 한다. 대학생활의 즐거움을 느낄 새도 없이
무언가 쫓기듯 또 다른 목표를 향해 나아간다. 원하던 직장에 들어
간다. 경제적으로 안정되지만 무언가 허전한 마음이 든다. 사랑하
는 사람과 결혼하면 부족한 부분이 채워질 것 같다. 이제 더 이상
원하는 것이 없을 줄 알았다. 그게 아니었다. 자신이 생각했던 결

혼생활과 달랐다. 결혼이라는 단어에는 미처 깨닫지 못했던 고단함이 따라다녔다.

원했던 대학도, 취업도, 결혼도 손에 넣었지만 욕망은 충족되지 못한다. 손에 잡히는 순간 욕망의 대상은 한 발 앞으로 나아가 허상이 되어 사라진다. 실재처럼 보였지만 그렇지 못한 것이다. 모든 대상이 허상이 되는 순간 그 자리에 욕망이 남아 또 다른 대상을 좇을 힘을 얻게 된다. 이렇게 욕망은 인간의 삶을 이끌어 간다.

사람들은 허상을 실재라고 믿기 때문에 그것을 얻으려고 잘못된 방법을 사용하기도 한다. 타인을 조정하거나 어떤 규칙을 만들어 욕망을 숨기려 하는데, 이때 욕망은 잘못된 길로 들어서게 된다. 원하는 대상이 허상임을 알아야 집착에서 벗어날 수 있다. 자신의 의식 속에 다른 이들을 억압하는 욕망이 들어 있음을 깨달아야 그들을 이해하게 된다. 욕망의 집착과 의식 속에 자리 잡고 있는 타인을 억압하려는 욕망에서 벗어나면 삶에서 자유로워지는 것이다.

이와 같이 인간의 주체는 대상이 실재라고 믿고 다가서는 단계인 상상계, 그 대상을 얻는 순간인 상징계, 대상이 허구임을 깨닫지만 욕망이 여전히 남아 다음 대상을 찾아나서는 실재계가 순환하면서 진화한다.

1) 상상계

상상계는 환상과 이미지의 영역이다. 생후 6~18개월 사이 아이는 거울 속에 비친 모습을 동일시한다. 이 시기를 상상계 또는 거울 단계(mirror stage)라고 한다. 여기서 '거울'은 모든 반사적인 표면을 지칭하는 상징적 의미로 사용된다.

아이는 자신의 모습을 볼 수 없다. 버둥거리며 움직이는 손과 발 등 신체의 일부분만 본다. 그러다 거울에 비친 온전한 자신을 보면 반가워하고 좋아한다. 이 과정에서 자기 모습을 사랑하는 자기애적인 성향을 보인다. 거울에 비친 상이 자신이라고 생각하는 것처럼 어머니의 얼굴을 보면서 자신의 얼굴이라고 생각하며 웃는다. 어머니와 상상적 동일시 관계에 놓인다. 그뿐만 아니라 다른 사람의 얼굴을 자신으로 인식한다. 즉, 자신과 타자를 구별하지 못한다.

아이는 거울에 비친 모습과 자신을 완전히 동일시한다. 이는 타자에 의해 보이는 것을 모르고 바라보기만 하는, 객관화되기 전 '나'에 해당된다. 처음으로 '나'라는 존재를 인식한다. 하지만 이것은 외부에 존재하는 자신의 이미지와 자신을 동일시해서 만들어 낸 가상의 것이다. 그러므로 이 단계에서 자기 인식은 오인으로, 허구이다. 의식의 출발을 상상계라는 오인으로부터 시작했기 때문에 자아를 완벽하게 조정하는 절대적 주체라는 것은 없게 된다.

아이는 거울에 비친 모습을 총체적이고 완전한 것으로 인식한다. 거울 단계에서 만들어진 결여가 없는 정체성을 지닌 '나'를 에고(ego)라고 부른다. 상상계에서 만들어진 '에고'는 제삼자가 개입하는 상징계에서 '주체'로 변한다. 다시 말하면 아이가 거울 단계에서 자신과 자신의 이미지를 동일시해서 만들어 낸 것이 에고라면, 주체는 아이가 타자와 동일시해서 만들어 낸 '나'에 대한 개념이다. 주체는 타자의 개입이 존재하는 언어와 질서의 세계인 상징계에 의해 만들어진다.

2) 상징계

상징계는 언어가 지배하는 사회적 규범이 있는 세계이다. 이 시기 아이는 어머니와 이자관계에서 아버지라는 새로운 타인이 끼어드는 삼자관계를 경험한다. 아버지의 개입으로 아이는 상징질서에 참여하게 된다. 어머니가 무엇이든지 받아 주는 수용적인 관계였다면 아버지는 금지하고 제지하고 억압하는 사람으로 갈등을 유발한다. 아이가 경험해 보지 못한 또 다른 세상이 열린다.

타자인 아버지는 미리 확립된 언어와 질서의 세계로 인간을 사회화하고 집단화하는 것을 상징한다. 아버지의 출현은 어머니와 동일시 관계에서 누렸던 충만함에 균열을 가지고 온다. 이때 자신과 타인을 구별하지 못했던 아이는 이를 분리하면서 점차 타자를 인식하게 된다.

아이는 이성의 부모를 애정의 대상으로, 동성의 부모를 경쟁 상대로 삼는 심리를 경험한다. 프로이트는 남아가 어머니를 사랑하는 심리를 오이디푸스 콤플렉스(oedipus complex)로 설명한다. 남아는 어머니에게 느꼈던 사랑의 감정을 스스로 억압한다. 아버지가 이 사실을 알면 거세할지도 모른다는 두려움을 느끼기 때문이다. 아이는 어머니에 대한 욕망을 억누르며 아버지의 법을 따르려고 한다. 아버지를 동일시하면서 상징계의 질서에 참여한다. 이로써 자유롭고 편안함이 있는 상상계를 벗어나 규칙과 질서가 있는 상징계로 진입하게 된다.

언어의 세계인 상징계는 아이의 즉각적인 욕망 충족을 지연시켜 결핍을 경험하게 만든다. 이러한 결핍은 주체 내부에 숨겨진 구조, 즉 무의식을 형성시킨다. 결국 무의식은 타자로 인한 주체의 결핍으로 생성되며, 이는 욕망으로 나타난다.

3) 실재계

실재계는 주체가 대상을 얻어도 욕망이 여전히 남아 있는 곳이다. 접근할 수 없는 영역이며 상징화를 거부하는 무형의 공간이다. 라캉은 욕망(desire)을 욕구(need)와 요구(demand)로 구별한다. 욕구는 식욕과 같은 일차적인 충동을 말하며, 이를 다른 사람에게 충족시켜 달라는 것이 요구이다. 이때 요구는 사회적, 윤리적으로 들어줄 수 있는 한계가 있기 때문에 욕구와 요구 사이에는 항상 간격이 생긴다. 라캉은 이 틈을 결핍으로 보았다. 결핍이 욕망을 일으키는 동인으로 작용한다.

주체는 대상에 욕망을 느끼며 충족하려 한다. 자신의 결핍을 채워 줄 거라 믿으며 다가가지만 대상을 얻어도 욕망은 여전히 남는다. 원하던 것을 손에 넣으면 더 이상 바랄 것이 없다고 생각했는데 그렇지 않다. 또 다른 무언가를 갈망한다. 이렇게 주체가 원했던 대상은 실재처럼 보이지만 욕구와 요구의 차이로 인한 결핍으로 충족되지 못하고 허구가 된다. 욕망이 남아 있는 곳, 충족되지 못한 허구의 세계가 바로 실재계이다.

이때 실재라고 믿었던 대상은 대타자가 되고 허구화된 대상은 소타자가 된다. 소타자는 욕망을 끊임없이 불러일으키는 허구의 대상이다. 자신이 원하는 대상이 허구라는 사실을 깨닫는 순간 주체는 또 다른 욕망을 좇는다. 주체의 욕망은 항상 충족되지 않는 틈새로 열려 있다. 다시 말하면 실재계는 닫힘과 논리와 합리의 세계를 열어놓은 틈새이며, 간극이고, 여분으로, 변화하고 성장 발달(physis)하는 세계이다. 상상계와 상징계 그리고 실재계는 각기 상이한 기능에 관계하지만 서로 상호작용하면서 변증법적으로 연계되어 있다.

2. 주체의 두 가지 시선

주체를 결핍으로 볼 때 두 가지 시선이 공존한다. 하나는 '시선'인 바라봄이고 다른 하나는 '응시'인 보여짐이다. 이 둘은 항상 함께한다.

'나는 행복에 대해 이야기하고 있다.'라는 문장이 있다. 이 문장에는 이야기하고 있는 내가 있고, 행복을 지켜보는 또 다른 하나의 내가 있다. 즉, 말하는 주체와 언급되는 주체는 다르다. 말하는 '나'는 바라보는 주체이고 말해진 '나'는 바라봄을 당하는 주체이다. 바라보기만 하는 '나'가 아니라 보여짐을 당하는 '나'도 있다는 것을 통해 주체를 객관화한다.

응시는 대상을 허구화시키는 욕망의 동인으로 작용한다. 주체가 상상계에서 상징계로 진입하듯이 바라보기만 하다가 보여짐을 아는 순간에 일어난다. 실재라고 믿었던 대상이 욕망을 충족시켜 주지 못한다는 것을 깨닫게 하고 또 다른 욕망을 불러일으키게 만든다. 다시 말하면 대상이 허구임을 알게 해 집착에서 벗어날 수 있게 도와주고 동시에 주체를 욕망하는 주체로 만들어 버린다. 이로 인해 인간은 삶을 살아갈 동기를 얻게 된다. 결국 보여짐을 의식할 때 주체는 분리되고, 인간은 고립과 소외에서 벗어날 수 있다. 라캉이 말하는 타자의식이다. 타자의식은 사회의식으로, 이것이 없는 시선은 독선이 된다.

주체가 바라보기만 하고 보여짐을 모른다는 것은 대상이 실재라고 믿고 그 세계 안에 갇혀 있다는 것을 뜻한다. 만약 주체가 허구의 대상에서 빠져나오지 못하면 타자의식이 없게 되어 독선적이고 고립된 주체가 된다. 이러한 고착에서 탈피해 실재라고 믿었던 대상에서 벗어나 다른 대상을 찾아 나설 때 삶은 조금 더 자유로워질 수 있다.

3. 무의식과 언어

라캉은 사회적 주체로서 '나'를 언어 구조 속에서 찾는다. 나라는 존재는 자라면서 누구의 자식, 어떤 이름으로 불림으로써 '나'를 의식하게 된다. 나와 의식의 주인인 주체는 타자, 즉 다른 것으로부터 주어진다. 아직 말을 하지 못하는 아이가 언어를 알고 싶다면 그

언어의 교환이 이루어지는 타자의 영역을 이해하고 그곳의 규칙을 배워야 한다. 이 과정에서 아이는 타자들에 의해 통용되는 법칙을 승인하게 된다. 다시 말하면 언어에 담긴 인간의 욕망을 자신의 것으로 받아들인다. 나라는 주체는 스스로 형성되는 것이 아니라 언어라는 타자에 의해 주어진다. 언어가 주체성을 구성하며, 인간은 그 언어의 구조적 과정이 된다. 그러므로 주체의 욕망은 타자의 욕망에 종속될 수밖에 없다.

기호
‖
기표 + 기의

〈소쉬르의 언어 구조〉

[그림 5-1A]

기표 → 기표 → 기표 → → 연속
기의　　기의　　기의

〈라캉의 언어 구조〉

[그림 5-1B]

　　소쉬르는 언어가 기표와 기의의 결합으로 이루어져 있으며, 관계 또는 차이에 의해 변별 기능을 갖는 자의적 체계라고 말한다. 라캉은 이 두 가지를 모두 적용해 주체와 욕망을 설명한다. [그림 5-1B]에서 기표와 기의를 나누는 분리선은 두 부분이 정확하게 일대일 대응이 되지 못한다는 것을 상징한다. 기표가 지시하는 것은 기의가 아니라 또 다른 기표이다. 기표는 의미작용을 통해 다른 기표를 안내하는데, 이러한 연쇄작용은 반복해서 일어난다. 이때 의미의 저항선 아래로 기의가 미끄러져 나가면서 자리바꿈을 한다. 이처럼 기표는 하나의 기의에 고정되지 않고 관계 속에서 또 다른 기의를 낳으며 끊임없이 파생된다.

192

남자, 여자라는 뜻은 누구나 다 알고 있다. 하지만 이 두 단어가 물건 위에 나란히 쓰여 있으면 의미는 달라진다. 관계 혹은 차이에 의해 남녀가 구별해서 사용하라는 의미를 함축한다. 의미의 연쇄, 즉 기의의 미끄러짐은 기표의 절대적인 우위를 시사한다. 따라서 언어는 의미를 낳는 은유와 그 의미가 끊임없이 자리를 바꾸는 환유의 두 가지 특징을 갖게 된다. 말하는 것과 의미하는 것에 항상 차이가 발생하는 것이다. 결국 인간은 자신의 의도를 언어를 통해 정확히 전달할 수 없는 결핍을 경험하는데 이는 곧 욕망으로 연결된다.

라캉은 프로이트가 꿈의 분석에서 사용한 압축과 전치라는 용어 대신 언어에서 사용하는 은유와 환유로 바꾸어 쓴다. 억압된 무의식은 의식의 고리가 약해진 틈을 타 꿈으로 나타난다. 이는 대략 두 단계를 거쳐 변형된다. 꿈의 내용은 이를 닮은 어떤 형상으로 대치되고(은유), 이것도 의식에 들킬까 봐 그 옆에 인접한 것과 또 다시 자리를 바꾼다(환유). 은유의 축은 언어를 선택하고 그것들의 치환을, 환유의 축은 이런 항목들의 결합을 다룬다.

이와 같이 언어가 한 가지 의미에 고정되지 못하고 파생되어 나갈 때, 언어를 통해 생각을 드러내는 인간은 기표에 절대적으로 종속될 수밖에 없다. 인간이 언어 세계에 사는 한 주체는 기표의 지배를 받기 때문에 '주체는 언어처럼 구조화된다.'는 것이다. 그런데 언어는 은유와 환유라는 비유적 속성을 지니므로 주체는 은유와 환유로 이루어져 있다고 볼 수 있다. 다시 말하면 인간이 기표에 의해 지배받고, 그 기표는 은유와 환유로 구조화되어 있으므로 주체는 곧 프로이트의 무의식에 해당된다. '무의식은 언어처럼 구조화되어 있다.'라는 말은 인간이 언어를 통해 존재하는 한 자아에 대한 주체성 확립은 언어 없이 불가능하며 무의식조차 언어와의 만남을 통해 발생한다는 것을 의미한다.

4. 무의식과 타자

라캉은 무의식을 타자의 담론이라고 말한다. 타자는 소타자(little other)와 대타자(big Other)로 구분되며, 소문자와 대문자로 표기한다. 소타자는 상상계의 타자를 말한다. 거울 단계에서 아이가 자신의 욕망을 충족시켜 줄 수 있다고 가정하는 타자이다. 아이는 자신을 타자의 유일한 대상으로 생각하지만 그러한 자기인식은 잘못된 것으로 허구이다. 대타자는 언어가 지배하는 상징계이다. 주체성 안에 동화시킬 수 없는 절대적인 타자성을 말한다.

아이는 자신의 욕망을 표현하기 위해 반드시 언어를 배워야 한다. 언어는 삶을 이야기하는 담론과 인간의 욕망을 내재한다. 그러므로 언어를 사용하면서 타자의 욕망을 욕망하거나 자신의 욕망을 변형시켜 나가게 된다. 즉, 언어에 의해 욕망은 형상화되고 만들어진다. 이 과정에서 대상이 허구라는 사실을 깨닫는 순간 주체는 다른 대상을 원하면서 상상계로 들어선다. 다시 말하면 실재라고 믿었던 대타자인 상징계는 욕망을 충족시켜 주지 못하고 허구인 상상계, 즉 소타자로 변해 버린다. 이 두 세계의 차이는 실재계를 형성하면서 또 다른 욕망을 갖게 만든다.

부모의 욕망은 모든 타자 중 자식에게 가장 많은 영향을 미친다. 그들은 아이에게 좋은 대학, 직업, 경제적으로 안정된 결혼 등 성공적인 인생뿐만 아니라 자신이 이루지 못한 꿈을 전가한다. 이러한 무의식적 욕망은 언어를 통해 전달된다. 언어에 타자의 욕망이 들어 있고, 욕망이 들어 있는 언어를 배워 나가는 인간은 타자의 욕망에 종속될 수밖에 없다. 타자의 욕망을 욕망하게 되는 것이다. 라캉은 언어 없이는 무의식이 존재할 수 없고, 욕망 또한 언어를 통해 존재한다고 본다. 인간이 타자의 언어와 욕망을 통해서 자신의 욕망을 말하기 때문에 무의식은 타자의 담론이 된다.

르메르(A. Lemaire)는 라캉이 말한 타자의 개념을 다섯 가지로 분류해 제시하였다. 첫째, 언어 활동, 기표의 장소 등 상징적인 것을 뜻한다. 둘째, 분석적 대화를 하는 상호 주체성의 장소이다. 셋째, 무의식이다. 넷째, 분석에서 환기된 제삼의 증인을 말한다. 다섯째, 아버지, 어머니를 뜻한다. 이를 종합해 볼 때 타자는 형상화된 인물에 국한되지 않고 주체에 영향을 미치는 유형, 무형의 모든 것이라 볼 수 있다.

이상의 내용을 바탕으로 주체의 욕망 구조를 그림으로 나타내면 다음과 같다.

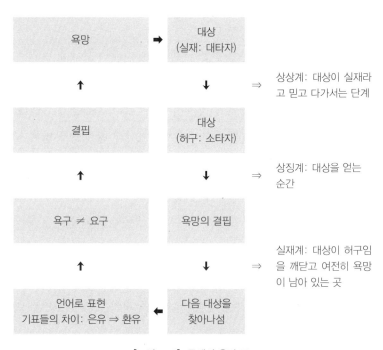

[그림 5-2] 주체의 욕망 구조

『구름 빵』
─부모의 욕망을 욕망하는 아이들─

•

"아침을 안 먹으면, 배고플 텐데……"
엄마는 아빠를 걱정했어요.

•

백희나 글·그림

고양이 가족이 인간 세계를 재현하고 있다. 주인공인 '나'는 아이로, 비 오는 날 아침에 있었던 일을 직접 말한다. '일인칭 주인공 시점'이다. 아이의 시선으로 바라본 비 오는 날의 아침 풍경은 이원화되어 있다.

아이에게 비 오는 날은 재미있는 날이다. 구름을 손에 넣고, 구름으로 빵을 만들고, 빵을 먹고 하늘을 날아다닌다. 배고픈 아빠에게 빵을 가져다 드리기 위해 하늘을 날아오르기도 한다. 현실에서 있을 수 없는 일이 벌어진다.

어른에게 비 오는 날은 고단한 날이다. 먹구름으로 가려진 하늘 때문에 늦잠 자기 일쑤다. 도로가 미끄러워 차와 사람들은 천천히 움직인다. 이로 인한 교통체증은 지각을 유발하기도 한다. 비 오는 날은 평소와 달리 조심해야 한다.

이야기는 아이의 가상 세계인 상상계와 부모의 현실 세계인 상징계가 교차하면서 아이의 바라보기와 보여짐의 과도기적 단계를 상징적으로 표현한다. 상상계와 상징계의 교차 구성을 통해 자기중심적인 아이들이 타자를 인식하며 어떻게 욕망을 형성하는지 보여 준다.

1. 하늘을 나는 아이들

아침에 비가 내리고 있다. 밖은 어둡다. 아빠와 동생은 일어날 시간이지만 계속 잠을 잔다. 아빠의 머리맡에 책과 안경이 놓여 있다. 잠들기 전 책을 읽고 주무신다. 엄마의 잠자리가 비어 있다. 이른 아침 가장 먼저 일어나 가족을 위해 아침 식사를 준비하는 중이다. 시계가 7시 20분을 가리킨다. 이제 아빠도 일어나 출근 준비를 해야 한다.

현실 세계인 상징계의 아침 풍경이다. 이성적이고 합리적인 아빠와 가족을 위해 헌신하는 엄마의 원형이 보인다.

> 나는 동생을 깨워 밖으로 나갔어요.
> 한참 동안 비 오는 하늘을 올려다봤어요.
> 오늘은 뭔가 재미있는 일이 생길 것 같았지요.
> "어, 이게 뭐지?"
> 작은 구름이 나뭇가지에 걸려 있었어요. (pp. 10-13)

비 오는 날은 조금 특별하다. 평상시와 달리 먹구름으로 세상이 온통 어둡게 변한다. 오늘은 무언가 재미있는 일이 생길 것 같다. 나는 엄마 몰래 동생을 깨워 밖으로 나간다. 호기심 있게 한참 동안 하늘을 올려다본다. 먹구름이 빗속을 빠르게 지나간다. 그때 나뭇가지에 걸려 있는 작은 구름 한 조각을 발견한다. 나는 동생을 목말

199

태워 구름 가까이에 올려 준다. 동생이 구름을 잡으려고 하자 신기하게도 사라지지 않는다. 나와 동생은 구름을 조심조심 들고 집으로 돌아온다. 현실에서 있을 수 없는 일이 벌어진다.

아이들은 구름을 손에 넣으면서 질서와 규칙이 있는 상징계에서 환상과 이미지의 영역인 상상계로 진입한다.

> 우리는 구름이 날아가지 않게 조심조심 안고서 엄마한테 갖다 주었어요.
> 엄마는 큰 그릇에 구름을 담아 따뜻한 우유와 물을 붓고
>
> ······(중략)······
>
> 작고 동그랗게 빚은 다음 오븐에 넣었지요.
> "이제 45분만 기다리면 맛있게 익을 거야.
> 그럼 아침으로 먹자꾸나." (pp. 14-15)

공기 중 수분이 하늘에 모이면 구름이 된다. 날씨에 따라 한순간 나타났다 사라지고, 색깔이 변하는 성질이 있다. 굉장히 유동적이다. 그런데 시간이 지나도 그대로 있다. 심지어 아이들이 집으로 들고 와 엄마에게 보여 준다. 엄마는 구름을 보고 깜짝 놀란다. 아이들의 상상계와 어른의 상징계가 교차하는 순간이다.

아이들은 엄마에게 허구의 산물인 구름을 보여 주면서 상상계로 들어오기를 바란다. 엄마는 잠시 고민한다. 상징계의 아침은 식사를 준비해야 하는 바쁜 시간이기 때문이다. 아이들의 행동을 수용하기 어렵다. 그러나 이내 그들이 원하는 대로 반응한다. 허구의 재료인 구름에 현실의 재료를 넣고 반죽해 구름 빵을 만든다. 엄마

제5장 욕망이론

는 구름 빵이 다 익으면 아침으로 먹자고 한다. 엄마의 수용적인 태도로 인해 상상계와 상징계의 벽이 허물어진다. 아이들은 두 세계를 넘나들면서 자신이 원하는 대로 사건을 해결해 나갈 기회를 얻는다.

> "이런! 늦었군, 늦었어! 비 오는 날은 길이 더 막히는데!"
> 아빠는 빵이 익을 때까지 기다릴 수가 없었어요.
> 급하게 가방과 우산을 챙겨 들고 허둥지둥 회사로 뛰어갔지요.
> "아침을 안 먹으면, 배고플 텐데……."
> 엄마는 아빠를 걱정했어요. (pp. 16-17)

상상계에 있던 아이들은 상징계에 있는 엄마, 아빠를 본다. 아빠는 회사에 늦었다며 허둥대고, 엄마는 이를 걱정스럽게 바라본다. 아빠가 아침밥을 먹을 수 없기 때문이다. 비 오는 날에는 차가 더 막힌다. 지각하지 않으려면 서둘러야 한다.

아이들은 아빠의 모습을 보면서 비 오는 날은 길이 막혀 지각할 수도 있다는 사실을 알게 된다. 즉, 회사는 출근 시간이 있으며 이를 지켜야 한다는 사회적 약속을 인식한다. 또한 엄마를 통해 이타심을 본다. 자기중심적인 사고를 하는 아이들은 다른 사람을 배려하지 못한다. 이런 아이들에게 엄마가 아빠를 걱정하는 모습을 노출시켜 가족은 서로 도와주어야 한다는 상징계의 타자의식을 드러낸다.

아빠는 집 밖에서 사회적 노동을, 엄마는 집 안에서 가사 노동을

한다. 남성과 여성의 역할에 대한 심리적 위계 구조와 그들을 둘러
싼 사회 정서를 보여 준다. 비 오는 날 구름 빵을 만들며 즐거운 시
간을 가졌던 아이들은 상징계를 보면서 자신이 알지 못했던 타자
의식을 조금씩 인식하게 된다.

> 엄마는 살며시 오븐을 열었지요.
> 맛있게 잘 익은 구름 빵들이 두둥실 떠올랐어요.
> "우아, 맛있겠다! 잘 먹겠습니다."
> 구름 빵을 먹은 우리들도 두둥실 떠올랐어요. (pp. 18-21)

　아빠가 출근을 한다. 상징계의 규칙에 따라 회사에서 업무를 보
게 될 것이다. 그러나 엄마는 현실 세계로 복귀하지 않는다. 아이
들과 함께 계속 상상계에 머문다. 엄마가 오븐을 열자 다 익은 구름
빵이 두둥실 떠오른다. 아이들과 엄마는 구름 빵을 먹는다. 그런데
신기하게도 구름 빵처럼 둥둥 떠다닌다. 엄마는 아이들을 흐뭇하
게 바라본다.
　구름이 구름 빵이 되고, 구름 빵을 먹은 나와 동생과 엄마는 구름
처럼 날아다닌다. 그리고 자신들이 즐거운 것처럼 엄마도 즐거울
거라 생각한다. 구름이 이 모든 것을 연결시켜 준다. 아이들은 구
름과 빵, 구름 빵과 날아다닌다는 별개의 두 가지 정보를 연결 지으
려는 융합적 사고와 자신과 타인의 생각이 같을 거라는 자기중심
적 사고를 통해 환상과 이미지의 세계를 표현한다. 상상계 속에 있
는 아이들의 사고는 현실의 벽을 뛰어넘어 불가능한 것을 가능하

202

게 한다.

> "아빠는 무척 배고프실 거야."
>
> 동생이 말했어요.
>
> "우리, 아빠한테 빵을 갖다 드리자."
>
> 나는 빵 하나를 봉지에 담았어요.
>
> 그러고 나서 창문을 열고, 동생과 함께 힘껏 날아올랐지요. (pp. 22-23)

아이들은 자기중심적이다. 자신이 배부르거나 즐거우면 상대방도 그럴 거라 생각한다. 타인에 대해 조망하지 못한다. 그런데 동생이 아빠를 걱정하는 이타적인 모습을 보인다. 나도 아빠에게 빵을 갖다 드리자고 제안한다. 여기서 아이들이 아빠를 도와주고자한 것은 본인 의지가 아니다. 엄마가 아침을 먹지 못하고 출근한 아빠를 걱정하는 모습을 보았기 때문이다. "아침을 안 먹으면, 배고플 텐데……." 이 한 문장에는 아빠에 대한 걱정과 안쓰러움 그리고 사랑이 담겨 있다.

아이들은 상징계에 있는 엄마의 말에 담긴 타자의 욕망을 욕망한다. 어리지만 가족은 서로 생각해 주고 도와야 한다는 것이다. 아이들은 욕망을 충족하기 위해 비바람이 부는데도 하늘을 날아오른다. 상징계의 날씨는 아무런 제약이 되지 않는다. 이 모든 일은 상상계에서 이루어진다.

2. 땅 위를 걷는 어른들

비 오는 날 출근길은 복잡하다. 동물들은 우산을 쓰고 어디론가 서둘러 가고 있다. 모든 차는 빨간 신호등 앞에 멈춰 서 있다. 차 안에는 고양이뿐만 아니라 토끼, 양, 강아지 등 다양한 동물이 움직일 수 없을 만큼 가득 들어차 있다. 차의 속도는 여느 때보다 느리다. 날이 어두워 앞이 잘 보이지 않고 바닥은 미끄럽기 때문이다. 이로 인한 교통 체증은 사람들을 더 힘들게 만든다.

아이들은 하늘을 날아다니면서 상징계의 도시를 목격한다. 비오는 날은 재미있는 날이 아니라 고단한 날이었다. 서로 다른 특성을 가진 집단의 구성원, 같은 출근 시간, 비 오는 날의 힘든 일상 등은 상상계에서는 보이지 않았던 부분이다.

> 우리는 자동차가 빽빽하게 늘어선 찻길에서 아빠를 찾았어요.
>
> 아빠는 콩나물시루 같은 버스를 타고 있었지요.
>
> "아빠!"
>
> "니야옹!" (pp. 24-28)

아이들은 아빠를 발견한다. 버스 안에서 다른 동물들 틈에 끼어 있다. 아이들은 아무 말 없이 아빠에게 구름 빵을 준다. 아빠는 잠시 고민하더니 구름 빵을 먹는다. 고맙다거나, 어떻게 왔는지 묻지 않는다. 구름 빵을 다 먹은 아빠는 아이들 손에 이끌려 버스 안을 탈출한다. 엄마가 그랬던 것처럼 아이들이 원하는 대로 움직인다. 그들 사이에는 어떠한 대화도 오고가지 않는다.

이야기에서 인간 세계를 재현하는 동물은 고양이 가족이다. 그들은 인간의 언어와 행동을 한다. 그런데 아이들이 아빠를 부를 때 '니야옹'이라고 한다. 자기 종족의 소리를 낸다. 아빠는 일반 명사로 특정 대상을 지칭하는 말이 아니다. 사람들은 '아빠'라는 단어를 사용할 때 이름이나 수식어를 붙여 '누구 아빠'라고 부른다. 그래야 부르는 대상을 알 수 있기 때문이다. 만약 등장하는 동물들이 모두 고양이였다면 '니야옹'은 일반 명사가 되어 차별화되지 않았을 것이다. 그러나 다양한 동물의 등장으로 이 용어는 고유명사로 전환돼 아빠를 빨리 찾을 수 있도록 도와준다. 즉, '나'는 상상계에서 '니야옹'이라는 고양이의 실제 언어를 사용하여 지금 진행되고 있는 이야기가 주인공의 상상력으로 빚어진 환상이라는 것을 암시한다.

> 구름 빵을 먹은 아빠도……,
>
> 둥실 떠올라
>
> 훨훨 날아서
>
> 금세 회사에 다다랐어요.
>
> "후유, 다행이다." (pp. 29-33)

아빠는 아이들과 함께 하늘을 날아서 회사에 무사히 도착한다. 사무실 시계가 정각 아홉 시를 가리키고 있다. 아빠가 지각하지 않았음을 알려 준다. 다시 상징계로 돌아온 아빠는 일을 시작한다.

직원이 결재서류와 커피를 가져다준다. 아이들은 창문 밖에서 아빠의 모습을 다행스럽게 바라본다. 부모가 학교에 지각할 뻔한 자식을 안도의 한숨을 쉬면서 바라보는 형국이다. 어른의 도움만 받던 약자에서 도움을 주는 강자의 모습을 보인다. 아빠의 고단한 출근길을 도운 아이들의 자존감은 극대화된다.

열등감은 어떤 대상과 비교하면서 느끼는 부족감이다. 무능감과 낮은 자존감으로 주관적으로 느끼는 심리 현상이다. 아이들의 열등감은 과제를 제대로 수행하지 못했을 경우 생성되지만, 성인 또는 우등한 대상과 상대적으로 비교 평가될 때 더욱 커진다. 그런데 이런 아이들이 상상계에서 아빠의 출근길을 도와줌으로써 열등감을 상쇄시킨다. 가족을 위해 무언가 할 수 있는 존재로 부상한다.

3. 지붕 위에 앉아 있는 아이들

아이들이 집으로 돌아가기 위해 하늘을 날아오른다. 높은 건물과 전깃줄 사이를 지나 무사히 집 지붕 위에 내려앉는다. 비가 그치고 먹구름이 서서히 물러난다.

> 우리 집 지붕 위에 살짝 내려앉았어요. ……(중략)……
> "있잖아, 나 배고파."
> 동생이 말했어요.
> "하늘을 날아다녀서 그럴 거야. 우리, 구름 빵 하나씩 더 먹을까?"

아이들은 지붕 위에 앉아 구름 빵을 먹는다. 상상계에 머물 수 있는 구름 빵을 또 하나씩 먹어 상징계로의 복귀를 회피한다. 아빠를 돕고자 하는 아이들의 욕망 충족은 상상계에서 이루어졌으며 다시 상징계로 돌아왔을 때는 충족되지 못한 결핍이 생기기 때문이다. 다시 말하면 아빠를 돕고자 한 아이들의 욕구는 상징계에서 형성된 것이며, 그들의 요구는 상상계에서 이루어졌다. 따라서 상징계로 돌아온 아이들의 욕망에 결핍이 생성되어 갈등을 유발한다.

아이들의 모든 생각과 행동은 상징계에서는 불가능하다. 결국 상상계와 상징계의 통로 역할을 해 주었던 구름 빵은 욕망의 충족과 결핍을 동시에 느끼게 해 주면서 실재계를 형성한다. 즉, 아빠를 도왔던 일은 허구가 되어 사라지고 또 다른 욕망을 갈망하게 만든다. 지붕은 상상계와 상징계의 경계선 역할을 하면서 아이들이 갈등하는 실재계를 상징적으로 보여 준다.

이야기는 비 오는 날 아침 현실 세계인 상징계에서 시작된다. 아이들이 구름을 손에 넣는 순간 가상 세계인 상상계로 이동한다. 그들은 상상계와 상징계를 분리하지 않고 교차 수용하면서 타자를 인식하고 타자의 욕망을 욕망할 기회를 얻는다.

구름빵은 이 모든 것을 가능하게 한다. 가상과 현실 세계의 자유로운 이동, 상징계의 조망, 약자인 아이와 강자인 어른의 역할 전환은 욕망을 충족하기 위한 하나의 장치가 된다. 구름 빵이란 기표가 갖는 기의는 아이가 생각하고 상상하는 모든 것을 말한다. 하지만 어른과의 관계에서는 충족되지 못한 결핍이 생성된다. 다시 말하면 상상계와 상징계를 대변하는 아이와 어른의 관계는 기의의 자리바꿈을 유발해 또 다른 욕망을 갖게 한다.

욕망은 사회집단이 가지고 있는 무의식의 세계, 즉 상징계의 언어에 담긴 타자의 욕망과 연결된다. "아침을 안 먹으면, 배고플 텐데……." 엄마는 자신의 생각을 언어에 투영한다. 아이들에게 아빠를 도울 수 있고, 돕고 싶다는 욕망을 부추긴다. 언어에 담긴 타자의 욕망을 습득한 아이들은 상징계에서 도울 수 없는 아빠의 문제를 상상계로 편입시켜 해결한다. 그러나 상상계와 상징계의 차이는 결핍을 초래하고 또 다른 욕망을 갈망하게 만든다. 이렇게 아이들은 상상계와 상징계 그리고 욕망이 충족될 수 없는 실재계를 경험하면서 의식의 성장을 도모한다.

인간의 욕망은 끝이 없다. 항상 무언가를 원하지만 충족되지 못한 결핍을 경험하면서 또 다른 욕망을 좇는다. 특히 경험이 부족한 아이는 어른의 말과 행동에 담긴 욕망을 무의식적으로 수용한다. 이때 아이 내면에 있는 욕망은 현실 세계와 갈등을 일으키며 의식의 전환을 맞이한다. 욕망의 충족과 결핍 과정을 경험하면서 타자의식을 갖게 되는 것이다.

여기서 주목할 것이 있다. 어른은 자신의 욕망을 아이에게 강요한다. 아직 자아가 형성되지 않은 아이는 이를 그대로 욕망하며 주체를 형성한다. 그리고 시간이 지나 스스로 타자의 욕망을 욕망할 수 있는 선택권이 배제되었다는 사실을 알게 된다. 아이는 강요로 이루어진 욕망이 자신이 진정 원했던 것이 아니라는 사실에 혼란스러워하며 괴로워한다. 성장한 후에 무엇을 원하며 어떻게 습득해야 하는지 가치체계에 혼란을 느끼며 방황한다.

욕망의 선택은 자의에 의해 이루어져야 한다. 선택한 욕망에서 충족과 결핍을 동시에 느끼면서 또 다른 욕망을 찾아 나서게 해야 한다. 자신이 스스로 선택한 타자의 욕망이 허구임을 깨닫고 벗어나는 과정을 통해 진정으로 원하는 삶에 다가설 수 있기 때문이다. "주체는 타자의 욕망을 욕망한다."는 라캉의 말처럼 주체는 끊임없이 타자의 욕망을 욕망하는 과정이라 해도 과언이 아니다.

이야기에서 아이들은 아빠를 걱정하는 엄마의 혼잣말을 듣고 비바람이 몰아치는 날씨에 하늘을 날아오른다. 어른이 무심코 내뱉는 말과 행동은 아이의 욕망 형성에 큰 파장을 일으킬 수 있다.

「구름 빵」

📖 백희나(1971~)

서울에서 태어났다. 이화여자대학교에서 교육공학을 전공했다. 영화와 슬라이드 만드는 방법을 공부하면서 아이들을 위한 매체에 흥미를 가지기 시작한다. 졸업 후 유아용 멀티미디어 회사에서 잠시 일했다. 기획디렉터의 직책을 맡았지만 녹록지 않았다. 협업하는 일은 융통성과 사회생활 능력을 필요로 했다. 혼자 힘으로 무언가 할 수 있는 일을 찾게 되면서 그림동화책에 관심을 갖는다. 직장을 그만두고 미국 칼아츠(Calarts)에서 캐릭터 애니메이션을 공부했다.

첫 번째 작품『턱할미랑 큰눈할미랑 큰이할미랑』으로 데뷔한다. 이후 발표한『구름 빵』(2004)이 큰 성공을 거두면서 그림동화책 작가로 명성을 얻는다. 주요 작품으로는『팥죽 할멈과 호랑이』,『달 샤베트』,『북풍을 찾아간 소년』,『이상한 엄마』,『어제 저녁』등이 있다.『장수탕 선녀님』(2012)으로 제53회 한국출판문화상, 제3회 창원아동문학상을 받았으며, 문화체육관광부 우수교양도서로 선정됐다.

그림은 입체적으로 사물을 형상화해 표현한다. 애니메이션 같다. 등장인물과 소품을 닥종이, 점토, 반입체 등으로 만들어 한 프레임씩 사진을 찍어 가며 촬영했다.『구름 빵』은 종이로 반입체 인형과 소품을,『팥죽 할멈과 호랑이』는 닥종이로 할멈 인형과 각종 소품을 만들었다.『달 샤베트』는 아파트 층별 집 안 인테리어를 재현하고,『장수탕 선녀님』의 배경은 실제 낡은 목욕탕을 사용하였다. 작가는 독특한 기법과 내용으로 기존과 다른 새로운 그림동화책을 재창조하고 있다.

대표작『구름 빵』은 비 오는 날 아빠의 출근길을 도와주는 아이들의 이야기를 다루고 있다. 이를 통해 유아의 자존감과 상상력을 극대화시킨다. 2005년 볼로냐 국제아동도서전에서 한국인 최초로 '올해의 일러스트레이터'로 선정되었다. 400만 부 이상 판매되었으며, 8개 언어로 번역되어 여러 나라에 소개되었다. 뮤지컬, 애니메이션 등 다양한 콘텐츠로 개발되고 있다. 초등학교 1학년 국어 교과서에 원문이 수록되어 있다.

『마당을 나온 암탉』

―욕망의 시작과 끝에서―

"아, 미처 몰랐어! 날고 싶은 것,
그건 또 다른 소망이었구나."

황선미 글 · 김환영 그림

잎싹은 알을 얻기 위해 길러지는 난용종 암탉이다. 어느 날 양계장 문틈 사이로 마당을 본 후 하나의 소망을 갖게 된다. 마당의 암탉처럼 알을 품고 병아리의 탄생을 보는 것이다. 나그네(청둥오리)의 도움으로 마당에 진입하지만 동물들은 잎싹을 외면한다. 결국 마당에서의 구박과 설움을 견디지 못하고 마당 밖으로 나온다.

잎싹은 숲에서 주인 없는 알을 하나 발견한다. 그토록 바라던 알을 품게 되고, 병아리의 탄생을 본다. 잎싹은 병아리에게 초록머리라는 이름을 지어 주고 저수지에서 함께 생활한다. 그러나 행복도 잠시, 족제비는 항상 목숨을 노렸고, 성장한 초록머리는 정체성에 혼란을 느끼며 괴로워한다. 잎싹은 초록머리와 함께하고 싶지만 자식의 행복을 위해 종족인 청둥오리 무리로 돌려보낸다.

양계장만 나가면 행복해질 줄 알았다. 그러나 마당은 욕망을 충족시켜 주지 못했다. 마당 밖을 나가면서 그토록 원했던 알을 품었지만 족제비로 인해 항상 불안했고, 성장한 초록머리와는 헤어졌다. 자신이 원하는 것을 얻기 위해 끊임없이 노력했고 손에 넣었지만, 욕망의 충족이 아닌 결핍을 느낀다. 이야기는 잎싹이 양계장, 마당, 마당 밖을 오가면서 어떻게 욕망을 충족, 변화, 발전시켜 가는지 보여준다.

「마당을 나온 암탉」

1. 문틈, 욕망의 시작을 알리다

잎싹은 양계장에 산다. 알을 낳는 일이 본분이다. 하루하루 알을 낳고 뺏기는 일이 반복된다. 그렇게 살면 되는 줄 알았다. 어느 날 양계장 문틈 사이로 마당의 풍경을 목격하면서부터 무언가 이상하다고 생각한다. 자신이 사는 공간과 바깥 공간이 다르다. 마당에서는 알을 품고 병아리를 까서 데리고 다닐 수 있다. 오리들과 늙은 개, 수탉과 암탉이 어울려 지낸다. 변화가 있고 자유가 있다. 어둡고 아무것도 할 수 없는 폐쇄된 양계장 하고는 정반대의 세상이다.

잎싹은 자신이 갇혀 있는 곳과 마당을 끊임없이 비교하면서 괴로워한다. 암탉처럼 마당에서 자유롭게 병아리를 키우면서 살고 싶다. 양계장에 갇혀 있는 한 불가능한 일이다. 자신이 원하는 것을 줄 수 있는 공간과 자신이 원하는 것을 빼앗아 가 버리는 공간의 대립은 마침내 잎싹에게 마당으로 나가겠다는 욕구를 불러일으킨다. 그리고 먹이를 먹지 않겠다는 행동으로 이를 요구한다. 더 이상 알을 낳지 않겠다고 결심한 것이다. 결국 시름시름 앓던 잎싹은 폐닭이 되어 양계장을 나온다.

양계장과 마당을 연결하는 문틈은 상상계에 갇혀 있던 잎싹에게 상징계의 모습을 볼 수 있는 통로 역할을 하며 타자의식을 갖게 한다.

214

수탉의 말에 모든 것이 결정되었다. 수탉 부부가 먼저 헛간에 들어가고 우두머리 오리와 나머지 오리들, 그리고 청둥오리가 따라 들어갔다. 잎싹은 나중에 매우 조심스럽게 들어갔다. ……(중략)…… 수탉 부부는 횃대에 올라가서 헛간의 모두를 내려다보았고, 오리들은 저희끼리 몸을 맞대고 있었다. 하지만 청둥오리는 그들과 떨어져서 거의 문 쪽에 웅크리고 앉았다. 아마도 그곳이 청둥오리의 자리인 것 같았다. 잎싹은 청둥오리보다 더 바깥쪽에 있어야 된다는 걸 깨달았다. (p. 39)

잎싹은 마당으로 나온다. 마당에는 수탉 부부와 오리들, 개와 청둥오리가 모여 산다. 이 중 수탉은 마당에서 일어나는 모든 것을 결정한다. 헛간에 앉을 때도 수탉 부부가 가장 좋은 자리를 차지한다. 우두머리 오리와 청둥오리는 그다음이다. 잎싹은 청둥오리보다 더 바깥쪽에 있어야 한다는 사실을 깨닫는다. 마당에는 강자와 약자가 있고 집단의 서열과 규칙이 있다. 동물들은 상징계의 질서를 따르며 자신의 본분과 위치를 지킨다.

잎싹의 눈에는 보이지 않았던 부분이다. 양계장 문틈 사이로 보였던 마당은 마냥 따뜻하고 아름답기만 했다. 그러나 실제 마당의 모습은 차갑고 경직되어 있었다. 잎싹은 누가 가르쳐 주지 않아도 동물들의 말과 행동을 듣고 보면서 타자의식대로 행동한다.

"나는 왜 마당에서 살 수 없지? 마당의 암탉처럼 나도 암탉인데."

……(중략)……

"암탉이지만 서로 달라. 그걸 모른단 말이야? 내가 문지기로 살아야 하

고, 수탉이 아침을 알리는 게 당연한 것처럼 너는 본래 닭장에서 알을 낳게
되어 있었잖아. 마당이 아니라 바로 닭장에서! 그게 규칙이라고." (p. 54)

잎싹은 마당에서 살고 싶다. 마당은 동물에게 안전한 곳이다. 족
제비의 위협을 걱정하지 않아도 된다. 그러나 개는 잎싹에게 다시
닭장으로 돌아가 알을 낳으라고 소리친다. 자신은 집을 지키고 수
탉이 아침을 알리는 것처럼 모든 동물은 각자 해야 할 본분이 있다
는 것이다. 이를 지키며 사는 것이 바로 마당의 규칙이다. 개는 잎
싹의 행동이 잘못됐다고 비난한다. 그러나 잎싹은 양계장으로 돌
아가고 싶지 않다. 죽을 고비를 넘기면서 나온 마당이다. 어떻게
해서든지 견뎌야 한다. 개가 마당에서 재워 주지 않자 마당 끝에 있
는 아카시아나무 아래로 간다. 슬픔과 분노를 참으며 자신이 누울
자리를 파헤친다. 잎싹은 계속되는 동물들의 갖은 모욕과 멸시로
지쳐 간다.

양계장 문틈 사이로 봐 왔던 마당은 소망을 실현시켜 줄 수 있는
공간이었다. 그러나 이내 절망과 괴로움을 안겨 주는 곳으로 변해
버린다. 잎싹이 보여짐을 모르고 바라보기만 한 단계에서 만들어
진 허구의 공간이기 때문이다. 마당에서 충족되지 못한 결핍은 마
당 밖으로 나가고자 하는 또 다른 욕구를 불러일으킨다.

"세상에! 저게 뭐지?"
너무 놀라서 잎싹은 고개를 빼고 눈을 깜짝거렸다. 그리고 다시 얼른 고개
를 쑤셔 넣고 보았다.

"예쁘기도 해라!"

약간 푸른빛이 도는 흰 알이었다. ……(중략)……

"어미가 올 때까지만. 그때까지만이라도!"

잎싹은 덤불 속으로 들어가서 조심스레 알 위에 엎드렸다. ……(중략)……

잎싹은 눈을 의심했다. 하지만 눈앞의 일은 상상이 아니었다. 찔레 덤불 속에서 아기가 아장아장 걸어 나오지 않는가. (pp. 65-86)

잎싹은 마당 밖으로 나온다. 숲속을 거닐던 중 찔레 덤불에서 알을 하나 발견한다. 어미가 보이지 않는다. 이대로 두면 알이 상할지도 모른다. 주변을 두리번거리던 잎싹은 조심스럽게 알을 품는다. 따뜻한 온기가 전해진다. 한 번도 느껴 보지 못한 기분이다. 가슴 밑에 하나의 생명이 오롯이 자신을 의지하고 있다는 것이 신기하다. 늦은 오후, 날이 선선해지자 잎싹은 부리로 가슴 털을 뽑아 알을 따뜻하게 덮어 준다. 잎싹은 목이 멘다. 알을 품고 있다니 꿈만 같다.

얼마 후, 아기오리가 알을 깨고 나온다. 아장아장 걸어와 잎싹 앞에 선다. 너무 작고 앙증맞은 모습에 넋을 놓고 바라본다. 알 속에 아기가 있다고 생각했지만, 실제로 보니 더 감격스럽다. 잎싹은 달려가 아기오리를 날개로 감싸 안는다. 드디어 그토록 바라던 소망을 이루게 된 것이다. 지난날의 고생이 한순간에 사라지는 느낌이다. 잎싹은 아기오리에게 초록머리라는 이름을 지어 주고 어미로서의 삶을 산다.

숨이 딱 멎는 듯했다. 족제비였다.

'안 돼!'

어쩌다가 이런 실수를 했을까. ……(중략)……

'정신 차려, 나는 어미야!

이대로 당할 수는 없었다. 잎싹은 숨을 들이마시고 벼락같이 달려 나갔다.

"꼬꼬댁 꼬꼬꼭!" 저리 꺼져라!" (p. 129)

잠깐의 행복이었다. 마당 밖은 위험하다. 족제비가 항상 자신과 초록머리의 목숨을 노리고 있다. 잎싹은 자식을 지키기 위해 매번 목숨을 건 사투를 벌인다. 마당 밖은 잎싹에게 욕망을 충족시켜 준 공간이다. 하지만 여기에 불안전이라는 갈등을 동반하면서 결핍을 초래한다. 안전하지만 집단의 질서를 강요했던 마당과 소망을 실현시켜 주었지만 안전을 위협하는 마당 밖은 서로 대립하면서 잎싹에게 또 다른 욕망을 부추긴다.

믿을 수 없었다. 초록머리가 날갯짓하며 공중에 떠 있는 게 아닌가. 간신히 파닥거리는 것처럼 보였지만 분명히 날고 있었다.

"세상에! 네 날개가 어떻게 된 거니?"

"정말 굉장하지! 도망쳐야겠다는 생각뿐이었는데 몸이 떠오르잖아. 내가 날 수 있어!" (p. 131)

잎싹과 초록머리는 족제비의 공격을 받는다. 목숨을 건 혈투가 시작된다. 족제비가 초록머리를 잡아먹으려고 하자 잎싹은 있는

제5장 욕망이론

힘을 다해 부리로 공격한다. 그 순간 초록머리는 하늘로 날아오른다. 족제비를 피해 도망가다가 자신도 모르게 날아오른 것이다. 한번도 나는 것을 배워 보지 못한 초록머리는 기쁨에 소리친다. 잎싹은 초록머리를 보면서 가슴이 벅차올라 아무 말도 하지 못한다. 너무나도 자랑스럽고 대견하다. 그러나 초록머리가 하늘을 나는 순간 공간은 마당 밖에서 하늘로 이동하며, 잎싹에게 욕망의 충족이 아닌 헤어짐이라는 결핍을 안겨 준다.

양계장은 상상계로 바라보기만 하고 보여짐을 모르는 공간이다. 잎싹은 알을 낳자마자 품을 새도 없이 뺏겼지만 그것에 대해 어떠한 의문도 제기하지 않았다. 그러나 문틈 사이로 보이는 마당에서 자신과 똑같은 암탉이 알을 품고 병아리를 까서 데리고 다니는 모습을 보면서 타자를 의식하게 된다. 마당의 풍경을 본 순간부터 잎싹은 다른 암탉처럼 살고 싶다는 욕구를 갖는다. 그리고 이를 충족하기 위해 마당으로 나간다.

마당은 상징계로 집단의 질서와 규칙이 있는 공간이다. 동물들은 자신이 만들어 놓은 위계질서와 원칙을 강요하며 잎싹을 무시하고 외면한다. 양계장 문틈 사이로 봐 왔던 마당은 소망한 것을 실현시켜 줄 공간이었다. 그러나 현실에 직면했을 때 이내 좌절과 괴로움을 안겨 주는 곳으로 바뀐다. 잎싹은 마당에서 갈등을 일으키며 또다시 마당 밖으로 나가고자 하는 욕구를 느낀다.

마당 밖은 실재계로 욕망의 충족과 결핍을 동시에 안겨 주는 공간이다. 잎싹은 이곳에서 알을 품고 까서 데리고 다니는 소망을 이룬다. 그러나 자신과 초록머리의 목숨을 노리는 족제비에게 평생

「마당을 나온 암탉」

을 시달렸고, 성장한 초록머리와는 이별을 한다.

잎싹은 양계장, 마당, 마당 밖이라는 공간을 이동하면서 자신의 욕망을 충족하려 했다. 하지만 바라보기만 하고 보여짐을 몰랐기 때문에 매번 결핍을 느끼며 또 다른 욕망을 좇는다.

2. 타자의 욕망을 욕망하다

잎싹은 마당에 있는 암탉이 부럽다. 그녀처럼 살고 싶다. 그러나 그럴 수가 없다. 똑같은 암탉이지만 종이 다르기 때문이다. 잎싹은 왜 자신이 양계장에 갇혀 있고 암탉은 마당에 있는 건지 알지 못한다. 마당에 있는 암탉을 볼 때마다 왠지 모를 서러움과 분노를 느낀다. 더 이상 이렇게 무의미하게 살 수는 없다.

지금까지 잎싹은 상상계에 갇혀 자신의 삶을 수용하며 살아 왔다. 그러나 마당에 사는 암탉의 모습을 본 뒤부터 의식에 변화를 일으킨다. 언젠가는 알을 품고, 병아리의 탄생을 볼 수 있을 거라는 소망을 갖게 된다. 마당에 있는 암탉이 병아리와 다정하게 걷는 모습을 볼 때마다 양계장 밖을 나가고 싶은 욕구는 강해진다. 잎싹은 목숨을 건 탈출을 시도한다.

"내일 아침까지 저 암탉이 떠나지 않으면 가만있지 않겠어!"

횃대에서 암탉이 투덜거렸다.

"나는 요즘 신경이 날카로워지고 있어. 이제 곧 알을 품을 거란 말이야.

병아리를 까려면 어떤 일도 일어나선 안 된다고." ……(중략)……

　풍만한 몸과 윤기 흐르는 깃털에 단정한 볏. 마당의 암탉은 늠름한 수탉에게 잘 어울리는 짝이었다. ……(중략)…… 암탉이 몹시 부러웠다. 아름다운 모습에 알까지 품다니. 잎싹은 여태 몸맵시에 신경을 쓴 적이 없었다. 그래도 깃털이 빠져서 지금 자신이 몹시 볼품없다는 것을 알고 있었다. 갑자기 그 사실이 부끄러웠다. ……(중략)……

　"내가 돌담 위에서 한 번 더 홰를 치거든 이곳을 나가라. 나그네는 갈 곳이 마땅치 않아서 머물게 됐지만 너는 갈 곳이 있어. 닭장 말이야." (pp. 39-42)

　잎싹은 처음으로 암탉을 가까이에서 본다. 풍만한 몸과 윤기 흐르는 깃털 그리고 단정한 볏을 가진 모습이 아름답다. 그에 비해 자신의 모습은 초라하기 그지없다. 양계장에 있을 때까지만 해도 몸맵시에 신경 쓴 적이 없었다. 모든 닭이 그러한 모습이었기 때문이다. 그러나 암탉을 보면서 여기저기 깃털이 빠져 있는 몸이 볼품없다는 사실을 알게 된다. 양계장에 있었을 때는 아무렇지도 않았던 일이 마당에서는 창피하게 느껴져 서글픈 마음까지 들게 한다.

　암탉 옆에는 수탉이 있다. 수탉은 암탉이 최대한 편안한 환경에서 알을 낳고 품도록 배려한다. 한 집안의 가장으로 암탉을 보호하고 자식을 지키는 것이다. 잎싹은 어느 누구의 보호도, 배려도 받아 본 적이 없다. 항상 외롭게 양계장에서 알만 낳았다. 수탉 부부를 보면서 누군가를 사랑하고, 사랑받으며 산다는 것이 행복한 일이라는 생각을 한다. 암탉의 아름다움도, 수탉에게 보호받는 암탉도 양계장에서는 보이지 않았던 부분이다.

잎싹은 암탉과 같은 삶을 욕망한다. 암탉이 알을 품고 병아리를 까서 데리고 다니는 모습을 보면서 그렇게 할 수만 있다면 더 이상 바랄 게 없다고 생각했다. 그러나 암탉 부부를 보면서 생각이 달라진다. 자신도 아름다워지고 싶고, 사랑받고 싶다는 욕구를 드러낸다. 초록머리의 엄마, 아빠인 뽀얀 오리와 청둥오리도 그랬다. 가정을 이루고 새끼를 낳고 서로 사랑하고 사랑받으며 살았다. 이는 상징계에 있는 모든 동물의 자연스러운 현상이자 욕망이다. 난용종 암탉인 잎싹은 그들과 똑같은 삶을 살 수 없다. 그럼에도 상징계에 있는 타자의 욕망을 욕망하면서 충족할 수 없는 현실에 괴로워한다.

> "가족이라고? 나는 아기를 줄 생각이 없는걸."
> "뭐라고? 그러면 어쩌겠다는 거야? 넌 암탉인데."
> ……(중략)……
> "이 아기는 집오리보다 야생 오리를 더 많이 닮았어. 집오리로 길들이지 않으면 위험하게 살 거야. 나그네처럼 떠돌이로 살다가는 죽는다고." (p. 108)

잎싹은 집오리들과 갈등한다. 우두머리 오리는 잎싹에게 아기오리를 달라고 한다. 종이 다른 닭과 오리는 함께 살 수 없기 때문이다. 닭은 땅에서, 오리는 물에서 살아야 한다. 또한 무리와 함께 살아야 안전을 보장받을 수 있다. 혼자 돌아다니는 건 위험하다. 우두머리 오리는 상징계의 질서에 대해 이야기한다.

잎싹은 그의 제안을 거절한다. 아기오리를 집오리들에게 절대로

줄 수 없다. 알을 품고, 길러 보는 것이 유일한 소망이었다. 아기오
리를 품에 넣기까지 많은 시련과 아픔이 있었다. 힘든 과정을 겪으
면서 얻은 자식을 남의 손에 자라게 할 수는 없다. 잎싹은 자신의
욕망을 충족하기 위해 집오리들과 대립한다.

"닭들이 들판을 겁낸다고?"

"물론! 아, 너는 예외지. 하지만 다른 닭들은 뭘 기억할까? 자기 조상들이
새처럼 들판이며 하늘을 맘껏 휘젓고 다녔다는 것도 모를걸?"

"닭이 새처럼."

잎싹은 그 말을 믿을 수 없었다.

······(중략)······

"그런데 어쩌다가 날지 못하게 됐을까?"

잎싹은 날개를 쫙 펴 보았다. 갈대 높이만큼도 날아오를 것 같지 않은 날
개였다.

"그저 온종일 먹고 알이나 낳으니 그렇지. 날개는 초라해지고 엉덩이만
커질 수밖에. 그런데도 해의 목소리를 가졌다고 잘난체한다니까."

······(중략)······

"사실 내가 찾아온 건 아기 때문이야. 이렇게 사는 건 위험해. 그러니 헛
간으로 가자. 네가 싫다면 아기라도 보내 줘." (pp. 116~118)

우두머리 오리는 암탉의 무능함을 비판한다. 암탉은 날 수 있었
는데도 날개를 쓸모없게 만들어 버렸다. 하루 종일 먹고 알만 낳다
보니 엉덩이는 커지고 날개는 초라해졌다.

몸은 뚱뚱해지고 날개는 작아졌으니 더 이상 날 수 없게 된 것이다. 알을 낳고 품는 것이 최고의 가치라고 여겼던 잎싹에게 하늘을 나는 능력에 대해 언급한다. 잎싹은 우두머리 오리의 말을 듣고 날개를 펴 본다. 단 한 번도 의식하지 못했던 자신의 모습을 객관적으로 바라본다. 그리고 과거에 하늘을 날았다는 사실을 깨닫는다. 잎싹도 날 수 있는 새였던 것이다.

> "이러다가 집오리들이 끝내 받아 주지 않을까 봐 겁나. 나도 무리에 끼고 싶어."
>
> ⋯⋯(중략)⋯⋯
>
> 어쩌면 그때 양계장 부부의 말을 듣고도 못 들은 척한 것이 나았을지도 모른다. 초록머리가 날개 끝을 잘릴망정 집오리로 살 수는 있었을 테니까. 우두머리가 설득했을 때 못 이기는 척 아기를 보냈더라면 좋았을걸. (pp. 136-137)

잎싹은 초록머리와 갈등한다. 초록머리가 집오리들과 함께 살고 싶어한다. 동물들이 무리지어 살아가는 것은 하나의 욕구이다. 무리에서는 안전의 욕구, 인정의 욕구 등을 충족시켜 줄 수 있다. 그러나 잎싹은 상징계의 질서를 수용하지 않았다. 눈에 잘 보이지 않았기 때문이다. 상상계에 갇혀 자기가 원하고, 보고 싶은 것만 바라봤다. 하지만 초록머리가 괴로워하는 모습을 보면서 후회한다. 우두머리 오리의 말이 맞았다.

초록머리를 보고 있으면 쓸쓸하면서도 부러웠다.

······(중략)······

'닭은 날개를 포기해 버렸어. 어째서 볏을 가진 족속이라는 것만 기억했을까?' 볏이 사냥꾼을 물리쳐 주는 것도 아닌데.' (p. 134)

초록머리는 하늘을 날아오른다. 잎싹은 쓸쓸함과 부러움에 마음이 복잡하다. 이는 더 이상 자신과 함께 살 수 없다는 것을 의미한다. 또한 언제든지 족제비의 공격을 피해 도망갈 수 있다. 잎싹도 날개가 있다. 그러나 날지 못한다. 날개가 있는데도 날 수 있는 능력을 포기해 버린 자신의 무지함에 괴로워한다. 날 수만 있다면 초록머리와는 헤어지지 않아도 되고, 족제비는 더 이상 두려움의 존재가 되지 못한다. 초록머리는 잎싹에게 마당 밖 다른 세상이 있다는 것을 알려 주고, 하늘을 날고 싶다는 또 다른 욕망을 갖게 만든다.

'나도 가고 싶다! 저들을 따라서 날아가고 싶다!'

잎싹의 생각은 숨 쉬는 것만큼이나 간절했다. ······(중략)······

"한 가지 소망이 있었지. 알을 품어서 병아리의 탄생을 보는 것! 그걸 이루었어. 고달프게 살았지만 참 행복하기도 했어. 소망 때문에 오늘까지 살았던 거야. 이제는 날아가고 싶어. 나도 초록머리처럼 훨훨. 아주 멀리까지 가 보고 싶어!"

잎싹은 날개를 퍼덕거려 보았다. 그동안 왜 한 번도 나는 연습을 하지 않았을까. 어린 초록머리도 저 혼자 서툴게 시작했는데.

"아, 미처 몰랐어! 날고 싶은 것. 그건 또 다른 소망이었구나. 소망보다 더

225

간절하게 몸이 원하는 거였어." (p. 189)

초록머리가 잎싹을 떠난다. 자신의 종족인 야생 청둥오리 떼에 편입된다. 무리지어 생활하며 그들의 질서와 규칙을 따라야 한다. 초록머리는 떠나기 전 잎싹의 머리 위를 한 바퀴 돈다. 그리고 "엄마"라는 외마디 소리만 남긴 채 야생 청둥오리 떼와 함께 날아간다. 잎싹은 마지막 인사도 미처 나누지 못하고 멀리 사라지는 초록머리를 부르며 울음을 터뜨린다. 잎싹은 죽을 만큼 간절히 하늘을 날고 싶다. 하늘을 날아오르는 초록머리를 보면서 자신의 어리석음에 몸서리친다. 미처 깨닫지 못한 소망, 하늘을 날고 싶다는 욕망을 간절히 드러낸다. 이렇게 초록머리는 잎싹에게 날고 싶다는 욕망을 불러일으키며 실재가 아닌 허구가 되어 사라진다.

잎싹은 날개가 있는 암탉이다. 날개가 있었는데도 날고 싶다거나 날 수 있다는 생각 따위는 하지 않았다. 양계장 문틈 사이로 마당 밖을 목격하면서 단지 알을 낳아 품어 보고 병아리를 까서 데리고 다니는 암탉의 삶을 욕망했을 뿐이다. 그러나 하늘을 나는 초록머리를 의식하면서 자신을 객관적으로 돌아보게 된다.

닭은 날개가 있는데도 날았다는 기억을 하지 못한 채 살아왔다. 그로 인해 족제비의 위협에서 벗어날 수 없었고 항상 죽음의 공포에 떨면서 살아야 했다. 잎싹은 초록머리를 보면서 날고 싶다는 욕망이 알을 품고 싶다는 욕망보다 더 간절했다는 사실을 뒤늦게 깨닫는다.

잎싹은 암탉이 알을 품고 까서 데리고 다니는 모습을 보면서 어

226

미의 삶을 욕망했고, 수탉에게 사랑받는 암탉을 보면서 여인의 삶을 욕망했으며, 초록머리를 보면서 날고 싶다는 욕망을 갖는다. 이렇게 주변 타자들과 끊임없이 대립하면서 상징계의 질서를 하나씩 알아가고 그 속에서 자신이 가졌던 욕망의 실체가 실재가 아닌 허구임을 깨닫는다.

3. 욕망의 끝은 죽음으로

잎싹이 알을 품는다. 나그네는 그 모습을 한동안 말없이 바라본다. 그리고 잎싹을 위해 매일 물고기를 물어다 준다. 알을 품을 때 자리를 비울 수 없기 때문이다. 나그네는 자신과 뽀얀 오리 사이에서 난 알이라는 사실을 말하지 않는다. 오리 알이라고 하면 품어 주지 않을 거라고 생각한다. 나그네는 다른 종은 어울릴 수 없으며 같은 종끼리 살아야 한다는 타자의식을 가지고 있다. 이를 모르는 잎싹은 품고 있는 알을 뺏길까 봐 걱정한다.

나그네는 잎싹을 지킨다. 족제비의 시선을 다른 데로 돌리기 위해 밤새 한잠도 자지 않고 뛰어다닌다. 나그네는 아기오리가 알에서 깨어나면 헤엄치는 방법을 가르쳐 주고 싶다는 소망을 드러낸다. 아빠로서 자식에게 세상 살아가는 법을 알려 주고 싶었던 것이다. 자식을 위험에서 지키고 무언가 해 주고 싶은 부모의 욕구를 드러낸다.

"잎싹아, 너는 사려 깊은 암탉이니까 어떻게 하는 게 좋을지 알 거야. 알이 깨면 여기를 떠나. 그리고 저수지로 가는 거야. 마당으로 가지 말고. 달이 기울었듯이 족제비의 배도 비었다는 걸 잊지 마." ……(중략)……

'설마 족제비 때문에? 나그네가 밤마다 소란 피운 게 족제비 때문이었을까? 겁주려고? 어쩌면 그랬을지도 몰라. 맞아, 그랬던 것 같아!'

잎싹은 더욱 불안했고 정신이 말짱해졌다. (pp. 76-78)

나그네는 잎싹에게 알이 깨면 저수지로 가라고 말한다. 지금 품고 있는 것이 암탉의 알이 아니라 오리의 알이라는 것을 은연중에 드러낸다. 혹시 모를 상황을 대비해 앞으로 태어날 아기오리에 대한 당부의 말을 잊지 않는다. 그러나 결국 나그네가 족제비에게 죽는다. 아기오리가 부화하는 시간을 벌기 위해 먹잇감이 된 것이다. 잎싹은 지금까지 나그네의 모든 행동이 알을 지키기 위해 한 일이라는 걸 깨닫는다.

잎싹은 알을 품고 까서 데리고 다니는 것만을 소망하며 지금껏 살아왔다. 자식을 어떻게 키워야 하며 돌봐야 하는지 생각하지 않았다. 부모의 책임에 대해서는 인지하지 못했다. 나그네를 보면서 자식을 돌보는 방법과 태도에 대해 알게 된다. 잎싹은 상징계에 있는 부모의 욕망을 욕망하는 법을 배운다.

겁먹은 초록머리는 계속 날갯짓을 해 댔다. 잎싹은 발톱에 힘을 주고 털을 몽땅 곤두세웠다. 족제비와 눈이 마주쳤다.

"꼭꼬댁 꼭꼭꼭. 가만 두지 않겠어!"

잎싹은 죽을 각오로 말했다. ……(중략)……

족제비가 눈길을 돌리려는 순간, 잎싹은 쏜살같이 달려들었다. 마치 불길 속으로 달려드는 나방처럼. 그리고 앙칼지게 쪼았다.

"캬악!"

족제비가 비명을 지르며 초록머리 쪽으로 튀었다. (pp. 129-130)

잎싹은 족제비를 피해 다닌다. 초록머리와 함께 안전한 잠자리를 찾아다니며 고단한 삶을 이어간다. 그러던 어느 날 자신들이 있는 곳을 들키고 만다. 잎싹은 초록머리를 잡아먹기 위해 천천히 다가가는 족제비를 본다. 이때 그를 향해 벼락같이 달려든다. 잘못하면 자신이 죽을 수도 있지만 온 힘을 다해 족제비의 눈을 쪼아 버린다. 잎싹은 이전의 나약한 암탉이 아니다. 자식을 보호하고 지키는 강한 어미이다. 나그네가 자식을 위해 죽은 것처럼 잎싹도 목숨을 걸고 자식을 지킨다.

초록머리가 한쪽 발을 묶인 채로 버둥거리며 끌려갔다. 헛간에 묶이면 초록머리를 다시 보기는 어려울 것이다. 잎싹은 그렇게 살 수 없었다.

"꼭꼬댁 꼭꼭꼭, 그 애를 놔 줘!"

잎싹은 미친 듯이 달려갔다. 날개를 퍼덕이며 달려드는 암탉을 보고 주인 여자의 눈이 휘둥그레졌다. 잎싹은 싸움닭처럼 깃털을 곤두세우고 주인 여자를 쪼아대기 시작했다. ……(중략)……

"아가! 날아가라!"

잎싹이 외치자 초록머리가 힘차게 날아올랐다. (p. 150)

「마당을 나온 암탉」

초록머리는 고민 끝에 마당으로 들어간다. 오리 집단과 무리지어 살고 싶은 것이다. 하지만 양계장 주인 여자는 초록머리를 보자 발을 묶고 날아가지 못하게 한다. 날개 끝을 잘라 집오리로 만들려고 한다. 잎싹은 온 힘을 다해 주인 여자를 쪼아대기 시작한다. 이틈을 타 초록머리는 하늘로 날아오른다. 잎싹은 족제비뿐만 아니라 인간에게도 맞서며 초록머리를 지킨다.

초록머리는 자신의 정체성에 대해 고민한다. 꼬꼬 거릴 수도 없는데 엄마인 암탉을 따르고, 닮은 데가 많은 집오리에게는 업신여김을 당한다. 잎싹은 마당을 갔다 오고 난 후 자신을 외면하는 초록머리에게 섭섭함을 느낀다. 서운한 마음도 잠시, 집오리 무리에 끼고 싶어 저수지 주변을 서성이는 초록머리를 안쓰럽게 바라본다. 그리고 안정을 되찾을 때까지 기다려 준다. 나그네가 먼발치에서 새끼가 알을 깨고 나오기를 기다렸던 것처럼 잎싹도 초록머리가 자신에게 다가오기를 기다린다.

새 떼는 저수지 위를 빙빙 돌다가 차례차례 물로 내려앉았다. 잎싹과 초록머리는 다른 세상에서 온 나그네들을 넋을 놓고 바라보았다.

"나그네! 네 가족이 왔구나!"

잎싹은 자기도 모르게 중얼거렸다. ……(중략)……

"엄마, 왜 이렇게 가슴이 뛰지?"

초록머리는 아기처럼 잎싹의 날갯죽지에 얼굴을 묻었다. 생각지도 못한 광경에 감격한 모양이었다. (p. 159)

청둥오리 떼가 저수지에 몰려온다. 초록머리는 자신과 같은 족속인 오리 떼를 보고 왠지 모를 기쁨에 가슴 벅차한다. 그동안 무리에 끼지 못하고 떠돌이로 살면서 외롭고 쓸쓸했다. 그들과 함께 살수 있게 된다면 더 이상 방황과 고민은 하지 않아도 된다. 초록머리는 청둥오리 떼 주변을 맴돈다.

잎싹은 지금껏 초록머리를 데리고 살았다. 같은 종은 무리지어 살아야 한다는 집오리들의 말을 듣지 않았다. 그러나 초록머리가 청둥오리 떼와 살고 싶어 하는 모습을 보면서 더 이상 함께할 수 없다는 사실을 깨닫는다. 잎싹은 타자의식을 수용하며 초록머리가 무리에 편입하게 도와준다.

> 잎싹은 바짝 긴장했다. 가장 먼저 내려앉는 게 길잡이나 파수꾼이라면 초록머리가 바로 사냥감이었다.
>
> "녀석을 못 본 지 꽤 됐어. 그동안 굶었다면 독이 오를 대로 올랐을 거야!"
>
> 청둥오리 떼가 저수지 위를 돌고 있었다. 머뭇거릴 사이가 없다. 잎싹은 날개를 퍼덕이며 비탈을 내려갔다. ……(중략)……도대체 며칠이나 굶었는지 족제비는 가엾을 정도로 말랐다. 바람처럼 달려들던 옛날 사냥꾼의 모습이 아니었다. 게다가 언뜻 보인 배와 젖꼭지! ……(중략)…… 은밀한 굴속의 어린 것들. 배가 고파서 낑낑대던 네 발 가진 아기들의 어미가 바로 족제비였던 것이다. (pp. 178-180)

초록머리는 청둥오리 떼의 파수꾼이 된다. 잎싹은 청둥오리 떼가 야산을 넘어 돌아오는 소리를 듣고 갈대 밭으로 마중을 나간다.

「마당을 나온 암탉」

무리 생활을 하는 초록머리를 오랜만에 보는 것이다. 그때 족제비를 발견한다. 가장 먼저 내려앉는 게 길잡이나 파수꾼이다. 그렇다면 초록머리가 바로 사냥감이 된다.

잎싹은 정신없이 비탈길을 내려간다. 비탈에서 굴러도, 온몸이 마른풀과 나무에 긁혀도 아픈 줄을 모른다. 잘못하면 초록머리가 죽을 수도 있다. 잎싹이 소리치며 달려가자 족제비는 죽일 듯이 노려본다. 그런데 이상하다. 옛날 사냥꾼의 모습이 아니다. 불쌍할 정도로 말라 있었고 동작은 굼떴다. 순간 잎싹은 굴속의 어린 것들이 족제비의 아기들이었다는 것을 바로 알아차린다.

잎싹은 있는 힘을 다해 굴로 달려간다. 족제비가 눈치채고 서둘러 뒤따른다. 잎싹은 몸을 맞대고 있는 어린 것들을 움켜쥔다. 아직 털이 나지 않은 살덩이다. 정말 그렇게 하고 싶지 않았지만 내 자식을 살리기 위해서는 다른 방법이 없다. 족제비는 애원하듯 바라본다. 잎싹은 들쥐 무리가 있는 곳을 알려 주고 초록머리를 해치지 않겠다는 약속을 받아 낸다. 족제비는 먹이를 찾아 어둡고 추운 들판을 달려간다. 잎싹은 추위와 배고픔에 떨고 있는 아기를 측은하게 바라본다. 매번 자신과 초록머리를 죽음으로 몰아넣었던 족제비였다. 그런데 자식 앞에서는 그도 어쩔 수 없는 어미였던 것이다.

　　빈 하늘을 바라보는 동안 잎싹은 지독하게 외로웠다. 족제비의 눈이 잎싹에게 박힌 듯이 움직일 줄 몰랐다. 그러나 잎싹의 눈은 하늘 끝을 보려는 듯 점점 더 가늘어질 따름이었다. ……(중략)…… 이제는 더 도망칠 수가 없었다. 그럴 까닭도 없고 기운도 없었다.

232

"자, 나를 잡아먹어라. 그래서 네 아기들 배를 채워라."

잎싹은 눈을 감았다. 순간 목이 콱 조였다. 무척 아플 줄 알았는데 오히려 뼈마디가 시원해지는 느낌이었다.

'나를 물었구나, 드디어.' (pp. 189-191)

잎싹은 초록머리가 사라지고 없는 빈 하늘을 바라본다. 언젠가는 이런 날이 올 줄 알았다. 하지만 인사도 제대로 하지 못하고 헤어지자 서러움에 그만 울음이 터져 버린다. 초록머리가 자신을 두고 영영 가 버렸다. 잎싹은 초록머리를 지키기 위해 할 수 있는 모든 것을 다 했다. 사랑으로 키웠고, 족제비의 위협으로부터 끝까지 보호했으며, 청둥오리 집단에 편입할 수 있게 도와주었다. 잎싹은 나그네가 보여 준 부모의 삶을 욕망하며 초록머리를 길러냈다. 그러나 그토록 소망했던 실재가 허구가 되어 사라진다.

뒤에서 족제비가 노려본다. 초록머리가 사라지고 없는 지금 도망칠 이유도, 힘도 없다. 족제비에게 목을 물린다. 그 순간 배고픔과 추위에 떨고 있던 족제비의 새끼가 떠오른다. 자신을 잡아먹어 아기들의 배를 채울 수만 있다면 그 또한 좋은 일이라고 생각한다. 이렇게 잎싹은 욕망에 집착하며 살았던 삶의 끈을 놓아 버린다.

잎싹의 욕망은 양계장 문틈 사이로 마당 풍경을 목격하면서부터 시작된다. 만약 문이 닫혀 있었더라면 알을 품고 병아리를 데리고 다닐 꿈도 꾸지 않았을 것이다. 양계장 안에 갇혀 품지도 못할 알을 죽을 때까지 낳으며, 그것이 숙명이라고 생각했을 것이다. 양계

233

장 문틈은 자기 안에 갇혀 있던 잎싹에게 타자의식을 갖게 한 통로
였다.

잎싹은 욕망을 충족하기 위해 양계장에서 마당, 마당에서 마당
밖으로 공간을 이동한다. 그 안에서 만났던 타자들의 욕망을 욕망
하고 그 욕망을 삶을 지속시키는 원동력으로 삶았다.

마지막에 자신을 평생 괴롭혔던 족제비가 단순한 사냥꾼이 아닌
자식을 지키고자 한 어미라는 사실을 알게 된다. 자식을 위해 죽은
나그네와 평생 자식 옆을 지킨 자신 그리고 굶주려 있는 자식을 위
해 사냥을 하는 족제비가 서로 다르지 않다는 사실을 깨닫는다. 프
로이트가 욕망을 충족시키는 유일한 대상은 죽음뿐이라고 말했던
것처럼 끊임없이 타자의 욕망을 욕망하면서 삶았던 잎싹은 끝내
욕망을 충족하지 못하고 삶을 마감한다.

황선미(黃善美, 1963~)

충청남도 홍성군에서 태어났다. 그녀는 어린 시절 항상 바빴다. 행상을 하는 어머니를 대신해 동생을 돌보며 집안일을 도맡아 했다. 어느 날 수업을 마치고 집에 돌아가는 길, 한 교실을 꽉 채운 책과 이를 읽고 있는 아이들을 보게 된다. 이제껏 경험하지 못한 낯선 풍경이었다. 그렇게 '동화'와 인연을 맺는다. 하지만 어머니는 책 읽는 것을 반대하셨다. 초등학교 졸업 후 동생들을 뒷바라지하기를 바랐다. 결국 중학교에 입학하지 못하고 검정고시로 학교를 마친다. 이후 서울예술대학교, 광주대학교, 중앙대학교 대학원 문예창작과를 졸업했다. 현재 서울예술대학교 문예창작학과 교수로 재직하고 있으며, 동화작가로 활동하고 있다.

단편 『구슬아, 구슬아』(1955)로 아동문학평론 신인문학상, 중편 『마음에 심는 꽃』(1955)으로 농민문학상을 수상하며 문단에 데뷔했다. 주요 작품으로는 『마당을 나온 암탉』, 『나쁜 어린이표』, 『뒤뜰에 골칫거리가 산다』, 『일기 감추는 날』, 『들키고 싶은 비밀』, 『뻔뻔한 실수』, 『내 푸른 자전거』, 『앵초의 노란 집』 등이 있다.

작품에는 고단했던 어린 시절의 추억이 고스란히 담긴다. 삶과 죽음, 꿈과 사랑 등 깊은 주제 의식을 다룬다. 어떻게 살아가야 하는지에 대한 질문과 함께 자기성찰을 하게 만든다.

사실적이면서도 심리 묘사가 섬세하다. 간결한 어휘, 의성어, 의태어로 표현된 등장인물들은 마치 살아 움직이는 듯 생동감이 있다. 감정이입과 몰입감을 최고로 끌어올려 재미를 더한다.

「마당을 나온 암탉」

대표작 『마당을 나온 암탉』(2000)은 알을 품을 수 없는 난용종 암탉인 잎싹에 대한 이야기이다. 잎싹이 양계장과 마당 그리고 마당 밖을 오가며 어떻게 자신의 욕망을 충족, 변화, 발전시켜 나가는지 보여 줌으로써 주체 형성 과정의 가장 근원적인 문제를 지적하고 있다. 100만 부 이상 판매되었으며, 세계 28개국에 판권을 수출했다. 2011년에는 애니메이션으로 만들어져 전 연령대에 호평받았다. 이후 애니메이션의 주요 장면을 모아 그림동화책으로 재구성했다.

📖 김환영(1959~)

충청남도 예산에서 태어나 서울에서 자랐다. 홍익대학교에서 서양화를 전공했다. 만화, 애니메이션, 출판 미술 등 다양한 분야에서 경험을 쌓았다. 1990년대부터 본격적으로 책에 그림을 그리기 시작한다.

그린 책으로는 『나비를 잡는 아버지』(현덕 글), 『호랑이와 곶감』(위기철 글), 『해를 삼킨 아이들』(김기정 글) , 『종이밥』(김중미 글) 등 다수의 작품이 있다. 2009년 볼로냐 아동도서전에서 주빈국 일러스트레이터로 선정된 바 있다.

발생적 구조주의

문학사회학은 문학과 사회관계에 초점을 둔다. 문학 작품이 사회의 여러 요소가 복합적으로 결합되어 생겨난 것으로 보고, 문학적 사실을 사회학적 의미로 해석해 현실을 이해하고자 한다. 그러나 문학을 사회현상으로만 본다면 작품이 가지고 있는 내적 질서와 가치를 간과할 수도 있다. 이러한 측면에서 골드만(L. Goldmann)은 문학사회학의 관점을 좀 더 확장시켜 문학 작품 자체의 내용을 해치지 않고 사회의 관련 양상을 포괄적으로 이해할 수 있는 '발생적 구조주의(Genetic Structuralism)' 이론을 제시했다. 그는 루카치(G. Lukacs)의 마르크시즘과 피아제의 『발생적 인식론』을 바탕으로 문학과 사회 집단의 집합의식(collective consciousness)을 연계하여 작품을 이해하고자 하였다.

그는 인간의 행위를 환경과 상호작용하면서 제기되는 문제에 반응하는 것으로 보았다. 이때 행위는 두 방향으로 움직인다. 하나는 주변 세계와 일관된 균형을 찾거나, 다른 하나는 더 좋은 상태의 평형을 얻기 위해 주변 세계를 변화시켜 나간다. 그러므로 인간의 모든 행위는 의미 구조를 띠게 된다. 이를 이해하기 위해서는 더 넓은 의미 구조 속에 놓고 보아야 한다. 행위와 환경은 부분과 전체의 관계, 즉 변증법적으로 결합되어 있기 때문이다.

골드만은 위 내용을 전제로 문학 작품 분석을 위한 이론을 체계화했다. 등장인물들은 문제를 해결하기 위해 환경과 상호작용하면서 메시지를 전달한다. 행위가 환경에 반응하면서 변화되는 과정은, 작품의 의미 구조를 결정짓는다. 여기서 작품의 의미 구조를 찾는 것이 '이해(understanding)'이며, 이를 감싸고 있는 더 큰 구조인 사회와 연결시키는 것이 '설명(explanation)'이다. 의미 구조를 찾는 것이 구조 분석이며, 이것을 더 넓은 구조 속에 넣고 설명하는 것이 발생 분석이라 정의하고, 자신의 이론을 '발생적 구조주의'라고 불렀다. 그는 문학 작품을 하나의 사회현상으로만 보지 않고 출간될 당시 사회 집단의 집합의식과 연계하여 보다 심도 있는 의미 파악과 함께 이해의 폭을 넓히는 계기를 마련한다.

이 방법론은 역사적 시기에 작품을 결정짓게 만든 사회 집단의 집합의식과 작품구조의 '상동성(homology)'을 중요하게 다룬다. 두 관계를 통해 당시 그러한 작품이 산출되도록 허용해 준 요인을 밝혀내고자 한다. 다시 말하면 사회 집단의 집합 의식 안에 어떠한 변화나 움직임이 생겨나고 있는지 파악해 보는 것이다.

그림동화는 수세기를 거쳐 호평받고 있는 창작동화와 전래동화가 재구성된 것들이 상당 부분을 차지한다. 작품 중 일부는 편견적인 요소가 있다고 끊임없이 비판받으면서도 유아에게 읽히고 있다. 특히 『인어 공주』와 『신데렐라』는 여성을 남성에 종속시키고, 외모와 성 고정관념에 대한 이미지를 부각시켰다는 부정적 평가를 받고 있다. 그러나 교사들이 유아에게 들려주고 싶은 동화로 선호하고 있어 상반된 의견을 보인다.

문학에 담겨 있는 기호들은 시간의 흐름과 사회 변화에 따라 해석을 달리한다. 과거 독자에게 공감과 반향을 일으켰던 작품이 지금에 와서는 비난과 비판을 받으며 외면당하기도 하고, 당시에 외면당했던 작품이 개방적이고 혁신적이라고 평가받기도 한다. 현재

240

작품이 담고 있는 가치관 또한 미래에 비판의 대상이 될 가능성을 배제할 수 없다.

문학 작품은 사회 안에 있는 하나의 구성물이다. 그러므로 이를 이해하기 위해서는 그것이 구성된 맥락을 떠나 단자적인 요소만을 가지고 볼 수 없다. 좀 더 큰 구조 안에서 기능적 연관성을 밝혀낼 때 의미 파악이 가능해진다. 이 장에서는 작품 분석을 위해 발생적 구조주의의 주요 개념을 살펴보고자 한다.

1. 총체

총체는 전체(whole)를 말한다. 전체는 부분의 결합으로 이루어진다. 여기서 세부 사실들을 모아 놓는다고 해서 전체의 윤곽이 드러나지 않는다. 그것이 무엇인지를 알기 위해서는 각각의 항목들의 연관성을 살펴보지 않으면 안 된다. 다시 말하면 사실에 기초해서 어떤 것을 알기 어렵기 때문에 그 사실들을 보다 큰 전체 속에 넣고 조망해 보아야 한다. 이때 부분과 전체의 관계는 고정되어 있는 것이 아니라 구조화/탈구조화의 과정을 거치며 변화, 발전한다.

골드만은 변증법적 사고의 원리를 다음과 같이 설명한다. 경험적 사실의 지식을 전체에 통합하지 않으면 표면적인 것이 된다. 통합이야말로 추상적인 것을 구체적으로 드러낼 수 있다. 그러므로 어떤 사실을 이해하기 위해서는 그것을 큰 틀 속에 놓아야 한다. 사실을 설명하려는 순간 자연스러운 해석이 일어나 무엇을 말하는지 알게 된다. 이것은 역사적 사건, 문학 작품 등을 분석할 때도 해당한다.

작가는 전체 안에서 움직이는 존재이므로 작품은 전체와 연관되어 있다. 작품은 개인적인 것이면서 동시에 사회적인 것이 된다. 이는 작가의 주관적인 의도가 작품의 객관적 의미와 반드시 일치하지 않을 수도 있다는 것을 뜻한다. 개인의 행동을 전체, 즉 사회체제 속에 놓고 보아야 이해할 수 있듯이, 부분적인 사실이 전체 속에 놓일 때 의미를 갖기 때문이다.

세상의 모든 부분은 밀접하게 연관되어 있다. 각각의 부분은 눈에 잘 보이지 않는 고리로 연결되어 있어서 전체를 모르면 부분을 알 수 없고 부분에 대한 지식 없이는 전체를 볼 수 없다. 그러므로 자신이 알고자 하는 것이 있을 때 그것과 연관된 다른 것과 그것이 속한 전체를 보아야 한다. 다시 말하면 모든 것은 결과인 동시에 원인이 된다. 파스칼(B. Pascal)은 변증법적 사고에서 부분과 전체 사이에 항상 원(circle)이 존재한다고 본다.

과거 농경사회에서는 출산율이 높았다. 자식은 풍요로움의 상징이며, 노동력이었다. 그러나 아이를 키운다는 것은 쉬운 일이 아니었다. 사람들은 가난했고 굶는 날이 많았다. 아이가 제대로 성장하기에는 어려운 환경이었다. 그럼에도 산아를 제한하지 않았다. '자기 먹을 것은 가지고 태어난다.'는 말이 있을 정도로 미래에 대해서 걱정하지 않았다. 사람들의 삶은 더욱 힘들어지고 피폐해져 갔다.

사회 집단의 의식은 산업화되고 도시화되면서 점차 변한다. 아이는 풍요로움의 상징도, 노동력도 아닌 하나의 주체로서 잘 키워야 한다는 생각이 점차 확대된다. 시간이 지나 이제 더 이상 많은 아이를 낳아 고생시키지 않겠다는 의식이 자리 잡는다.

현재는 산아제한이 아닌 출산장려의 표어가 넘쳐난다. 우리나라 출산율은 전 세계 최하위를 달리고 있다. 이는 심각한 사회문제로 대두되고 있다. 자식을 많이 낳으면 좋다는 시대에서 더 이상 낳을 필요가 없다는 지금에 이르기까지, 집단들은 사회체제 안에서 끊임없는 상호작용을 통해 인간의 행위를 변화시켜 나가고 있다. 사회는 살아 움직이며 변화 발전하는 실체로, 인간이 삶을 구성하는 과정으로 이루어진다. 이와 같이 출산율의 변화에 대해 이해하기 위해서는 사회체제를 알아야 한다. 정적인 객체가 아닌 동적인 객체로 출산율에 어떠한 역할을 했는지 생각해야 하는 것이다.

사회는 상호작용을 하고 있는 상대적인 총체들로 이루어져 있다고 해도 과언이 아니다. 인간의 행위는 일관성 있는 구조를 유지하거나 상대적인 총체를 창조 또는 파괴하기도 하면서 무언가를 만들어 간다. 이러한 움직임은 집단의 범주 안에서 행해지기 때문에 행위 주체는 집단으로서의 주체이며 세계관을 형성하는 것도 집단을 통해서 가능하다. 이때 총체라는 개념은 구조와 역사라는 두 가지 차원을 내포한다. 역사는 총체를 토대로 하나의 통합된 사회화 과정으로 나타난다. 이는 한쪽으로 치우친 집단의 정신구조에 비판적 해석의 수준을 제공한다. 그러므로 연구될 사회현상은 전체, 즉 사회체계의 측면에서 봐야 한다. 그 이유는 전체 내에서 사회현상이 가능하기 때문이다. 로트만(M. Lotman)은 총체를 기호체계 또

243

는 문화라고 불렀다.

2. 세계관

세계관은 한 집단의 구성원이 공유하는 감정, 소망, 사고의 경향을 의미한다. 환경에 적응하면서 발전시킨 공통적인 '정신구조의 총체'로 구성원들을 결합시켜 주거나 대립시키는 전체적으로 복잡한 생각이다. 이러한 세계관은 행동의 기능을 갖는데, 집단 의식을 합리적이며 비판적이고 통일성 있게 만든다.

사회 집단은 공통의 신념체계 또는 이데올로기를 함께 공유하는 개인들로 이루어진다. 구성원들은 서로 의식을 교류하면서 자신의 위치에서 그들이 사는 사회에 대한 세계관을 가지게 된다. 이것은 주어진 조건 가운데 비슷한 경제적, 사회적 상황에 처해 있는 사람들에게 부과된다. 동일한 사회 집단뿐만 아니라 서로 다른 문화와 집단에서도 공유될 수 있다. 이러한 이유는 일련의 이념적이고 지적인 문제를 공통적으로 갖고 있기 때문이다.

유교주의 문화에서 남아선호사상은 뿌리 깊었다. 결혼한 여자는 아들을 낳아야만 자신의 본분을 다하는 것이었다. 남자들이 제사를 지냈다. 그런데 아들을 낳지 못하면 더 이상 제사를 지낼 수 없게 된다. 다시 말하면 그 집안의 대가 끊어지는 것으로 가문의 종식을 의미한다. 아들을 낳지 못하면 평생 죄인 취급을 받으며 살아가야만 했다. 이러한 집단의 세계관은 몇몇 유교 문화권의 나라에서 수세기 동안 여자를 옭아매며 괴롭혔다.

부계 중심의 호주제 폐지는 집단의 세계관을 빠르게 분화시켰다. 아무리 세상이 변했어도 아들은 낳아야 한다는 생각과 더 이상 자식의 성별은 의미 없다는 세계관이 대립하게 된다. 집단이 가지고 있는 세계관은 절대적으로 옳지도, 우위에 있지도 않다. 왜냐하면 고정된 세계관과 불완전한 세계관은 상호작용하면서 역동적으로 발전하기 때문이다. 결국 작품의 의미 구조를 밝혀 줄 수 있는 것은 삶이 단편적이고 우연적인 요소가 많은 개인이 아니라 집단의 층위이다.

문학 연구에서 집단의식의 도입은 중요하다. 사회 집단을 토대로 생성되는 세계관은 작품의 의미 구조를 설명할 수 있는 포괄적인 구조를 제공한다. 그뿐만 아니라 객관적이고 제어할 수 있는 도구로서 하나의 작품 속에서 우연적인 것과 본질적인 것을 분별하게 해 준다. 이는 집단의식의 충돌이 있는 현실 세계와 문학 작품과 같은 미학적 세계를 연결시키는 매개적 기능을 수행한다는 것을 의미한다. 세계관은 작가 개인이 아닌 사회 집단의 산물이므로 사회 집단이 창작의 주체라고 할 수 있다.

따라서 문학 작품은 다음과 같은 필연적 결합으로 이루어진다. 먼저, 경험적 현실로서의 세계관과 작가에 의해 창조된 세계의 결합이다. 다음으로, 창조된 세계와 이를 표현하기 위해 사용한 문학 고유의 방법과의 결합이다. 이 결합은 문학 연구에서 두 가지 과제를 부여한다. 하나는 작품을 특징짓는 의미 구조를 발견하고 그것의 세계관을 정의하는 것이다. 다른 하나는 작품에 드러난 세계관이 어떤 사회적 혹은 개인적 이유로 왜, 그 시기에 그러한 방식으로 표현되었는가를 파악하는 일이다.

3. 가능의식

가능의식(conscience possible)은 사회 집단의 정신적 범주에 잠재되어 있는 가능한 시각을 말한다. 개인은 여러 집단에 동시에 소속되어 있기 때문에 한 집단에 일률적으로 사고가 묶여 있지 않다. 그들의 의식은 복잡하고 일관성 없는 구조를 갖게 된다. 그런데 동일한 집단에 소속된 개인들을 하나의 집단으로 보면, 개인이 속해 있는 서로 다른 사회 집단들의 영향과 심리적 요소들은 상쇄되어 훨씬 단순하고 일관된 의식구조로 나타난다.

사회 집단은 개인과 환경이 맺는 여러 문제에 일관성 있게 반응을 보이려고 하는 지적, 정서적, 실천적 경향을 구조화하는 과정에 있다. 이 과정에서 한 집단은 일관성을 향해 나아갈 때 복잡한 이해 관계에 부딪친다. 작가는 집단의 복잡한 정신구조를 일관성을 띤 형태로 만들어 낸다. 집단의식을 최대한 일관되게 끌어올려 객관화하고 개인들이 지닌 여러 경향성의 가능의식을 객관적 가능성에 도달하게 한다. 그리고 다양한 집단의 세계관을 만들어 가면서 집단을 이루는 개인들의 의식과 무의식의 수준에서 어떤 시도가 가능하고 불가능한지를 판단한다. 다시 말하면 집단의 세계관에 질적인 변화가 없다면 개인들의 활동이 얼마만큼 기능적인 채로 남아 있는지를 파악해 봄으로써 의미 구조를 이해할 수 있다.

과거 여자들은 가사를 전담했다. 육아와 살림은 당연히 그들의 몫이었다. 집단은 여자가 사회생활을 한다는 것을 터부시했다. '암탉이 울면 집안이 망한다.'라는 말이 있을 정도로 순종과 복종 그리고 조용함을 미덕으로 보았다. 여자들은 당시 사회 집단이 가지고 있던 세계관을 따랐다. 시대가 변하면서 여자들도 사회에 진출해 경제활동을 할 수 있다는 것을 보여 준다. 그러나 결혼이라는 장벽을 만나면서 한계를 드러낸다. 대부분 결혼과 동시에 직장을 그만두고 가사와 육아에 전념했다. 집단의 세계관을 극복하지 못했던 것이다.

여기서 주목해야 할 것은, 여자들이 집단의 세계관에 동조하면서 자신이 원했던 삶을 포기했다는 것이 아니라, 집단의 세계관에 변화를 일으켰다는 것이다. 여자도 경제활동을 할 수 있고, 남자도 육아와 가사에 참여해야 한다는, 가능의식의 세계를 보여 주었다. 가능의식은 변증법적 합성 과정을 거치면서 더욱 견고해지고 단단해져 전면에 드러난다. 즉, 새로운 세계관이 나타난다. 이렇게 하나의 가능의식은 새로운 세계관을 형성시키고, 새로운 세계관은 사회를 변화시켜 나가면서 또 다른 가능의식을 싹틔운다. 이러한 과정은 끊임없이 반복, 순환하면서 사회를 성장시킨다.

4. 상동성

　상동성은 문학 작품의 구조가 한 사회 집단의 집합의식과 같거나 어떤 관계가 있음을 뜻한다. 이는 발생적 구조주의에서 문학 작품에 적용된 이해와 설명의 과정에서 파악해 볼 수 있다. 문학 작품의 구조적 일관성(이해 수준)은 보다 광범위한 구조 안에서 기능적 일관성(설명 수준)을 갖는다. 두 수준의 일관성은 왕복 과정을 통해 드러난다. 이러한 순환은 상동적 연관성으로 구성되어 있으며 의미구조라는 관점에서 이해된다.

　골드만은 문학 작품의 의미 구조를 이루는 인간의 행위를 사회적 수준에서 설명하기 위해 피아제의 『발생적 인식론』을 인용한다. 아이는 강아지에 대한 도식을 가지고 있다. 강아지는 귀엽고, 털이 부드럽고, 꼬리를 흔들며, 멍멍하고 짖는다. 길을 가다가 고양이를 본다. 아이는 고양이를 강아지라고 말한다. 자신이 가지고 있던 강아지에 대한 도식에 고양이에 대한 도식을 동화시킨다. 즉, 새로운 도식을 기존 도식에 맞춘다.

　엄마는 강아지가 아니라 고양이라고 말한다. 순간 아이는 자신이 알고 있던 강아지와 무언가 다르다는 것을 느낀다. 날카롭고, 야옹거리며, 꼬리를 흔들지 않는다. 차이를 느낀 아이는 조절작용을 통해 동화되었던 도식을 분리하기 시작한다. 마지막에 강아지와 고양이에 대한 도식 둘 다를 갖게 된다. 다시 말하면 평형화는 두 개의 서로 다른 도식이 분할되는 것으로, 지식의 발달을 의미한다.

인지 발달과 마찬가지로 인간의 행위는 '동화'와 '조절'을 끊임없이 반복하면서 환경과 일관된 균형을 찾으려는 주체와 주체로 하여금 균형을 재구조화하도록 하는 사회적 맥락과 연계를 이룬다. 사회학의 인식론에서 지속적인 동화(구조)와 조절(탈구조화)의 과정이 존재하며 이러한 과정은 상대적 균형, 즉 상대적 인과성으로 귀결된다.

가능의식에서 보았듯이, 과거 여자들은 육아와 가사를 자신이 해야 할 일이라고 생각했다. 불합리하고 부당하다고 여겼지만 집단의 세계관에 동조하며 숙명으로 받아들였다. 그러나 그 안에서는 작은 변화의 움직임이 있었다. 누군가는 남자와 대등하게 경제활동을 하면서 집단의 세계관에 반하는 행동을 했다. 하지만 사고의 전환을 꾀했던 여자들도 결혼과 동시에 직장을 그만두고 육아와 가사에 전념하는 행동을 보인다. 이와 같이 주체는 사회체제 안에서 동화와 조절 과정을 거치며 집단의 세계관에 동조하는 모습을 보인다. 결국 개인의식과 행위는 집단의 범주 안에서 이루어진다.

이상의 내용을 종합해 문학 작품의 의미 구조를 살펴보면 다음과 같다. 사건을 이끌어 가는 주인공은 집단의 세계관 속에서 동화와 조절을 통해 행위의 평형화를 이룬다. 이는 문학 작품이 출간될 당시 사회 집단의 집합의식과 관계를 맺으며 의미 구조를 결정한다.

문학 작품의 의미 구조는 문제의 도입, 전개, 해결의 틀 안에서 형성된다. 왜냐하면 주인공은 문제를 풀어 나가면서 행위에 변화를 일으키기 때문이다. 문제가 도입되면 가능의식을 가진 주인공

은 환경에 적응하면서 등장인물과 상호작용을 한다. 문제가 전개
되면 갈등은 심화되고, 행위에 동화와 조절이 일어난다. 문제 해결
단계에서 집단의 세계관에 동조하는 모습을 보이며 행위의 평형화
를 이룬다. 다시 말하면 주인공은 가능의식을 가지고 집단의 세계
관에 변화를 꾀하지만 이를 극복하지 못하고 그들이 원하는 대로
문제를 해결한다. 이 모든 과정은 문학 작품이 출간될 당시 사회 집
단의 집합의식과 맥을 같이 한다. 마지막에 주인공의 가능의식은
집단의 세계관에 남아 작품에서 주고자 하는 메시지를 전달한다.

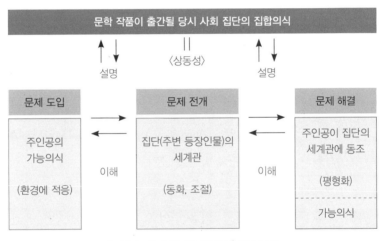

[그림 6-1] 문학 작품의 의미 구조 모형

『인어 공주』

–이루어질 수 없는 사랑–

•

"하루만이라도 인간이 될 수 있다면
제게 남은 삼백 년의 세월을 주어도
아깝지 않을 것 같아요.
그래서 찬란한 세계로 갈 수만 있다면 말이에요."

•

한스 크리스티안 안데르센 글

인어 공주는 용왕의 막내딸이다. 바닷속 세계에서 모든 이의 사랑을 받으며 풍족하고 화려한 삶을 산다. 그러던 어느 날 배 위에서 생일잔치를 하고 있는 왕자를 보게 된다. 인간 세계에 호기심이 많았던 인어 공주는 그날 이후 인간이 점점 더 좋아진다. 한 남자의 사랑을 얻으면 인간이 될 수 있다는 말에 왕자의 사랑을 얻기로 결심한다. 급기야 마녀에게 목소리를 내어 주고 두 다리를 얻어 인간 세계로 진입한다.

인어 공주는 왕자의 사랑을 얻기 위해 노력한다. 처절하리만큼 애를 쓰지만 왕자는 관심이 없다. 마음에 품은 여인이 따로 있다. 그 여인은 해변에 쓰러져 있던 왕자를 발견한 사람이다. 자신의 생명을 구해 주었다고 생각한 왕자는 그녀를 사랑하게 된다. 인어공주는 절망한다. 바다에 빠진 왕자를 구한 사실을 말할 수 없기 때문이다. 하지만 이내 정신을 차리고 그의 마음을 돌리기 위해 마지막 온 힘을 다한다.

얼마 후, 왕자는 부모님의 권유로 이웃 나라 공주를 만나러 간다. 그런데 그 공주가 바로 해변에서 도움을 준 여인이었다. 왕자는 공주와 행복한 결혼식을 올리고, 사랑을 얻지 못한 인어 공주는 물거품으로 사라진다.

만약 인어 공주가 "내가 바다에 빠진 당신을 구해 주었습니다."라고 왕자에게 말했다면 과연 그 사랑을 받아 주었을까? 인어 공주는 아무런 목적 없이 순수하게 왕자만을 사랑했을까? 인어 공주가 왕자의 사랑을 얻지 못하고 왜 물거품으로 사라져야만 했는지 동화는 다음과 같이 말하고 있다.

제6장 발생적 구조주의

1. 왕자와 결혼하고 싶어요

인어 공주는 인간 세계의 사람이 아니다. 얼굴과 상체는 사람 형상을 하고 있지만 하체는 물고기 지느러미가 있는 반인 반어이다. 그러나 바닷속 세계에서만큼은 용왕의 막내딸로 모든 것을 누리며 남부럽지 않은 삶을 산다. 어느 날 난파된 배에서 대리석으로 만든 아름다운 소년의 조각상을 발견하면서부터 인간에 대해 호기심을 갖게 된다.

인어 공주는 바다 위 세상이 궁금하다. 바닷속과는 어떻게 다른지, 어떤 모습인지 알고 싶은 게 많다. 할머니는 공주들에게 인간, 도시, 배, 식물 등에 대해 이야기해 준다. 꽃은 향기가 있고 새들이 노래를 부른다는 말에 인어 공주는 깜짝 놀란다. 자신이 사는 곳과는 너무나도 다른 모습에 흥분을 감추지 못한다. 하루빨리 바다 위로 올라가 인간 세계를 구경하고 싶다. 그러나 할머니는 열다섯살이 될 때까지 갈 수 없다며 만류한다. 바다 위로 올라갈 날만을 손꼽아 기다리던 인어 공주는 드디어 열다섯 번째 생일을 맞이한다.

인어 공주는 붉은 노을로 물든 구름과 빛나는 저녁 별로 반짝이는 하늘을 본다. 처음으로 느껴 보는 맑은 공기와 상쾌한 바람이다. 자신이 상상했던 것보다 훨씬 더 아름답다. 그때 마침 배 위에서 열여섯 번째 생일잔치를 하고 있는 왕자를 발견한다. 대리석 조각상으로만 봤던 실제 인간의 모습이다. 두 다리로 서 있는, 까만 눈을 가진 멋진 왕자는 단숨에 인어 공주의 마음을 사로잡는다.

그런데 갑자기 파도가 거세지더니 검은 구름이 하늘을 뒤덮는다. 폭풍에 흔들리던 배는 두 쪽으로 갈라지고, 왕자는 깊은 바닷속으로 빠진다. 그 모습을 본 인어 공주는 왕자를 구해 해변에 내려놓는다. 잠시 후 한 아가씨가 왕자를 발견하고 사람들을 데리고 온다. 인어 공주는 몰래 숨어 교회 안으로 사라지는 왕자를 슬프게 바라본다. 이렇게 짧은 순간 왕자를 만난 인어 공주는 그를 알지 못한 채 헤어진다.

> 인어 공주는 인간이 점점 좋아졌습니다. 바닷속보다 훨씬 넓은 인간 세계에서 살고 싶었지요. 사람들은 배를 타고 바다를 마음껏 돌아다니고 구름 위로 솟은 높은 산도 오를 수 있으니까요. 또 사람들이 사는 나라에는 숲과 들이 끝없이 펼쳐져 있었지요. ……(중략)……
> "하루만이라도 인간이 될 수 있다면 제게 남은 삼백 년의 세월을 주어도 아깝지 않을 것 같아요. 그래서 찬란한 세계로 갈 수만 있다면 말이에요."
> (p. 36)

인어 공주는 왕자를 본 후 인간이 점점 더 좋아진다. 매일 밤 바다 위로 올라가 왕자가 있는 성 주변을 맴돌면서 인간 세계를 동경한다. 바다 위는 바닷속처럼 좁은 곳이 아니다. 산과 바다와 숲과 들이 끝없이 펼쳐져 있고, 어디든 자유롭게 돌아다닐 수 있는 찬란한 세상이다. 인어 공주는 자신이 사는 곳을 벗어나 인간이 누리는 삶을 살고 싶어 한다.

인간 세계에 대해 궁금한 것이 많아진 인어 공주는 할머니에게 인

제6장 발생적 구조주의

간과 인어의 죽음이 어떻게 다른지 묻는다. 인어는 삼백 년을 살 수 있지만 영원한 영혼이 없어 한 번 죽으면 물거품이 되어 다시 태어날 수 없고, 인간은 수명이 짧지만 영원한 영혼이 있어 다시 생명을 얻을 수 있다고 말한다. 인어 공주는 영원한 영혼이 있는 인간이 되고 싶다. 자신이 향유할 수 있는 삼백 년의 시간을 주고서라도 인간으로서의 단 하루의 삶을 간절히 원한다. 인어 공주는 꼬리를 보면서 왕자처럼 영원한 영혼을 가질 수 없다는 사실에 괴로워한다. 꼬리가 있는 한 인간 세계로 진입하는 건 불가능하기 때문이다.

> "넌 걸을 때마다 날카로운 칼로 찌르는 듯 고통을 느낄 거야. 그래도 괜찮다면 도와주지."
>
> "네, 참겠어요."
>
> "사람이 되면 다시 인어로 되돌아올 수 없어. 다시는 언니들과 아버지가 사는 용궁에 내려올 수가 없지. 그리고 왕자가 너를 부모보다 더 사랑하고 네 생각만 하며 너를 아내로 맞이하겠다고 약속하지 않으면 영원한 영혼도 얻을 수 없어. 왕자가 다른 아가씨와 결혼하면 다음날 네 심장은 산산조각이 나서 물거품이 되고 말 거야."
>
> "그래도 하겠어요." ……(중략)……
>
> "네 목소리를 내게 줘야 해. 귀한 물약을 얻으려면 가장 귀한 것을 주는 건 당연하잖아!" (p. 40)

인어 공주는 마녀를 찾아간다. 마법의 힘을 빌려서라도 인간이 되고자 결심한다. 마녀는 꼬리를 인간의 다리로 바꾸어 주는 대신 아름다운 목소리를 달라고 한다. 인어 공주의 혀를 자르겠다는 것이다. 그뿐만 아니라 물약을 마신 후 꼬리가 다리로 변할 때, 매 순간 걸을 때마다 칼날로 온몸을 찌르고, 날카로운 칼에 베이는 듯한 고통을 참고 견뎌야 한다. 육체적, 정신적 고통 그리고 죽음의 공포와 두려움을 감내해야 한다. 인어 공주는 마녀가 하는 말을 모두 수용한다. 인간이 되기 위해 자신의 모든 것을 건다.

인간의 형상을 했다고 해서 문제가 해결되는 것은 아니다. 완전한 인간이 되기 위해서는 왕자의 사랑을 얻어야만 한다. 마녀는 왕자가 부모보다 인어 공주를 더 사랑하고, 인어 공주만 생각하며, 아내로 맞이하겠다고 신께 약속해야만 영원한 영혼을 얻을 수 있다고 말한다. 절대적인 사랑이다.

왕자는 왕족이다. 왕자가 왕족과 귀족 출신이 아닌 신분이 불명확한 여자와 결혼한다는 것은 거의 불가능한 일이다. 만약 인어 공주를 아내로 맞이한다면 서로 다른 신분과 결합할 수 없다는 집단의 세계관에 맞서 싸워야 한다. 사랑을 위해 자신이 가진 모든 기득권을 포기할 각오가 되어 있어야만 하는 것이다. 인간 세계에서 왕자의 사랑을 얻는다는 것은 결코 쉬운 일이 아니다. 이러한 현실을 알지 못하는 인어 공주는 사람의 형상을 하고 노력만 하면 자신이 원하는 것을 얻을 수 있을 거라 생각한다.

시녀들은 아름다운 음악에 맞춰 경쾌하고 우아하게 춤을 추었습니다. 그러자 인어 공주도 백옥처럼 아름다운 팔을 들어올리고 발끝으로 누구도 따라 할 수 없을 만큼 우아하게 춤을 추었습니다. ……(중략)…… 공주와 왕자

제6장 발생적 구조주의

는 함께 높은 산에도 올랐습니다. 인어 공주의 연약한 발에서 피가 흘렀어요. 사람들이 보고 걱정을 하면 아무렇지도 않은 듯 유쾌하게 웃으며 왕자 뒤를 따라 높이 올라갔습니다. (p. 44).

인어 공주는 인간 세계에 진입한다. 꿈에 그리던 왕자를 만나 궁에서 생활한다. 인어 공주는 왕자의 사랑을 얻기 위해 온 힘을 다한다. 다른 여자들보다 더 아름답게 춤추고, 같이 산에 오르며, 말을 타기도 한다. 그가 가는 곳이면 어디든 따라다니고, 그가 좋아하는 것이라면 늘 함께한다. 왕자의 사랑을 얻을 수만 있다면 한 발짝 한 발짝 움직일 때마다 바늘에 찔리고 칼에 베이는 듯한 엄청난 고통쯤은 참고 이겨 낼 수 있다. 이를 알지 못하는 왕자는 인어 공주의 우아한 걸음걸이와 그윽한 눈빛의 아름다운 모습에 늘 감탄하며 칭찬을 아끼지 않는다. 그러나 그뿐이다.

왕자는 인어 공주를 사랑하지 않는다. 단지 마음씨 곱고 헌신적인 귀여운 여동생으로만 대한다. 꿈에도 왕자비로 맞을 생각이 없다. 마음에 품은 여인이 따로 있다. 그 여인은 해변에 쓰러져 있던 왕자를 발견하고 도움을 준 사람이다. 자신의 생명을 구해 주었다고 생각한 왕자는 그녀를 사랑하며, 결혼하고 싶다는 마음을 드러낸다.

인어 공주는 절망한다. 목소리를 잃어버려 바다에 빠진 왕자를 구해 준 사실을 말할 수 없기 때문이다. 하지만 이대로 포기할 수는 없다. 이내 곧 정신을 차리고 그의 마음을 돌리기 위해 더 많은 노력을 한다. 매일 곁에서 더 잘 돌보고 더 많은 사랑을 준다. 사랑을 얻기 위해서라면 자신의 목숨까지 내놓을 각오를 한다.

언니들이 말했습니다.

"네가 오늘 저녁 죽지 않게 하려고 마녀에게 우리 머리카락을 모두 주었어. 마녀가 이 칼을 주었단다. 어서 받아. 날카로우니까 조심해. 해 뜨기 전에 칼로 왕자의 심장을 찔러야 한단다. 왕자의 뜨거운 피가 네 발에 떨어지면 발이 다시 꼬리로 변해 예전처럼 인어가 될 수 있어." ……(중략)……

인어 공주는 칼을 멀리 파도 속으로 던져 버렸습니다. 칼이 떨어지자 핏방울이 솟아나듯 붉은 물방울들이 튀어 올랐습니다. 인어 공주는 흐릿해진 눈으로 왕자를 마지막으로 바라본 뒤 바다에 몸을 던졌습니다. 공주의 몸이 스르르 풀리며 물거품이 솟아났습니다. (pp. 49-50)

결국 인어 공주는 사랑을 얻지 못한다. 왕자는 결혼하기 위해 이웃 나라 공주를 만나러 간다. 그런데 그 공주가 바로 해변에 쓰러져 있던 왕자에게 도움을 준 아가씨였다. 그토록 그리워했던 아가씨가 이웃 나라 공주로, 신붓감으로 나타난다. 왕자는 기뻐하며 배 위에서 성대한 결혼식을 올린다.

인어 공주는 왕자가 진심으로 사랑하지 않았다는 것을 알고 있었다. 자신을 바라봐 주지 않는 왕자 때문에 매일 고통에 시달렸다. 어떻게 해서든지 그의 마음을 얻으려고 끝까지 노력했지만 뜻대로 되지 않았다. 인어 공주는 왕자의 결혼식을 보면서 죽음에 대한 두려움으로 정신이 아득해진다. 오늘 밤 물거품이 되어 사라질 것이다.

언니들은 소식을 듣고 인어 공주를 찾아와 칼 하나를 전해 준다. 동생을 살리기 위해 마녀에게 머리카락을 잘라 주고 얻었다. 칼로 왕자의 심장을 찌르고 뜨거운 피가 발에 떨어지면 발이 다시 꼬리로 변해 예전처럼 인어로 살 수 있다. 언니들은 인어 공주를 안타깝게 바라본다.

인어 공주는 칼을 들고 천막 안으로 들어간다. 아름다운 신부가 왕자의 어깨에 기대어 잠들어 있다. 원망과 슬픔이 가득한 눈으로 왕자를 바라본다. 그런데 그때 왕자가 잠결에 신부의 이름을 중얼거린다. 그녀를 진심으로 사랑했던 것이다. 인어 공주는 모든 것을 체념한 듯 칼을 멀리 파도 속으로 던져 버린다. 그리고 흐릿해진 눈으로 왕자를 마지막으로 바라본 후 몸을 바다에 던진다. 몸은 이내 스르르 풀리면서 물거품으로 솟아난다. 이렇게 인어 공주는 자신이 살던 곳으로 돌아가는 것을 포기하고 영원히 다시 태어나지 못하는 죽음을 선택한다.

인어 공주는 대리석으로 만든 아름다운 소년의 조각상을 보면서 인간 세계를 동경했다. 왕자의 사랑을 얻어 영원한 영혼이 있는 인간이 되고자 꿈꿨다. 바다 위는 인어들이 접근할 수 없는 다른 세상일 뿐만 아니라 진입할 수도, 진입해서도 안 되는 곳이다. 인어들은 이러한 사실을 알기에 주어진 공간에 만족하며 더 이상의 관심을 두지 않았다.

인어 공주는 달랐다. 다른 신체 조건과 환경을 가졌음에도 인간 세계로의 편입을 끊임없이 갈망했다. 좁은 바닷속에서 벗어나 자유롭고, 아름답고, 찬란한 세상에서 그들이 누리는 모든 것을 누리며 행복한 삶을 살고 싶었다. 인어 공주가 원하는 것은 왕자의 사랑이었지만 궁극적으로는 사랑을 얻어 영원한 영혼이 있는 인간이 되는 것이었다. 죽음의 고통을 감수하면서까지 인간 세계에 편입하려던 계획은 결국 실패로 돌아간다. 하지만 인어 공주는 어느 누구도 가 보지 않은 길을 간 용기 있는 여인이었다. 그리고 그 길은 집단의 세계관에 새로운 변화가 시작되고 있음을 알린다.

2. 너는 절대 왕자와 결혼할 수 없다

이야기의 공간적 배경은 바닷속과 바다 위, 인어 세계와 인간 세계로 이원화되어 있다. 두 세계는 서로 접근할 수도, 접근해서도 안되는 곳이다. 인어들은 바다 위로 올라가 인간 세계를 구경한다. 호기심은 경험하지 못한 것에 대한 동경일 뿐 얼마 가지 않아 바닷속이 가장 아름답고 편안하다고 느낀다. 인어들은 더 이상 바다 위로 올라가지 않는다. 서로의 영역을 침범하지 않으면서 자신의 공간에서 행복한 삶을 산다. 그러나 용왕의 막내딸인 인어 공주만큼은 인간에 대한 호기심을 멈추지 않는다.

"영원한 생명을 얻을 수는 없나요?"

"없어. 만일 한 남자가 자신의 부모보다 너를 더 사랑해서 네 생각만 하고 오직 너 하나만 사랑한다면 가능하지. 그 남자가 신부님 앞에서 네 손을 잡고 영원한 사랑을 약속한다면 그 영혼이 네 몸으로 흘러 들어가 인간의 행복을 함께 누릴 수 있어. 그렇지만 네 꼬리는 바다 속에서는 아름다워도 땅에서는 쓸모없고 흉측할 뿐이란다. 땅에서는 다리라는 튼튼한 두 버팀대를

갖고 있어야 아름답다고 하지." (p. 37)

인어 공주는 영원한 생명을 얻을 수 있는 방법에 대해 묻는다. 할머니는 한 남자가 자신의 부모보다 너를 더 사랑하고, 오직 너 하나만 생각하고, 신부님 앞에서 너의 손을 잡고 영원한 사랑을 약속한다면 인간의 행복을 함께 누릴 수 있다고 말한다. 영원한 생명이 있는 인간이 되기 위해서는 한 남자의 절대적인 사랑이 필요하다. 두 다리가 없는 인어 공주에게 해당되지 않는 이야기이다. 인간 세계에 진입조차 할 수 없는 자신의 처지에 괴로워한다. 할머니는 인어의 삶은 유한하지만 삼백 년이라는 긴 시간 동안 풍요롭게 살 수 있다며 위로한다. 그녀는 바다 위 세상을 높은 세상이라고 부른다. 인어들이 넘볼 수 없는 곳이다. 인어와 인간은 다른 공간에 사는 다른 존재로 서로 융화되기 어렵기 때문이다.

신분제 사회에서 결혼은 정치적, 재정적 흥정이 오고가는 정략으로 사랑보다 중요했다. 당사자보다는 가족의 이해관계가 더 크게 작용했다. 결혼은 신분 교류가 가능한 집단끼리 이루어졌으며 사람들은 이를 통해 기득권을 유지, 존속하고 향유하려고 했다. 귀족들은 하층민과의 결합을 금기시했다. 신분이 낮은 사람을 아내로 맞이할 경우 가족과 사회의 비난은 물론 자신이 가지고 있는 기득권을 모두 포기할 각오가 되어 있어야 한다. 남자가 한 여자를 위해 모든 것을 걸지 않으면 사랑이 이루어질 수 없다. 할머니는 인간 세계의 이러한 현실을 알기에 만류한다. 그러나 인어 공주는 뜻을 굽히지 않는다.

마녀가 말했습니다.

"난 네가 뭘 원하는지 알고 있어. 그건 어리석은 짓이야! 하지만 꼬마 공주, 넌 네 고집대로 할 테고 결국 불행해지겠지." ……(중략)…… "왕자가 너를 부모보다 더 사랑하고 네 생각만 하며 너를 아내로 맞이하겠다고 약속하지 않으면 영원한 영혼도 얻을 수 없어. 왕자가 다른 아가씨와 결혼하면 다음날 네 심장은 산산조각이 나서 물거품이 되고 말 거야." (pp. 39-40)

인어 공주는 마녀를 찾아간다. 마녀 또한 어리석은 짓이라며 비난한다. 그리고 할머니와 똑같은 말을 한다. 인간이 되기 위해서는 왕자가 부모보다 너를 더 사랑하고, 네 생각만 하며, 너를 아내로 맞이하겠다고 약속하지 않으면 영원한 영혼을 얻을 수 없다. 그뿐만 아니라 만약 다른 아가씨와 결혼한다면 심장은 산산조각이 나서 물거품이 되어 사라질 것이다. 왕자의 사랑을 얻지 못하면 죽을 수도 있다. 인간 세계를 넘본 죗값을 받아야 한다.

인간이 되기 위해서는 한 남자의 절대적인 사랑을 얻어야 한다. 인간 세계의 현실로 봐서는 거의 불가능하다. 철저히 같은 신분의 결합만을 중요시했던 사회에서 신분의 장벽을 넘어 한 남자가 모든 것을 버리고 사랑을 선택한다는 것은 어려운 일이다. 왕자가 왕관을 버려야 할 각오를 해야 한다.

인간 세계로 진입할 때 겪는 신체적, 정신적 고통보다 더 힘든 건 신분의 장벽을 넘는 것이다. 마녀는 인어 공주가 이를 극복하지 못하고 결국 불행해질 거라고 예언한다. 인어는 인어끼리, 사람은 사람끼리 살아야 행복하다. 또한 사람은 같은 신분끼리 결합하는 것이 순리라는 집단의 세계관을 드러낸다. 그러나 인어 공주는 끝까지 고집을 꺾지 않는다. 급기야 마녀에게 아름다운 목소리를 내어 주고 꼬리가 다리로 바뀌게 해 주는 물약을 손에 넣는다. 자신의 모든 것을 걸고 집단의 세계관에 맞서며 인간 세계로 진입을 시도한다.

> 눈앞에 아름다운 왕자가 서 있었어요. 인어 공주는 어찌할 바를 몰라 고개를 돌려 꼬리 쪽을 쳐다보았습니다. 그런데 꼬리 대신 아름다운 다리가 있었어요. 공주의 다리는 그 누구보다 예뻤습니다. 하지만 벌거벗은 채로 있었기 때문에 공주는 부끄러워 얼른 긴 머리카락으로 다리를 가렸습니다. 왕자는 공주가 누구인지, 어떻게 이곳에 왔는지를 물었습니다. 인어 공주는 천천히 얼굴을 들고 크고 푸른 눈으로 서글픈 듯 왕자를 바라보았습니다. 하지만 아무 말도 할 수가 없었어요. 왕자는 인어 공주를 궁전으로 데려갔습니다.
> (p. 43)

인어 공주는 마녀가 준 물약을 들고 왕자가 사는 성으로 간다. 성 앞 계단 위에 앉아 물약을 들이키자 고통으로 그만 정신을 잃고 만다. 얼마 후 눈을 떠보니 아름다운 왕자가 앞에 서 있다. 인어 공주는 당황하며 꼬리 쪽을 쳐다본다. 그런데 꼬리 대신 아름다운 다리가 있다. 벌거벗은 채로 있었기 때문에 부끄러워 긴 머리카락으로 다리를 가린다.

왕자는 누구인지 어떻게 왔는지 묻는다. 인어 공주는 다리를 얻은 대신 목소리를 잃어버려 대답하지 못한다. 바닷속에서 할머니는 높은 신분이라는 것을 표시하기 위해 인어 공주 꼬리에 진주조개를 달아 주었다. 하지만 다리로 바뀌면서 이 징표는 사라졌다. 진주조개와 마찬가지로 인간 세계에서 옷은 신분을 나타내는 수단이 된다. 즉, 의복을 통해 누구인지 가늠해 볼 수 있지만 이 또한 여의치 않은 것이다. 그녀를 알 수 있는 단서는 아무것도 없다. 왕자는 신분이 불명확한 인어 공주를 궁으로 데리고 가 따뜻하게 보살핀다.

> 인어 공주는 나날이 왕자를 더욱더 사랑하게 되었어요. 왕자도 인어 공주를 좋아했습니다. 하지만 인어 공주를 귀여운 여동생처럼 사랑할 뿐이었어요. 인어 공주를 왕비로 맞으려는 생각은 꿈에도 없었지요. ……(중략)……
> "여행을 떠나야 해. 부모님이 원하셔서 이웃 나라 공주를 만나야 한단다. 하지만 공주를 아내로 맞이하지는 않을 거야. 공주는 너처럼 교회에 있는 아가씨를 닮지도 않았을 거야. 내가 만일 아내를 택한다면 너를 택하겠어."
> (p. 45)

인어 공주는 왕자와 궁에서 생활한다. 함께하면 할수록 그에 대한 사랑이 더욱 깊어진다. 왕자도 인어 공주를 좋아한다. 하지만 그뿐이다. 단지 귀여운 여동생으로만 대한다. 인어 공주도 이러한 사실을 알았지만 사랑을 얻기 위해 끊임없이 노력한다. 얼마 후 왕자는 부모님의 권유로 아내를 맞이하기 위해 이웃 나라 공주를 만나러 간다.

길을 떠나기 전 자신에게 도움을 준 아가씨를 마음에 두고 있었다고 고백한다. 아가씨를 찾지 못하면 그녀를 닮은 인어 공주와 결혼하겠다고 한다. 인어 공주를 사랑해서가 아니라 차선으로, 단지 사랑하는 여자를 닮아서 선택하겠다는 것이다. 할머니와 마녀가 말했던 절대적인 사랑이 아닌 조건부 사랑이며, 언제든지 변화 가능한 사랑이다. 왕자의 마음에 인어 공주는 없다. 이와 같이 인어 세계와 인간 세계는 모두 한목소리를 내며 인어와 인간은 절대 결합할 수 없다고 말한다.

3. 인어 공주, 물거품으로 사라지다

왕자는 이웃 나라 공주를 만난다. 그 공주가 해변에 쓰러져 있던 왕자에게 도움을 준 아가씨였다. 아가씨의 신분은 왕족인 공주였고, 아름다울 뿐만 아니라 도움을 준 여자이다. 공주는 외적으로 왕자비가 될 만한 충분한 자격과 조건을 갖추고 있다. 여기서 주목해야 할 것은, 왕자가 아가씨를 처음 봤을 때 공주인 줄도 모르고 사랑했다는 사실이다. 사랑하는 여자가 이웃 나라 공주이니 결혼할 필요충분조건이 모두 갖추어진 셈이다. 신분이 같은 사람끼리 결합해야 한다는 집단의 세계관을 충족했을 뿐만 아니라 사랑이라는 내적 조건까지 모두 만족시키며 배 안에서 성대한 결혼식을 올린다.

소식을 알리는 전령들이 말을 타고 거리를 돌며 왕자의 결혼식을 알렸습니다. 교회의 종들이 일제히 울리고 귀한 은 항아리에서는 향기로운 기름이

265

타올랐습니다. 신부님들이 향 그릇을 흔들자 신랑, 신부는 주교님의 축복을 받으려고 손을 내밀었습니다. 인어 공주도 비단과 금으로 된 옷을 입고 신부의 들러리에 끼어 있었어요. ……(중략)…… 인어 공주는 흐릿해진 눈으로 왕자를 마지막으로 바라본 뒤 바다에 몸을 던졌습니다. 공주의 몸이 스르르 풀리며 물거품이 솟아났습니다. (pp. 49-50)

인어 공주는 신부의 들러리가 되어 왕자의 결혼식에 참석한다. 그리고 그날 밤 바다에 몸을 던져 물거품이 되어 공기 중으로 사라진다. 가족의 도움으로 다시 바닷속으로 돌아갈 수 있었지만 이를 포기한다. 자신이 아무리 노력해도 현실의 벽을 넘을 수 없음에 모든 것을 체념한다.

인어 공주는 마법으로 인간의 형상을 하고 있다. 그러나 허울만 인간이었지 인어라는 사실은 변하지 않는다. 본질이 다르다는 것은 결합할 수 없다는 것을 의미한다. 이것은 물리적인 환경이 갈라 놓는다. 인어 공주는 바닷속에서, 왕자는 바다 위에서 집단을 대표한다. 서로 다른 공간은 대등한 관계가 아닌 수직적 예속 관계를 보여 주면서 결합을 철저히 배제한다.

인어 공주는 바닷속에서 왕족 신분이지만 바다 위 인간 세계에서 볼 때 미천한 자로 표상된다. 신분이 같은 집단의 결합만을 허용했던 시대에 왕자의 선택은 이루어질 수 없다. 인어 공주가 바다에 빠진 왕자를 구해 주었다는 사실을 밝힌다 해도 어려운 일이다. 만약 왕자가 인어 공주를 사랑했다면, 이 둘이 결혼하기 위해서는 할머니와 마녀가 말했던 것처럼 그의 절대적인 지지가 필요하다. 외

266

적 조건이 미흡한 상태에서 내적 조건인 사랑을 얻을 수 없어 그토록 원했던 인간이 되지 못한다.

인어 공주는 신분이 같은 사람끼리 어울려 살아야 행복하고 그렇지 못하면 불행해진다는 집단의 세계관에 맞서며 인간 세계로 편입을 시도했다. 그러나 넘보지 말아야 할 영역을 넘보면 불행해진다는 그들의 생각대로 물거품이 되어 사라진다.

4. 문학 작품이 출간될 당시 사회 집단의 집합의식

인어 공주는 왕자의 사랑을 얻지 못하고 물거품으로 사라진다. 신분이 같은 집단끼리 결합해야 한다는 세계관에 따라 불행한 결말을 맞이한다. 안데르센이 살았던 시대(1805~1875)는 프레데릭 7세(1848~1863)가 1849년 자유주의자들의 요구에 따라 절대군주제를 포기하고 자유헌법을 성립시켜 입헌군주제를 수립한 시기이다. 절대왕정이 붕괴되기 전인 1837년 제작된 『인어 공주』는 점차 시민의식이 싹트기 시작할 무렵에 출간된 작품이다. 그러나 이 시기는 엄연히 왕권이 살아 있던 신분제 사회였다.

당시 사회는 왕족과 귀족을 중심으로 자신의 특권을 유지하기 위해 신분 교류가 가능한 결합만을 허용했다. 만약 남자가 신분이 미천한 여자를 아내로 맞이할 경우 사회의 편견을 견뎌야 했다. 할머니와 마녀가 말했던 것처럼 여자를 부모보다 더 사랑하고, 그 여자만 생각하며, 그 여자를 아내로 맞이하겠다고 신께 약속하지 않

267

으면 가능하지 않은 일이었다.

왕족과 귀족은 자신이 꾸며 놓은 영역에서 좀 더 아름답고 풍요로운 삶을 누렸다. 영역 밖 사람들은 이를 동경하고 부러워했다. 그러나 그곳은 넘볼 수도, 넘을 수도 없는 세계이다. 할머니가 바다 위 세상을 높은 세상이라고 부르는 이유이다. 인어 공주는 바닷속에 산다. 자신이 사는 세계에서 공주 신분일지는 몰라도 인간 세계에서 볼 때 외적으로 열등한 조건을 가진 존재이다.

바닷속 세계와 바다 위 인간 세계의 이원화된 두 공간은 신분제 사회의 계층을 상징적으로 보여 주면서 두 집단의 결합을 철저히 배제한다. 인어 공주는 이러한 현실을 인지하지 못하고 인간들이 구축해 놓은 철옹성 같은 영역에 진입을 시도하는 무모함을 저지른다. 왕자의 사랑을 구해 진정한 인간이 되고자 하지만 결국 사랑도, 인간이 되는 것도 이루지 못하고 죽음을 맞이한다.

인어 공주는 아름답지만 그뿐이다. 왕족인 왕자의 아내감으로는 부적합하다. 여자의 외적 아름다움이 남자에게 선택받을 수 있는 필요조건이 될 수 있을지는 몰라도 충분조건은 아니다. 마녀가 말했던 것처럼 우아한 걸음걸이와 그윽한 눈빛의 아름다운 모습만으로 왕자의 마음을 돌리기에는 역부족이다. 또한 인어 공주가 바다에 빠진 왕자를 구해 주었다고 하지만 이는 감사한 일일 뿐 결혼 조건은 될 수 없다. 중요한 것은, 이미 왕자가 다른 여자를 마음에 품고 있었다는 사실이다. 그녀를 위해서라면 모든 것을 버릴 각오가 되어 있었다. 왕자의 내적, 외적 조건은 인어 공주가 온 힘을 다해도 충족시킬 수 없는 상태였다.

268

이와 같이 모든 관계의 결말은, 왕족과 귀족의 교류만을 허용하고 신분이 낮은 자들을 배척했던 집단의 세계관과 작품이 출간될 당시 사회 집단의 집합의식과 맞물리면서 인어 공주를 불행하게 몰고 간다. 인어 공주가 물거품으로 사라지면서 모든 계획은 실패로 끝이 난다.

　그녀는 신체 조건과 자신이 처한 물리적 환경이 달랐음에도 인간 세계로의 편입을 시도했다. 이는 목숨을 걸어야 하는 일이었고, 그 과정은 고통과 투쟁의 연속이었다. 어느 누구도 그녀의 행동에 지지를 보내 주지 않았으며, 불행한 결말을 당연시 여겼다. 결국 그들의 생각대로 이야기는 끝이 난다. 하지만 그녀의 용기 있는 행동은 당시 신분제 사회의 편견과 불합리에 대해 문제를 제기하며 집단의 세계관에 새로운 변화가 일어나고 있음을 알린다.

📖 한스 크리스티안 안데르센(Hans Christian Andersen, 1805~1875)

덴마크 오덴세 빈민가에서 태났다. 아버지는 구두수선공이었고, 어머니는 빨래터에서 남의 집 빨래를 해 주는 사람이었다. 굶는 날이 많았지만 아버지는 일요일마다 공원으로 나가 안데르센을 품에 앉고 책을 읽어 주었다. 이야기에는 현실의 고단함이 아닌 즐거움과 희망이 담겨 있었다. 어머니는 매일 옷을 빨아 다리미로 다려 입혀 주었다. 안데르센의 모습은 항상 단정하고 깨끗했다. 어느 누구도 빈민가에서 생활하는지 몰랐다. 가난했지만 부모님의 사랑을 받으며 행복한 유년기를 보낸다. 그러나 아버지가 11세 때 돌아가시자 그 행복은 끝이 난다.

어머니가 재혼을 한다. 말이 재혼이었지 먹고 사는 게 힘들어 남의 집 일을 하러 간 거나 마찬가지였다. 안데르센은 어머니의 고단한 삶과 계부의 차가운 시선을 견디지 못하고 14세에 집을 나온다. 그때부터 평생을 혼자 떠돌며 가난과 투쟁하면서 산다. 안데르센은 살기 위해 글을 쓰고 또 쓴다. 그렇게 처절하게 썼던 글은 사람들에게 힘과 위로가 되어 주었다. 신분제 사회에서 귀족의 멸시와 질투를 한몸에 받았지만 결국 그들의 인정을 이끌어 내며 덴마크를 대표하는 작가가 된다.

당시 동화는 민담이나 설화를 바탕으로 교훈을 전달하는 이야기였다. 그러나 안데르센은 기존 동화와 달리 낭만적이고 환상적인 이야기를 만들어 내는 데 몰두했다. 주변의 불행하고 소외된 계층을 감성적으로 다루었다. '듣는 이야기'를 좋아하는 독자를 위해 글을 읽는 사람이 감정 표현을 잘할 수 있게끔 구어체와 관용구를 도입하는 등 '창작동화'라는 새로운 장을 열었다.

그는 소설로 데뷔한다. 『즉흥시인』(1835)이 좋은 반응을 얻으면서 작가로 인정받는다. 몇 달 뒤 첫 번째 동화집 『어린이들에게 들려주는 놀라운 이야기들』(1835)을 펴낸다. 이후 거의 해마다 크리스마스 무렵에 동화집을 발표하면서 동화작가로 명성을 얻는다. 주요 작품으로는 『인어 공주』, 『미운 오리 새끼』, 『성냥팔이 소녀』, 『눈의 여왕』, 『벌거벗은 임금님』 등이 있으며, 지금까지 156편의 동화를 남겼다.

대표작 『인어 공주』는 안데르센에게 세계적인 명성을 안겨 준 작품이다. 신분의 장벽으로 철저히 외면받았던 자신을 모티브로 한 이 작품은 집단과 집단 이념의 대립 속에서 결합할 수 없는 불화를 상징적으로 표현하고 있다. 글 중심으로 출간되었으나 글을 축약하고 그림을 첨가해 그림동화책으로 재구성된다. 애니메이션, 영화, 연극 등 다양한 콘텐츠로 개발되고 있다.

『신데렐라』
−이루어질 수 있는 사랑−

•

"그 구두가 맞는지 저도 신어 보고 싶어요."

•

샤를 페로 글

신데렐라는 귀족의 딸이다. 그러나 계모와 두 언니의 구박으로 하층민의 삶을 산다. 화려한 옷 대신 누더기 같은 옷을 입고, 따뜻한 방이 아닌 추운 다락방에서 생활한다. 집 안의 허드렛일을 도맡아 하지만 이 모든 것을 참고 견딘다.

그러던 어느 날, 왕자가 귀족들을 무도회에 초대한다. 신데렐라는 계모와 언니들의 방해로 가지 못한다. 서럽게 울고 있던 신데렐라 앞에 요정이 나타나 무도회에 갈 수 있게 도와준다. 그녀를 아름답게 꾸며 주고 유리 구두를 선물한 후 밤 열두 시가 되기 전에 꼭 돌아오라고 당부한다. 그 시간이 지나면 마법이 풀려 모든 것이 원래대로 돌아가기 때문이다.

신데렐라는 왕자를 만나 즐거운 시간을 보낸다. 열두 시 종소리가 울리자 무도회장을 급히 빠져 나오다가 그만 유리 구두 한 짝을 잃어버린다. 며칠 뒤 왕자는 유리 구두에 발이 딱 맞는 여자와 결혼하겠다고 선포한다. 왕자는 신하를 시켜 귀족의 집을 방문해 그 딸들에게 구두를 신겨 보게 한다. 그리고 마침내 유리 구두의 주인을 찾는다.

이야기에서는 착한 신데렐라가 가장 높은 위치에 있는 왕자와 결혼함으로써 신분 상승을 크게 부각시킨다. 과연 신데렐라가 착했기 때문에 복을 받아 왕자의 선택을 받은 것일까? 신데렐라는 왕자와 결혼으로 신분이 상승한 것일까? 이에 대해 동화는 다음과 같이 말하고 있다.

1. 왕자와 결혼하고 싶어요

재혼한 귀족에게 딸이 하나 있다. 아주 착하고 온화하다. 그러나 계모는 악독하고 두 딸은 욕심이 많다. 남편의 딸에게 집안일을 모두 시키고, 지붕 밑 다락방에 있는 짚을 넣은 초라한 침대에서 잠을 재운다. 그뿐만 아니라 낡은 옷을 입히고, 하인처럼 자신의 시중을 들게 한다. 소녀가 귀족으로 누려야 할 삶을 모조리 빼앗아 버린다.

소녀는 청소를 하다 벽난로 구석에 있던 잿더미에 주저앉고 만다. 이 모습을 본 언니들은 소녀를 '신데렐라'라고 부른다. 신데렐라는 '재투성이'라는 뜻이다. 귀족의 딸이 이러한 별명을 얻었으니 그녀의 삶이 얼마나 비참하고 힘들었을지 짐작하고도 남음이 있다. 하지만 신데렐라는 고단한 생활을 아버지에게 말하지 못한다. 아버지는 계모의 눈치를 보며 그녀의 말을 믿고 따랐기 때문이다. 잘못하다가는 도리어 불평한다고 혼날지도 모르는 일이다. 아버지의 무심함과 계모의 부당한 태도로 신데렐라는 지쳐 가지만 이 모든 것을 참고 견딘다.

> 드디어 무도회 날이 되어 모두 무도회장으로 떠났어요. 신데렐라는 그들의 뒷모습을 오랫동안 지켜보다가 언니들이 더 이상 보이지 않자 엉엉 울기 시작했어요. 그때 갑자기 대모 요정이 나타나서 신데렐라에게 무슨 일인지 물었어요. ……(중략)……
>
> "너도 무도회에 가고 싶은 거지?"

"네, 맞아요."

"알았다. 너는 착한 아이니까 내가 무도회에 가게 해 주마." ……(중략)……

요정은 마부는 어떻게 할까 고민했어요. 신데렐라가 말했어요.

"제가 쥐덫에 큰 쥐가 잡혀 있는지 보고 올게요. 그 큰 쥐를 마부로 변신
시키는 거예요." (pp. 236-238)

　　그러던 어느 날 왕자가 귀족들을 무도회에 초대한다. 무도회는
신분이 비슷한 배우자를 만날 수 있는 사교의 장이다. 귀족 자녀들
이 결혼하기 위해서는 반드시 진출해야 하는 곳이기도 하다. 여자
는 결혼을 통해 공식적으로 부모에게서 독립할 수 있다. 신데렐라
에게 무도회는 지금까지의 고단한 삶에서 벗어나 귀족의 삶을 되
찾아 줄 통로이자 탈출구인 셈이다. 이러한 사실을 모를 리 없는 신
데렐라는 자신을 남겨 두고 무도회장으로 떠나는 언니들을 보면서
소리 내어 운다. 그동안의 서러움과 슬픔이 한순간에 밀려온다. 혼
자의 힘으로는 도저히 현실을 벗어날 수가 없다. 누군가의 도움이
절실히 필요하다. 이렇게 인간의 힘으로 문제를 해결할 수 없을 때
초자연적인 능력을 가진 인물이 등장한다.

　　요정은 신데렐라에게 왜 울고 있는지 묻는다. 드디어 그녀에게
도 기회가 찾아왔다. 요정은 신데렐라가 착하다며 무도회장에 갈
수 있게 도와준다. 먼저 요술 지팡이로 호박과 쥐와 도마뱀을 마차
와 말과 하인으로 변신시킨다. 요정이 두리번거리며 무엇을 마부
로 할지 고민한다. 이때 신데렐라는 큰 쥐를 마부로 하자고 제안한
다. 그러고는 큰 쥐 세 마리가 잡혀 있는 쥐덫을 가져다준다. 무도

회 갈 모든 준비가 끝나자 누더기 같은 옷을 입고 갈 수 없다고 말한다. 자신을 예쁘게 꾸며 달라는 것이다. 종전과는 다른 모습이다. 매우 적극적이다. 요정은 신데렐라의 옷을 은실과 금실로 짠 옷감에 보석이 달린 멋진 드레스로 바꿔 준다. 그리고 세상에 단 하나밖에 없는 반짝이는 유리 구두를 선물한다. 다른 건 모두 마법이지만 유리 구두만큼은 진짜이다. 요정은 신데렐라의 아름다운 모습을 찾아 주고 마차와 말과 하인을 마련해 주어 귀족 신분이라는 사실을 분명히 한다.

신데렐라는 요정을 만나기 전과 후로 나뉠 만큼 전혀 다른 성격을 보인다. 지금까지의 소심하고 수동적인 태도에서 완전히 벗어나 적극적이고 능동적인 자세로 임한다. 요정의 도움으로 무도회에 갈 수 있게 됐으니, 만약 배우자를 만나 결혼하게 된다면 계모와 두 딸에게서 벗어날 수 있기 때문이다. 신데렐라는 주어진 기회를 놓치지 않기 위해 그동안 감춰 왔던 마음을 드러낸다.

> 신데렐라는 언니들 옆에 앉아 아주 예의 바르게 행동했어요. 왕자가 준 오렌지와 레몬을 언니들에게 나누어 주기도 했어요. ……(중략)…… 집에 도착한 신데렐라는 요정에게 고맙다고 말하고 다음날에도 무도회에 가게 해 달라고 간절히 부탁했어요. (p. 241)

신데렐라는 무도회에 간다. 그리고 우연히 언니들 옆 자리에 앉게 된다. 무도회에 온 것을 들킬 수 있는 상황이다. 하지만 왕자가 준 오렌지와 레몬을 언니들에게 나누어 주면서 자신이 아닌 척 자연스럽게 행동한다. 침착하고 대범하다. 언니들은 신데렐라를 알아보지 못한다. 떨리고 긴장되는 위기의 순간을 무사히 넘긴 후 왕자와 즐거운 시간을 보낸다. 왕자는 신데렐라에게 다음날에도 무도회에 꼭 참석해 달라고 말한다. 왕자의 마음을 얻은 것이다. 자신을 마음에 둔 사람이 왕자라니 이 기회를 잡아야 한다. 신데렐라는 요정에게 다시 한번 무도회에 참석할 수 있게 도와달라고 간곡히 부탁한다.

신데렐라는 요정의 도움으로 무도회장에 진입했다. 하지만 그다음은 오롯이 그녀의 몫이다. 어떻게 행동하느냐에 따라 운명이 달라지는 것이다. 신데렐라는 모든 것을 잘 수행했다. 언니들에게 들킬 수 있는 상황에서 위기의 순간을 잘 모면했고 왕자의 마음까지 얻었다. 신데렐라는 마법 밖 현실에서 용기 있는 자세로 주어진 문제를 지혜롭고 현명하게 대처한다.

> 다음날, 언니들은 무도회에 갔어요. 물론 신데렐라도 갔지요. 전날보다 더
> 아름답게 꾸미고 갔어요. 왕자는 신데렐라 옆을 떠나지 않고 계속 이야기를
> 했어요. 신데렐라는 시간 가는 줄 모르고 즐거워하다가 요정이 당부한 말을
> 깜빡 잊었어요. (p. 243)

신데렐라는 요정의 도움으로 다시 무도회에 간다. 전날보다 더 화려하고 아름다운 모습이다. 왕자는 신데렐라의 곁을 떠나지 않는다. 이번에는 춤을 추지 않고 이야기를 나누면서 서로의 생각과 감정을 공유한다. 신데렐라는 열두 시가 되기 전에 무도회장을 나

와야 한다. 마법이 풀려 모든 게 사라지기 때문이다. 그러나 약속 시간을 잊을 정도로 둘의 대화는 계속 이어진다. 이렇게 왕자는 긴 시간 동안 대화를 통해 신데렐라의 인품을 확인한다.

왕자는 무도회 첫날 신데렐라의 아름다운 모습에, 두 번째 날에는 인품에 마음을 빼앗긴다. 신데렐라는 자신의 외적, 내적 모습을 온전히 드러내며 왕자의 마음을 사로잡는다.

> 왕자는 신데렐라를 뒤따라갔지만 잡지 못했어요. 신데렐라는 급히 달렸어요. 그러다가 유리 구두 한 짝이 벗겨지고 말았어요. 왕자는 벗겨진 신데렐라의 유리 구두 한 짝만 찾을 수 있었어요. …… (중략) …… 언니들을 지켜보던 신데렐라는 자기 구두를 알아보고 웃으며 말했어요.
> "그 구두가 맞는지 저도 신어 보고 싶어요." (pp. 234-244)

열두 시 종소리가 울린다. 신데렐라는 서둘러 무도회장을 빠져나온다. 그러다 그만 유리 구두 한 짝을 잃어버린다. 뒤쫓아 오던 왕자는 유리 구두를 발견하고 사라진 신데렐라를 찾는다. 며칠이 지난 후 유리 구두가 발에 딱 맞는 여인과 결혼하겠다고 선포한다. 신하들은 구두를 들고 무도회에 참석했던 귀족의 집을 찾아다닌다.

두 언니는 신하가 가지고 온 구두를 신으려고 안간힘을 쓴다. 이를 지켜보던 신데렐라는 자신이 잃어버렸던 구두라는 것을 알게 된다. 그녀는 구두를 신어 보고 싶다고 말한다. 신하가 구두를 신기자 발에 꼭 맞는다. 그제야 주머니에서 나머지 한쪽을 꺼내 신으며 유리 구두의 주인이 자신임을 당당히 밝힌다.

제6장 발생적 구조주의

신데렐라는 유리 구두가 자기 거라는 걸 알았지만 다시 한번 확인하는 과정을 거친다. 서두르지 않고 침착하게 상황을 관망하면서 혹시 모를 실수를 범하지 않는다. 그리고 마침내 결혼을 함으로써 그토록 원했던 계모와 두 딸에게서 분리된다.

신데렐라는 착하다. 그러나 그녀의 성품을 단 한마디로 표현하기에는 부족하다. 모든 문제 상황에 현명하게 대처했고, 용기 있었으며, 판단력 또한 뛰어났다. 그녀가 보여 준 태도는 집단이 여자에게 바랐던 순종과 복종을 넘어서는 것이었다. 남성중심사회에서 굉장히 적극적이고 능동적으로 주도적인 힘을 발휘하고 있다.

2. 너는 왕자와 결혼할 수 있다

왕자는 귀족들을 무도회에 초대한다. 신데렐라의 아버지가 귀족이기 때문에 계모와 두 딸은 무도회에 간다. 이야기에서는 계모의 신분을 밝히지 않는다. 신데렐라의 아버지가 귀족이기 때문에 무도회에 간다는 것으로 보아 여자의 신분은 남자에게 귀속되어 있음을 알 수 있다.

어느 날, 왕자가 모든 귀족을 무도회에 초대하기로 했어요. 신데렐라의 아버지도 귀족이어서 계모의 두 딸은 무도회에 가기로 했어요. 두 딸은 옷을 고르고 머리를 예쁘게 꾸미느라 정신이 없었습니다. (p. 236)

작품이 출간될 당시 프랑스는 절대왕권의 절정기였다. 무도회는 왕족과 귀족만 입장하도록 신분을 제한하고 서로 다른 신분의 교류를 허용하지 않았다. 결혼은 신분 상승을 가능하게 했다. 어떤 배우자를 만나느냐에 따라 자신의 신분이 정해졌기 때문에 결혼 적령기 여자들에게는 무엇보다도 중요한 문제였다. 결혼을 통해 신분을 높이면 부와 권력과 명예를 동시에 얻을 수 있다. 다시 말하면 기득권을 획득하거나 존속시킬 하나의 수단이었다. 당시 시대상으로 봤을 때, 서열이 높은 남자를 만나 결혼하는 것은 여자에게 최고의 복이었던 셈이다. 이를 모를 리 없는 언니들은 무도회에 가기 위해 며칠 동안 준비한다. 장식품과 옷을 고르고, 머리 모양을 고민하면서, 몸을 치장하는 데 온 정성을 기울인다.

> 머리를 손질하는 신데렐라에게 언니들이 물었어요.
> "신데렐라, 너도 무도회에 가고 싶지?"
> "어머, 나를 놀리는군요. 나는 그곳에 갈 수 없잖아요."
> "그래, 네 말이 맞아. 멍청한 재투성이가 무도회에 온 걸 보면 모두 배꼽을 잡고 웃을 거야."
> 신데렐라가 마음씨가 나쁜 소녀였다면, 그때 언니들의 머리를 밉게 손질해 주었을 거예요. 하지만 착한 신데렐라는 언니들의 머리를 정성껏 예쁘게 손질해 주었어요. (p. 236)

언니들은 신데렐라에게 무도회에 가고 싶은지 마음을 떠 본다. 신데렐라는 무도회에 갈 수 없다고 말한다. 누더기 같은 옷을 입고

제6장 발생적 구조주의

갈 수 없을 뿐만 아니라 가고 싶다고 하면 질투심 많은 언니들이 가만두지 않을 것이다. 이를 알기에 마음을 숨긴다. 언니들은 신데렐라가 무도회에 가면 모두에게 웃음거리가 될 거라며 비아냥거린다. 무도회에 참석하면 안 된다는 경고의 메시지를 보낸다. 신데렐라는 속상한 마음을 누르며 언니들의 머리를 예쁘게 손질해 준다. 구박과 설움을 당해도 전혀 내색하지 않는다. 자신이 처한 현실을 묵묵히 받아들인다.

착하다는 것은 가진 것을 나누어 주고, 양보하고, 배려하는 것을 의미한다. 이타심을 행동으로 표현하는 것이다. 그러나 이야기에서는 자기보다 위에 있는 사람이 불합리하고 부당하게 대우해도 인내하고 순종하는 것으로 본다. 이를 여자가 갖추어야 할 최고의 덕목으로 간주한다. 요정은 계모와 두 딸의 구박을 참고 견디는 신데렐라의 태도를 보면서 착하다고 칭찬한다. 착하기 때문에 무도회에 갈 수 있도록 도와준다. 요정은 당시 여자에게 강요했던 집단의 세계관을 드러낸다.

왕자는 아무도 본 적이 없는 아주 예쁜 공주가 도착했다는 소식을 듣고 공주를 맞으러 달려 나왔어요. ······(중략)······ 모두들 처음 보는 아름다운 공주를 바라보느라 정신이 없었어요. 여기저기서 수군거리는 소리가 들렸어요. ······(중략)······ 여자들은 모두 신데렐라의 머리와 옷 모양을 유심히 살피며 저렇게 예쁜 옷감과 솜씨 있는 재단사를 구하기만 한다면 다음부터 자기도 신데렐라처럼 차리고 올 수 있을 거라고 생각했어요. 왕자는 신데렐라에게 가장 좋은 자리를 마련해 주고 손을 내밀어 춤을 청했어요. 신데렐라가 우아

하게 춤을 추자 사람들은 더욱더 감탄했어요. (p. 241)

신데렐라가 무도회장에 도착한다. 그녀의 모습을 본 사람들은 이웃 나라 공주로 착각한다. 왕자는 공주가 왔다고 마중까지 나온다. 예를 다해 가장 좋은 자리를 내어 주고, 춤을 추자고 청한다. 사람들은 우아하고 아름답게 춤을 추는 모습에 감탄한다. 무도회장에 있던 모든 사람은 어디서 왔는지도 모르는 신데렐라를 공주라고 부르며 칭찬을 아끼지 않는다. 요정은 신데렐라를 단순히 귀족의 여인이 아닌, 왕자와 대등한 공주의 신분으로 꾸며 준 것이다.

요정은 신데렐라를 무도회에 보내기 위해 맨 먼저 호박으로 사륜마차를 만든다. 마차와 마부와 하인을 무엇으로 할지 고민을 거듭한다. 무도회의 주인공은 신데렐라이다. 하지만 그녀를 꾸미는 일보다 그녀가 갖추어야 할 물리적 환경에 더 많은 공을 들인다. 신분을 나타낼 수 있는 외적 조건이 중요했던 것이다. 누더기 같은 옷을 입고 무도회에 갈 수 없다고 말하자 그제야 신데렐라를 꾸미기 시작한다. 귀족이 경험해 보지 못한 옷감과 보석으로 아름답게 치장해 주고, 세상에 단 하나뿐인 반짝이는 유리 구두를 선물한다.

당시 마차와 하인 그리고 의복 등은 부를 나타내는 상징물이자 신분을 나타내는 중요한 수단이었다. 이를 통해 그 사람이 어떤 위치에 있는지 가늠했다. 요정이 만든 신데렐라의 모습은 신분 확인이 필요 없는 그 자체로 왕족이었다.

며칠이 지나자 왕자는 유리 구두에 발이 딱 맞는 아가씨와 결혼하겠다고 선포했어요. 공주들과 공작의 딸들 그리고 왕궁에 있는 모든 아가씨가 차례대로 유리 구두를 신어 보았지만 구두가 맞는 아가씨는 없었어요. 마침내 두 언니에게도 유리 구두를 신어 보게 하려고 왕궁에서 신하들이 왔어요. (p. 244)

왕자는 신데렐라가 흘리고 간 유리 구두 한 짝을 발견한다. 며칠 뒤 유리 구두에 발이 맞는 아가씨와 결혼하겠다고 선포한다. 왕자는 초대장을 보냈던 왕족과 귀족의 집에 하인을 보내 그들의 자녀에게 유리 구두를 신겨 보게 한다. 왕족과 귀족이 아닌 사람이 무도회에 들어올 수 있다는 사실을 철저히 배제한다. 왕자는 신데렐라가 자신과 결합할 수 있는 신분이라는 것을 꿈에도 의심하지 않는다. 그의 생각대로 한 귀족의 집에서 유리 구두의 주인인 신데렐라를 발견한다. 요정과 주변 사람들도 신데렐라와 왕자가 결혼할 수 있게 도와주고 지지해 준다. 어느 누구도 이 둘의 결합을 반대하지 않는다.

3. 신데렐라와 왕자, 결혼하다

신분제 사회에서 여자는 남자에게 귀속된 삶을 살았다. 여자가 경제활동을 한다는 것은 상상도 하기 힘든 일이었다. 결혼하기 전까지는 부모님과 함께 생활하면서 가사와 육아에 대한 교육을 받았다. 여자의 순종과 복종이 미덕인 시대였다. 이러한 상황에서 신데렐라가 집을 나간다는 것도, 계모에게 반기를 드는 것도, 무심한

아버지에게 모든 사실을 말하는 것도 해결책이 될 수는 없다. 계모와 두 딸에게 벗어나는 길은 결혼이 유일한 방법이다. 그때까지는 그들의 구박을 참고 견뎌야 한다.

신데렐라는 왕자와 결혼한다. 이는 더 이상 고단한 삶을 살지 않아도 되고, 자신의 신분에 맞는 권리와 특권을 누릴 수 있게 되었다는 것을 의미한다. 지금까지 누더기 같은 옷을 입고 청소와 빨래를 하면서 다락방에서 생활했다. 하인이 하는 일을 하면서 미천한 신분을 가진 자의 삶을 표방했지만 그녀는 엄연히 귀족의 딸이다.

신데렐라가 착해서 복을 받아 왕자와 결혼했다는 것은 이야기를 이끌어 가기 위한 명분일 뿐이다. 착한 성품은 당시 여자가 갖추어야 할 미덕으로, 왕자비가 되기 위한 필요조건이 되지만 충분조건은 아니다. 요정도 이 사실을 알기에 신데렐라를 단순히 귀족의 딸이 아닌 왕족의 신분으로 꾸며 준 것이다.

무도회장에 있는 사람들은 신데렐라가 갖춘 물리적 조건을 보면서 왕자의 배필로 손색이 없다고 좋아한다. 왕자도 그들과 생각이 같다. 왕자와 요정 그리고 사람들은 비슷한 신분을 가진 사람끼리 결합해야 한다는 집단의 세계관을 드러낸다. 그들의 생각대로 신데렐라는 축하를 받으며 왕자와 성대한 결혼식을 올린다.

4. 문학 작품이 출간될 당시 사회 집단의 집합의식

신데렐라는 왕자와 결혼한다. 신분이 같은 집단끼리 결합해야

제6장 발생적 구조주의

한다는 세계관대로 행복한 결말을 맞이한다. 페로가 살았던 시대 (1628~1703)는 프랑스 절대왕권의 절정기로, 루이 14세의 궁중 문화가 발달했다. 1697년에 출간된 『신데렐라』는 당시 궁중의 화려한 무도회를 통해 귀족의 사회상을 반영한다. 무도회에서는 결혼 적령기 왕족과 귀족의 자녀가 공식적으로 배우자를 찾을 수 있었다. 그뿐만 아니라 정치, 경제, 사회, 문화와 관련된 정보가 오고갔다. 귀족들은 외모와 주변을 화려하게 꾸미고 치장해 신분과 재력을 과시했다. 왕가에서는 무도회에 참석할 수 있는 신분을 엄격히 제한했다. 무도회는 그야말로 왕족과 귀족들의 세력을 공고히 하는 그들만의 문화였던 것이다.

일반적으로 공주가 왕자비로 간택되었지만, 유일하게 귀족의 서열 가운데 가장 높은 공작의 딸 중에서도 이루어질 수 있었다. 귀족의 작위는 공작, 후작, 백작, 남작, 자작 순이다. 이 중 서열이 가장 높은 공작의 작위는 왕실의 후예, 즉 직계 존비속으로 자손에게 주어지는 칭호였다. 다시 말하면 공작은 왕족이다. 이야기에서 신데렐라를 귀족의 딸로만 소개하고 작위는 명시하지 않고 있다. 그러나 왕자가 신데렐라를 선택하여 귀족 중 가장 서열이 높은 공작의 자녀임을 암시한다. 신데렐라의 신분은 단순한 귀족이 아닌 왕자와 결혼할 자격이 있는 왕족이었으니, 멀리 놓고 보면 공주의 신분이었던 셈이다. 왕족과 귀족의 결합만을 허용했던 당시 사회상에 비추어 봤을 때 왕자와 신데렐라의 결합은 작품이 출간될 당시 사회 집단의 집합의식과 부합하는 일이었다.

왕자가 신데렐라를 선택한 것은 착하고 아름다운 것도 하나의 이유가 되겠지만 그보다 더 큰 이유는 귀족 중 서열이 가장 높은 신분의 자녀였기 때문이다. 그뿐만 아니라 왕자와 대화를 통해 인품을 검증받은 신데렐라는 당시 사회 집단이 왕자비로 바라던 필요충분조건을 모두 갖춘 여인이었다. 착한 성품이 왕자에게 선택받을 수 있는 필요조건이 될 수 있을지는 몰라도 충분조건은 될 수 없다.

이야기에서는 신데렐라에게 가장 신분이 높은 왕자를 배우자로 선정해 착하면 복을 받는다는 메시지를 전한다. 누더기 같은 옷을 화려한 드레스로 바꿔 줌으로써 낮은 신분에서 높은 신분으로 지위가 상승했다는 것을 가시적으로 부각시킨다. 그러나 신분이 비슷한 신데렐라와 왕자의 결혼은 신분 상승보다는 재투성이로 살아온 고단한 삶에서 벗어나게 해 주는 신분 회복의 의미가 더 크다고 볼 수 있다. 이야기는 전면에 착한 신데렐라와 나쁜 계모 그리고 두 딸을 내세워 권선징악을 보여 준다. 하지만 그 이면에는 결혼이 신분에 맞게 이루어져야 한다는 작품이 출간될 당시 사회 집단의 집합의식과 맞물려 있다.

신분이 엄격히 구분되어 있고 여성이 남성에게 종속되어 있던 폐쇄된 사회였다. 집단이 가지고 있는 여성상은 순종적이고 인내심 많은 여인이었다. 그러나 신데렐라는 주도적이고 진보적인 모습을 보이며 당시 집단이 가지고 있던 세계관에 반한 행동을 한다. 이야기 도입 부분에 어느 정도 집단이 가지고 있는 사회의식을 표방하고 있지만 중, 후반부터는 달라진다. 자신이 처한 현실을 벗어나고자 당면한 문제를 적극적으로 해결해 나간다. 이와 같이 신데렐라는 결혼을 통해 신분 상승이 아닌 신분 회복을, 복종과 순종을 강요했던 남성중심사회에서 주도적인 태도를 보이면서 기존 여성상에 변화를 시도하고 있다.

「신데렐라」

📖 샤를 페로(Charles Perrault, 1628~1703)

프랑스 파리의 부유한 귀족 가문에서 태어났다. 23세에 아버지를 따라 변호사가 되었지만 형의 권유로 관리가 된다. 설계에 흥미가 있었던 그는 베르사유 궁전의 설계에 종사하기도 하는 등 예술과 과학에 재능을 보인다. 루이 14세 치하 재상 콜베르의 신임을 얻어 정부기관의 주요 직책을 맡는다. 1663년 '금석문 문학아카데미'가 설립되었을 때 아카데미 비서로 임명된다. 콜베르 사망 후 1695년 일을 그만두고 동화를 집필한다.

17세기 고전주의 시대에 귀족들은 품위가 없다는 이유로 민담을 무시했다. 하지만 페로는 삶의 지혜와 교훈이 담겨 있는 민담의 가치를 알아보고 이를 재구성해 어린이를 위한 동화집 『어미 거위 이야기: Contes de ma mère l'oye』(1695)를 발간한다. 이로 인해 어린이를 위한 문학인 '동화'라는 장르가 탄생한다. 동화집은 대중적으로 엄청난 성공을 거둔다. 수록된 동화는 한 편씩 따로 떼어 내어 낱권으로 또는 다른 작가의 작품과 결합해서 거듭 재판된다.

그는 2년 뒤 『교훈이 담긴 옛이야기』(1697)라는 제목으로 바꾸어 재출간한다. 이 출간본이 현재 우리가 읽는 페로의 동화이다. 그러나 처음 발표했던 『어미 거위 이야기』라는 제목이 대중에게 더 잘 알려져 있다. 현실과 꿈의 세계가 잘 조화되어 있다고 평가받는 그의 작품은 지금까지 전 세계 어린이들에게 사랑받고 있다. 동화의 창시자인 페로는 '프랑스 아동 문학의 아버지'로 불리고 있다.

동화집에는 총 11편의 동화가 수록되어 있다. 『잠자는 숲속의

공주』,『상드리용 혹은 작은 유리 구두』,『도가머리 리케』,『엄지
동자』,『장화 신은 고양이』,『요정들』,『푸른 수염』,『빨간 모자』
산문 8편과『그리젤리디스』,『당나귀 가죽』,『어리석은 세 가지 소
원』운문 3편이다.

『신데렐라』는 동화집에 실린 상드리용(Cendrillon: 궂은 일을 도맡
아 하는 여자)을 번역한 것이다. 일반적으로 알려져 있는 영어명 신
데렐라(Cinderella: 재를 뒤집어쓰다)도 소녀가 아궁이 앞에서 일하는
모습을 보고 붙여진 별명이다. 500여 개가 넘는 신데렐라 유형의
민담 중 가장 유명하며 널리 읽히고 있다. 착한 신데렐라가 계모와
두 딸의 학대에서 벗어나 왕자와 결혼한다는 이야기를 통해 권선
징악을 보여 준다. 글 중심으로 출간되었으나 좀 더 어린 연령층을
위해 그림동화책으로 재구성된다. 애니메이션, 영화, 뮤지컬, 연
극, 발레 등 다양한 콘텐츠로 개발되고 있다.

참고문헌

제1장 비평의 이해

김혜니(2003). 비평문학의 이해. 경기: 푸른사상.

이명재, 오창은(2017). 문학비평의 이해와 활용. 경기: 경진.

이상우 외(2005). 문학비평의 이론과 실제. 경기: 집문당.

임원재(2000). 아동문학교육론. 서울: 신원문화사.

원종찬(2001). 아동문학과 비평정신. 경기: 창작과 비평사.

Barthes, R. (2002). 텍스트의 즐거움[Le plaisir du texte]. 김희영 역. 서울: 동문선. (원본발간일, 1973년).

Eliot, T. S. (1984). 엘리어트 문학론[Essays on poetry and criticism]. 최창호 역. 서울: 서문당. (원본발간일, 1921년).

Frye, N. (2000). 비평의 해부[Anatomy of criticism: Four essays]. 임철규 역. 경기: 한길사. (원본발간일, 1957년).

Hernadi, P. (1984). 비평이란 무엇인가?[What is criticism?]. 최상규 역. 서울: 정음사. (원본발간일, 1981년).

Hough, G. (1982). 비평론[An essay on criticism]. 고정자 역. 서울: 이화여

자대학교출판부. (원본발간일, 1966년).

Hudson, W. H. (2016). *An introduction to the study of literature*. London: Wentworth Press.

Kostelnik, M. J. (2017). 영유아의 사회정서발달과 교육[*Guiding children's social development and learning*]. 박경자 외 역. 경기: 교문사. (원본발간일, 2011년).

Rosen, K. S. (2018). 사회정서발달: 애착관계와 자기의 발달[*Social and emotional development: Attachment relationships and the emerging self*]. 유미숙 외 역. 서울: 시그마프레스. (원본발간일, 2016년).

Siegler, R. S., & Alibali, M. W. (2007). 아동 사고의 발달[*Children's thinking, 4*]. 박영신 외 역. 서울: 아카데미프레스. (원본발간일, 2005년).

제2장 유아문학의 이해

김정철(2008). 그림형제의 동화. 대구: 경북대학교출판부.

박임전, 김정란(2004). 뻬로와 함께 프랑스 동화 산책. 서울: 숙명여자대학교 출판국.

이재철(2014). 아동문학의 이해. 경기: 국학자료원.

이성훈(1994). 그림형제 생애와 동화문학세계. 서울: 건국대학교 출판부.

유창근(2001). 현대 아동문학의 이해. 서울: 동문사.

정희영(2008). 피아제와 교육. 경기: 교육과학사.

허승희 외(2002). 아동의 상상력 발달. 서울: 학지사.

Adler, A. (2009). 인간이해[*Menschenkenntnis*]. 라영균 역. 서울: 일빛. (원본발간일, 1927년).

Bettelheim, B. (1977). *The uses of enchantment: The meaning and importance of fairy tale.* New York: Vintage.

Bowlby, J. (2009). 애착: 인간애착행동에 대한 과학적 탐구[*Attachment and loss*]. 김창대 역. 경기: 나남. (원본발간일, 1999년).

Brown, A. L., & Murphy, M. D. (1975). Reconstruction of logical versus arbitrary sequences by preschool children. *Journal of experimental child psychology in press, 20*, pp. 307-326.

Dorothy, G. S., & Tracey, A. R. (2004). 아이들은 어떻게 생각할까?[*A Piaget primer: How a child thinks*]. 정성훈, 김상헌 역. 서울: 하나의 학사. (원본발간일, 1978년).

Elkind, D. (1981). *Children and adolescents: Interpretive essays on Jean Piaget.* New York: Oxford University Press.

Erikson, E. H. (1950). *Childhood and society.* New York: W. W. Norton & Company.

Golman, S. R., & Varnhagen, C. K. (1986). Memory for embedded and sequential story structures. *Journal of memory and language, 25*, pp. 401-408.

Grimm, J., & Grimm, W. (2006). 그림전설집[*Deutsche sagen 3*]. 안인희 역. 서울: 웅진지식하우스. (원본발간일, 1921년)

John, S. S. (1995). *The fairy tale: The magic mirror of Imagination.* New York: Twayne.

Mandler, J., & Johnson, N. (1977). Remembrance of thing parsed: Story structure and recall. *Cognitive psychology, 9*, pp. 111-151.

Piaget, J. (1969). *The child's conception of time.* (trans. Pomerans, A. J). New York: Ballantine Books.

Propp, V. (1968). *Morphology of the folk tale.* Austin: The Texas University Press.

Russell, D. L. (1991). *Literature for children: A short introduction.* New

York: Longman.

Schwebel, M., & Raph, J. (1996). 삐아제식 유아교수방법[*Piaget in the classroom*]. 이명조, 이영석 역. 서울: 교육과학사. (원본발간일, 1973년).

Wilson, R. A. (1960). The development of the ecological self. *Early childhood education journal, 24*(2), pp. 121-123.

Wullschlager, J. (2006). 안데르센평전[*Hans Christian Andersen*]. 전선화 역. 서울: 미래 M & B. (원본발간일, 2000년).

분석동화

안데르센 글·밀로슬라프 디스만 그림(2005). 안데르센 동화집: 인어 공주, 바보한스, 하늘을 나는 가방, 미운아기오리, 아이들의 잡담, 벌거벗은 임금님, 부싯돌. 곽노경 역. 경기: 주니어 파랑새.

그림형제 글·루보미르 아날라우프 그림(2006). 그림형제 동화집: 개구리 왕자, 헨젤과 그레텔, 괴물 그리폰, 작은 매듭, 빨간 모자, 황금 거위, 흰눈과 빨간장미. 김선미 역. 경기: 주니어 파랑새.

샤를 페로 글·에바 프란토바 그림(2004). 샤를 페로 동화집: 신데렐라, 잠자는 숲속의 공주, 장화 신은 고양이, 엄지동자, 고수머리 리케, 빨간 모자, 어리석은 소원. 유말희 역. 경기: 주니어 파랑새.

* 페로의 『빨간 모자』와 그림형제의 『빨간 모자』는 이본으로, 이야기의 시작은 같으나 끝은 서로 다른 결말을 보인다. 페로의 『빨간 모자』에서는 소녀가 늑대에게 잡혀 먹힌다. 그러나 그림형제의 『빨간 모자』에서는 소녀가 사냥꾼에게 도움을 받아 늑대로부터 구출된다.

제3장 교류분석

글공작소(2011). **식물도감**. 경기: 도서출판 아름다운사람들.

우재현(2015). **교류분석 입문**. 대구: 정암미디어.

정연옥 외(2016). **풀꽃도감**. 경기: 가람누리.

정옥분 외(2009). **애착과 발달**. 서울: 학지사.

Adler, A. (2005). **아들러 심리학 해설**[*What life should mean to you*]. 설영환 역. 서울: 선영사. (원본발간일, 1987년).

Alan, E. (2011). **고양이백과사전**[*Ultimate encyclopedia of cats, Cat breeds and cat care*]. 김혜련 역. 서울: Green Home. (원본발간일, 2010년).

Berne, E. (1961). *Transactional analysis in Psychotherapy*. New York: Castle Books.

Berne, E. (1964). *Games people play*. New York: Grove Press.

Berne, E. (1966). *Principles of group treatment*. New York: Oxford University Press.

Berne, E. (2004). **각본분석**[*What do you say after you say hello?*]. 우재현, 송희자 역. 대구: 정암서원. (원본발간일, 1970년).

Berne, E. (2009). **심리게임**[*Games people play: The psychology of human relationships*]. 조혜정 역. 서울: 교양인. (원본발간일, 1973년).

Cornell, W. F. (2018). **최신교류분석**[*Into TA: A comprehensive textbook on Transactional Analysis*]. 송희자 외 역. 서울: 시그마프레스. (원본발간일, 2016년).

Erikson, E. H. (1968). *Identity: Youth and crisis*. New York: W. W. Norton.

Erikson, E. H. (1974). *Dimensions of a new identity*. New York: Norton.

Gordon, T. (2009). **부모역할훈련**[*Parent effectiveness training*]. 이훈구 역.

서울: 양철북. (원본발간일, 1970년).

Harlow, H. F. (1958). The nature of love. *American psychologist, 13*(12), 673-685.

Harlow, H. F. (1971). *Learning to love.* New York: Ballantine Books.

James, M. (2005). 아이는 성공하기 위해 태어난다[*Born to win*]. 이원영 역. 서울: 샘터사. (원본발간일, 1994년).

Karpman, S. B. (1968). Fairy tales and script drama analysis. *Transact Anal Bull, 7*(26), 39-43.

Spitz, R. A. (1945). Hospitalism: An inquiry into the genesis of psychiatric condition in early childhood. *Psychoanal study child, 1*, 53-74.

Stephens, G. (2006). 고양이 도감[*世界の猫圖鑑*]. 권루시안 역. 서울: 진선 출판사. (원본발간일, 1989년).

Stewart, I ., & Joines, V. (2012). *TA Today: A new introduction to Transaction Analysis.* Nottingham: Lifespace.

杉田峰康 (2000). 교류분석[*Transaction analysis*]. 김현수 역. 서울: 민지사. (원본발간일, 1988년).

三貓媽媽 (2012). 고양이 심리 수업[*貓咪希望你知道的50件事*]. 이성희 역. 서울: 미래의창. (원본발간일, 2011년).

분석동화

권정생 글 · 정승각 그림(2005). **강아지똥**. 서울: 길벗어린이. (원본발간일, 1969년)

사노요코 글 · 그림(2002). **100만 번 산 고양이**[*100まん かい いきた ねこ*]. 서울: 비룡소. (원본발간일, 1977년).

제4장 기호학

김경용(2010). 기호학이란 무엇인가. 서울: 민음사.

김성도(2003). 구조에서 감성으로. 서울: 고려대학교출판부.

김태환(2001). 그레마스의 행위소 모델 수용의 문제점. 독일학 연구, 10, 104-117.

박인진(2002). 색깔의 상징성에 대한 기호학적 연구. 외대논집, 24, 305-325.

박혜숙(2004). 소설의 등장인물. 서울: 연세대학교 출판부.

신항식(2005). 롤랑바르트의 기호학. 서울: 문경.

이윤희(2017). 찰스 샌더스 퍼스. 서울: 커뮤니케이션북스.

안옥규(1996). 어원사전. 서울: 한국문화사.

전동렬(2005). 기호학. 서울: 연세대학교.

주형일(2018). 영상커뮤니케이션과 기호학. 서울: 패러다임북.

정동호(2004). 철학, 죽음을 말하다. 서울: 산해.

최준식(2013). 죽음 또 하나의 세계. 서울: 동아시아.

Anthony, S. (1972). *The discovery of death in childhood and after*. New York: Basic Books.

Barthes, R. (1972). *Mythologies*(trans. Annette Lavers). New York: Hill & Wang.

Barthes, R. (1979). *Textual strategies: Perspectives in post-structuralist criticism*. Ithaca: Cornell University Press.

Baudrillard, J. (2002). *Jean Baudrillard: Selected writings: 2nd edition*. California: Standford Univesity Press.

Bryson, N. (1998). 기호학과 시각예술[*Calligram*]. 김융희, 양은희 역. 서울: 시각과 언어. (원본발간일, 1988년).

Deeken, A. (2008). 인문학으로서의 죽음교육[生と死の敎育]. 전성곤 역. 경기: 인간사랑. (원본발간일, 2001년).

Eco, U. (2009). 기호: 개념과 역사[(Il)Sengo]. 김광현 역. 경기: 열린책들. (원본발간일, 1973년).

Fiske, J. (1982). *Introduction to communication studies*. New York: Methuen.

Greimas, A. J. (1997). 의미에 관하여[*Du sens: Essais semiotiques*]. 김성도 역. 서울: 인간사랑. (원본발간일, 1970년).

Hall, S. (2016) 기호학 입문[This means this. This means that(2nd ed.)]. 김진실 역. 서울: 비즈 앤 비즈. (원본발간일, 2012년).

Heidegger, M. (2015). 존재와 시간[*Sein und zeit*]. 전양범 역. 서울: 동서문화사. (원본발간일, 1927년).

Hénault, A. (1997). 기호학으로의 초대[*Les enjeux de la sémiotique*]. 홍정표 역. 서울: 어문학사. (원본발간일, 1979년).

Lambert, M. E. (2004). 우리 아이가 죽음에 대해 묻기 시작했어요[*La mort*]. 윤미연 역. 서울: 프리미엄북스. (원본발간일, 2000년).

Lawrence, R. S. (2011) 유아교사의 그림책 읽어주기[*Storytime: Young children's literary understanding in the classroom*]. 서정숙 역. 서울: 창지사. (원본발간일, 2008년).

Levi-strauss, C. (2008). 신화학 2[*Mythologique. 2: Du miel aux cendres*]. 임봉길 역. 서울: 한길그레이트북스. (원본발간일, 1966년).

Maslow, A. H. (1963). *The origins of intelligence in children*. New York: International Universities Press.

Maslow, A. H. (1987). *Motivation and personality*. New York: Harper & Row.

Nietzsche, F. W. (2006). 짜라투스트라는 이렇게 말했다[*Also sprach Zarathustra*]. 사순옥 역. 서울: 홍신문화사. (원본발간일, 1883~1885년).

Nietzsche, F. W. (2017). 인간적인 너무나 인간적인 I[Nietzsche Werke, Kritische Gesamtausgabe, vol. IV-2: Menschliches, AI]. 김미기 역. 서울: 책세상. (원본발간일, 1878년).

Peirce, C. S. (1974). *Collected papers of Charles Sanders Peirce*. v. 1-2. Cambridge: Belknap Press of Harvard University Press.

Propp, V. (2000). 민담 형태론[*Морфология сказки*]. 유영대 역. 서울: 새문사. (원본발간일 1928년).

Saussure, F. (1966). *Course in general linguistics*(trans. Wade Baskin). New York: Mcgraw-Hill.

Yalom, I. D. (2007). 실존주의 심리치료[*Existential psychopy]thera*]. 임경수 역. 서울: 학지사. (원본발간일, 1980년).

분석동화

마르쿠스 피스터 글·그림(2005). 무지개 물고기[*Rainbow Fish*] 공경희 역. 서울: 시공주니어. (원본발간일, 1994년).

존 버닝햄 글·그림(1995). 우리 할아버지[*My Grandfather*]. 박상희 역. 서울: 비룡소. (원본발간일 1984년).

제5장 욕망이론

김상환, 홍준기(2002). 라깡의 재탄생. 서울: 창작과 비평사.

김종주(1996). 라캉 정신분석과 문학 평론. 서울: 하나의학사.

Barry, P. (1995). *Beginning Theory: An introduction to literary and cultural theory*. New York: Manchester University Press.

Descartes, R. (1997). 성찰[*Meditationes de prima philosophia*]. 이현복 역.

서울: 문예출판사. (원본발간일, 1990년).

Felman, S. (1982). *Literature and psychoanalysis*. Baltimore: Johns Hopkins University Press.

Fink, B. (2010). 라캉의 주체: 언어와 향유 사이에서[*The Lacanian subject: Between language and jouissance*]. 이성민 역. 서울: 도서출판b. (원본발간일, 1995년).

Freud, S. (2004). 꿈의 해석[*Die traum deutung 8th ed.*]. 김인순 역. 서울: 열린책들. (원본발간일, 1900년).

Freud, S. (2009). 프로이트 꿈의 심리학[*Dream psychology*]. 정명진 역. 서울: 부글북스. (원본발간일, 1920년).

Freud, S. (2013). 쾌락원리 너머[*Jenseits des lustprinzips*]. 김인순 역. 서울: 부북스. (원본발간일, 1920년).

Grigg, R. (2010). 라캉과 언어와 철학[*Lacan, language and philosophy*]. 김종주, 김아영 역. 서울: 인간사랑. (원본발간일, 2008년).

Hall, C. S. (2000). 프로이트 심리학[*A primer of freudian psychology*]. 백상창 역. 서울: 문예출판사. (원본발간일, 1999년).

Hamilton, P. (1984). 사회구조와 사회의식[*Knowledge and social structure*]. 고영복 역. 서울: 한울. (원본발간일, 1974년).

Homer, S. (2014). 라캉 읽기[*Jacques Lacan*]. 김서영 역. 서울: 은행나무. (원본발간일, 2005년).

Lacan, J. (2004). 욕망이론[*Écrits*]. 권택영 외 역. 서울: 문예출판사. (원본발간일, 1966년).

Lemaire, A. (1994). 자크 라캉[*Jacques Lacan*]. 이미선 역. 서울: 문예출판사. (원본발간일, 1970년)

Nobous, D. (2002). 라캉과 프로이드의 임상정신분석학[*Jacques Lacan and the freudian practice of psychoanalysis*]. 김종주 역. 서울: 하나의학사. (원본발간일, 2000년).

Ogilvie, B. (2002). 라캉 주체개념의 형성[*Lacan, la formation du concept de sujet*]. 김석 역. 서울: 동문선. (원본발간일, 1988년).

Saussure, F. (2006). 일반언어학 강의[*Cours de linguistique générale*]. 최승언 역. 서울: 민음사. (원본발간일, 1955년).

Zizk, S. (2007). 라캉[*How to read Lacan*]. 박정수 역. 서울: 웅진지식하우스. (원본발간일, 2006년).

분석동화

백희나 글·그림(2004). 구름빵. 경기: 한솔수북.

황선미 글·김환영 그림(2000). 마당을 나온 암탉. 경기: 사계절.

제6장 발생적 구조주의

김치수(2015). 문학사회학을 위하여. 서울: 문학과 지성사.

김 현(1995). 한국문학의 위상: 문학 사회학. 서울: 문학과 지성사.

김미연(2007). 프랑스문화. 대전: 충남대학교 출판부.

김정란(2003). 뻬로의 「상드리용, 또는 작은유리구두 CENDRILLON OULA PETITE PANTOUFLE DE VERRE」-〈작은 신데렐라〉와 〈작은유리구두〉 연구. 동화와 번역, 제5집, 145-169.

남경태(1999). 종횡무진 서양사. 서울: 그린비.

박남일(2006). 혁명의 세계사. 경기: 서해문집.

박혜영(2007). 페로동화에 나타난 여성의 수동성과 그 교육 전략. 프랑스 문화 예술 연구, 9(2), pp. 67-85.

배영수(2007). 서양사 강의. 서울: 한울 아카데미.

손은주(2000). 「신데렐라」형 민담의 의미와 역사. 뷔히너와 현대 문학, 14, 162-182.

임희완(2003). 서양사의 이해. 서울: 박영사.

윤선아(2007). 이야기 프랑스사. 경기: 청아출판사.

최유찬, 오성호(1994). 문학과 사회. 서울: 실천문학사.

Andersen, H. C. (2003). 안데르센 자서전[*The fairy tale of my life: An autobiography*]. 이경식 역. 서울: Human & Books. (원본발간일, 1871년).

Bouchard, C. B. (2005). 귀족과 기사도[*Strong of body, brave and noble*]. 강일휴 역. 서울: 신서원. (원본발간일, 1998년).

Dupeux, G. (2000). 프랑스 사회사[*La société Française: 1789-1970 6th ed.*]. 박단, 신행선 역. 서울: 동문선. (원본발간일, 1974년).

Evan, M. (1991). 뤼시앙 골드만[*Lucien Goldmann: An introduction*]. 김억환 역. 서울: 도서출판 세계사. (원본발간일, 1981년).

Ginsburg, H., & Opper, S. (2006). 피아제의 인지발달이론[*Piaget's theory of intellectual development. 3rd ed*]. 김정민 역. 서울: 학지사. (원본발간일, 1987년).

Goldmann, L. (1984). 문학사회학 방법론[*Method in the sociology of literature*]. 박영신 외 역. 서울: 현상과 인식. (원본발간일, 1981년)

Goldmann, L. (1986). 숨은신[*The hidden God*]. 송기형, 정과리 역. 서울: 연구사. (원본 발간일, 1959년).

Jones, C. (2008). 사진과 그림으로 보는 케임브리지 프랑스사[*Cambridge illustrated history of France*]. 방문숙, 이호영 역. 서울: 시공사. (원본발간일, 1994년).

Lotman, L. (2008). 문화연구와 문화 기호학[*La semiosfera*]. 김수환 역. 서울: 문학과 지성사. (원본발간일, 1996년).

Piaget, J. (1991). 발생적 인식론과 교육[*Genetic epistemology*]. 장상호 역. 서울: 교육과학사. (원본발간일, 1971년).

Swingewood, A. (1984). 문학의 사회학[*The sociology of literature*]. 정혜

참고문헌

선 역. 서울: 한길사. (원본발간일, 1972년).

郭河浜 (2008). 프랑스 여성: 우리가 바로 세상이다[圖說法國女性: 美麗與風
　　流]. 고예지 역. 서울: 시그마북스. (원본발간일, 2005년).

분석동화

안데르센 글 · 밀로슬라프 디스만 그림(2005). 안데르센 동화집: 인어공주.
　　곽노경 역. 서울: 주니어파랑새. (원본발간일, 1995년).

샤를 페로 글 · 에바 프란토바 그림(2004). 페로동화집: 신데렐라. 유말희 역.
　　서울: 주니어파랑새. (원본발간일, 2001년).

찾아보기

내용

저자 소개

신혜선(Shin, Hye Seon)

중앙대학교 대학원에서 유아교육 박사학위를 받았다. 현재 대학에 출강하면서 유아문학에 대한 연구와 집필을 하고 있다.

저서로는 『아이는 그림책을 보면서 무슨 생각을 할까?: 독서심리치료』 『유아 그림책의 기호학적 이해』가 있다.

논문으로는 「스테디셀러 유아 그림책에 나타난 감정의 이해: Spinoza의 감정론을 중심으로」 「유아 그림책의 기호학적 구조 분석을 통한 교육적 이해」 등 다수를 발표했다.

E-mail: hey0715@hanmail.net

유아문학 비평
-치유의 문학-

2019년 11월 10일 1판 1쇄 인쇄
2019년 11월 20일 1판 1쇄 발행

지은이 • 신혜선
펴낸이 • 김진환
펴낸곳 • ㈜ **학지사**
       04031 서울특별시 마포구 양화로 15길 20 마인드월드빌딩
대표전화 • 02-330-5114   팩스 • 02-324-2345
등록번호 • 제313-2006-000265호

홈페이지 • http://www.hakjisa.co.kr
페이스북 • https://www.facebook.com/hakjisa

ISBN 978-89-997-1915-8　93370

정가 14,000원

이 도서의 국립중앙도서관 출판시도서목록(CIP)은 서지정보유통지
원시스템 홈페이지(http://seoji.nl.go.kr)와 국가자료공동목록시스템
(http://www.nl.go.kr/kolisnet)에서 이용하실 수 있습니다.
(CIP 제어번호: CIP2019027413)

출판 · 교육 · 미디어기업 **학지사**

간호보건의학출판 **학지사메디컬** www.hakjisamd.co.kr
심리검사연구소 **인싸이트** www.inpsyt.co.kr
학술논문서비스 **뉴논문** www.newnonmun.com
원격교육연수원 **카운피아** www.counpia.com